高技能人才培养创新示范教材

Gongcheng Jixie Baoxian yu Lipei

工程机械保险与理赔

主　编　李庭斌　华　洁
副主编　单文健
主　审　吕　雁

人民交通出版社股份有限公司
China Communications Press Co.,Ltd.

内 容 提 要

本书是高技能人才培养创新示范教材，主要内容包括保险概述、工程机械保险概述、工程机械保险投保实务、工程机械保险理赔实务及工程机械相关知识。

本书既可作为中职院校工程机械技术服务与营销专业相关课程的教材，也可作为工程机械销售及售后服务人员的培训教材，同时可供相关从业技术人员参考学习。

图书在版编目(CIP)数据

工程机械保险与理赔／李庭斌，华洁主编. —北京：人民交通出版社股份有限公司，2015.6

高技能人才培养创新示范教材

ISBN 978-7-114-12174-6

Ⅰ.①工… Ⅱ.①李… ②华… Ⅲ.①工程机械—保险—理赔—教材 Ⅳ.①F840.681

中国版本图书馆 CIP 数据核字(2015)第 070382 号

书　　名：工程机械保险与理赔
著 作 者：李庭斌　华　洁
责任编辑：戴慧莉
出版发行：人民交通出版社股份有限公司
地　　址：(100011)北京市朝阳区安定门外外馆斜街 3 号
网　　址：http://www.ccpress.com.cn
销售电话：(010)59757973
总 经 销：人民交通出版社股份有限公司发行部
经　　销：各地新华书店
印　　刷：北京市密东印刷有限公司
开　　本：787×1092　1/16
印　　张：11
字　　数：251 千
版　　次：2015 年 6 月　第 1 版
印　　次：2015 年 6 月　第 1 次印刷
书　　号：ISBN 978-7-114-12174-6
定　　价：25.00 元

前言
Preface

为贯彻落实《国家中长期教育改革和发展规划纲要(2010－2020年)》精神,按照《国家高技能人才振兴计划》的要求,深化职业教育教学改革,积极推进课程改革和教材建设,满足职业教育发展的新需求,着重高技能人才的培养,依据公路工程机械运用与维修、工程机械技术服务与营销和工程机械施工与管理三大专业的教学计划和课程标准,我们组织行业专家及各校一线教师编写了这套补充教材。

本套教材适用于公路工程机械类专业高级工和技师层次全日制学生培养及社会在职人员培训,具有以下特点:

1. 本套教材开发基于实际工作岗位,通过提炼典型工作任务,形成专业课程框架、教学计划及课程标准,切合职业教育教学的特点,符合培养技能型人才成长的规律。

2. 本套教材在编写模式上部分实践性较强的课程采用了任务引领型模式进行编写,有利于任务驱动式教学方法的使用,便于培养学生自我学习、收集信息、解决问题等方面的核心能力。

3. 本套教材在内容选取方面多数课程打破了传统教材学科知识体系的结构,但也考虑了知识和技能的连贯性和整体性,同时也保持了知识和技能选取的先进性、科学性和实用性。

《工程机械保险与理赔》是工程机械技术服务与营销专业的核心课程,也可作为公路工程机械运用与维修和施工与管理专业的拓展课程。本书着重针对工程机械保险承保、查勘、定损、核损与核赔等实际工作的要求,按照保险的认知、工程机械保险合同、工程机械保险承保、工程机械保险理赔以及工程机械防灾防损的知识顺序来讲述教学内容。结合工程机械保险条款的学习,以及保险业务中具体的工作要求,帮助学生了解工程机械保险与理赔的基本知识和实际业务操作,内容有较强的针对性和实用性。

本教材由浙江公路技师学院李庭斌、华洁担任主编,山东公路技师学院单文健担任副主编,中国平安人寿保险股份有限公司吕雁担任主审。具体编写分工如下:第一章、第二章由华洁编写,第三章、第四章由李庭斌编写,第五章及附录由单文健编写。在编写过程中得到了杭州小松工程机械有限公司、杭州卡特皮勒工程机械有限公司等一线专家的支持与帮助,在此表示感谢。

由于编审人员的业务水平和教学经验有限,书中难免有不妥之处,恳切希望使用本书的教师和读者批评指正。

编　者

2015 年 4 月

目 录
Contents

第一章　保险概述

学习目标

1. 掌握风险的含义及构成要素；
2. 了解风险管理的意义及方法；
3. 掌握保险的含义及其分类；
4. 了解世界保险业的发展历程；
5. 了解中国保险业的发展轨迹及发展趋势。

第一节　风　　险

一、风险的含义

无风险，无保险，风险的存在是保险产生的基础。正确认识风险对于理解保险至关重要。

风险一词的由来，最为普遍的一种说法是，在远古时期，以打鱼捕捞为生的渔民们，每次出海前都要祈祷，祈求神灵保佑自己能够平安归来，其中主要的祈祷内容就是让神灵保佑自己在出海时能够风平浪静、满载而归。他们在长期的捕捞实践中，深深地体会到"风"给他们带来的无法预测、无法确定的危险；他们认识到，在出海捕捞打鱼的生活中，"风"即意味着"险"，因此有了"风险"一词。

学术界对风险的内涵没有统一的定义，从广义上讲，风险是指未来结果的不确定性。只要某一事件的发生存在着两种或两种以上的可能性，那么就认为该事件存在着风险。而在保险理论与实务中，风险仅指损失的不确定性。这种不确定性包括发生与否的不确定、发生时间的不确定和结果的不确定。风险的不确定性体现为某一事物的发生可能导致三种结果：损失、无损失或收益。如果未来结果低于预期情况就称为损失；如果未来结果高于预期价值就称为收益。在未来不确定的三种结果中，损失尤其值得人们关注。因为，如果事件发生的结果不会有损失，就没有必要谈论风险。换言之，正是因为损失发生的不确定性可能引起将来的不利结果，才需要对风险进行管理。因此，保险作为风险管理方式之一得以产生与发展。

只要风险存在，就一定有发生损失的可能。风险就是发生损失的概率。在风险存在的情况下，损失可能发生，也可能不发生，但如果发生损失的可能性为零或百分之百，则不存在风险。因为无论发生损失的可能性为零，还是发生损失的可能性为百分之百，其结果都是确定的，违背了风险的含义。

风险有以下几个特征。

1. 客观性

风险是客观存在的，自然界的地震、台风、洪水，人类社会中的瘟疫、意外事故等风险，都是不以人的意志为转移的。人们只能在一定的时间、空间内改变风险存在和发生的条件，降低风险发生的频率和损失程度，却难以彻底消除。

2. 普遍性

人类社会自产生以来，就面临着各种各样的风险。随着科学技术的发展、生产力的提高、社会的进步，新的风险不断产生，且风险事故造成的损失也越来越大。在现代社会，个人及家庭、企事业单位、机关团体乃至国家都面临着各种各样的风险，风险渗入到社会生活的方方面面。因此，风险的发生具有普遍性，风险无时不在，无处不在。

3. 可测性

个别风险的发生是偶然的，不可预知的，但是通过对大量风险的观测可以发现，风险往往呈现出明显的规律性，从而体现出风险是可以测量的特性。如果能够根据以往的大量资料，运用概率论及数量统计的方法，去处理大量相互独立的偶发风险事故，就可以测算风险事故发生的概率及其损失范围。可见，通过对偶发事件的大量观测分析，可以揭示出风险潜在的规律性，使风险具有可测性。

4. 社会性

风险具有社会属性，而不具有自然属性。就自然现象本身而言无所谓风险，各种自然灾害、意外事故，可能只是大自然自身运动的表现形式，或者是自然界自我平衡的必要条件。然而，当灾害事故与人类相联系，使人类的财产、生命等造成损失时，对人类而言就成为了风险。因此，没有人类社会，就没有风险可言，正体现出风险的社会性。

5. 可变性

风险会因时间、空间因素的不断发展变化而发展变化。随着科学技术的发展与普及，可能产生一些新的风险，而有些风险会发生性质的变化；随着人们对风险认识程度的增强和风险管理方式的完善，有些风险在一定程度上得以控制，可降低其发生频率和损失程度，导致风险量的变化；还有一些风险可能在一定的时间和空间范围内被消除。总之，随着人类社会的进步与发展，既可能产生新的风险，也可能使原有的风险发生变化。

二、风险的构成要素

风险的构成要素主要包括风险因素、风险事故和损失。

1. 风险因素

风险因素又称为风险条件，是指引起或增加某一特定风险事故发生机会或扩大其损失程度的原因或条件。风险因素是风险事故发生的潜在原因,是造成损失的间接的、内在的原因。风险因素的存在,有可能增加风险事故发生的频率,增大风险损失的程度。风险因素可分为实质风险因素、道德风险因素和心理风险因素。

(1)实质风险因素:也称有形风险因素,是指某一标的本身所具有的足以促使风险事故发生、增加损失机会或加重损失程度的原因或条件。实质风险因素指那些看得见的、影响损失频率和程度的环境条件。例如,建筑物的位置、构造及占有形式等,都可以归入实质风险因素。实质风险因素与人为因素无关,故又被称为物质风险因素。在保险实务中,由实质风险因素所引起的损失,大多属于保险责任,是保险公司保障的范围。

(2)道德风险因素:是指由于人们不诚实、不正直或有不轨企图,故意促使风险事故发生,以致引起财产损失和人身伤亡的因素。如投保人或被保险人欺诈、纵火或者夸大损失,骗取保险赔款。一般情况下,由于道德风险因素引起的损失不属于保险责任,属于保险合同中的责任免除。

(3)心理风险因素:是指由于人们疏忽或过失以及主观上不注意、不关心、心存侥幸,以致增加风险事故发生的机会和加大损失的严重性的因素。心理风险因素是与人的心理状态有关的无形风险因素。

道德风险因素和心理风险因素都与人密切相关,可以合并称为人为风险因素,同时这两种风险因素与人的道德品质和心理活动有关,是没有具体形状的,所以道德风险因素和心理风险因素又可称为无形风险因素。

2. 风险事故

风险事故是指造成人身伤亡或财产损失的偶发事件,是造成损失的直接的、外在的原因,即只有通过风险事故的发生,才会导致人身伤亡或财产损失。风险事故意味着风险的可能性转化为现实性,即风险的发生。

对于某一事件,在一定条件下,可能是造成损失的直接原因,则它成为风险事故;而在其他条件下,可能是造成损失的间接原因,则它又成为风险因素。比如,下冰雹以致路滑而引起车祸,造成房屋被撞毁,这时冰雹是风险因素,车祸是风险事故;若冰雹直接将行人砸伤,则它是风险事故。

3. 损失

风险是指损失发生的不确定性,因而风险的存在,意味着损失发生的可能性。一般而言,损失是指非故意的、非预期的和非计划的经济价值的减少或灭失。在保险实务中,将损失分为直接损失和间接损失,前者指实质性的、直接引起损失;后者是指额外费用损失、收入损失、责任损失、信誉损失、精神损失等。在有些情况下,间接损失的金额很大,有时甚至超过直接损失。

风险因素、风险事故与损失三者之间的关系来看,风险因素引发风险事故,而风险事故导致损失。也就是说,风险因素只是风险事故产生并造成损失的可能性或使这种可能性增加的条件,它并不直接导致损失,只是通过风险事故这个媒介才产生损失。但是,对于某一特定事件上,在一定条件下,风险因素可能是造成损失的直接原因,即它就是引起损失的风险事故;而在其他条件下,可能是造成损失的间接原因,此时它就是风险因素。

三、风险的分类

人类面临着各种各样的风险。按照不同的分类方式,可以将风险分为不同的类别。

1. 按风险的性质分类

按风险的性质分类,可将风险分为纯粹风险与投机风险。

(1)纯粹风险:是指只有损失机会而无获利可能的风险。纯粹风险所导致的结果有两种,即损失和无损失。各种自然灾害、意外事故的发生,都可能导致社会财富的损失或人员的伤害,因此,都属于纯粹风险。比如,房屋所有者面临的火灾风险,汽车主人面临的碰撞风险等。纯粹风险的变化较为规则,有一定的规律性,可以通过大数法则加以测算;而且,纯粹风险的发生结果往往是社会的净损失。因而,保险人通常将纯粹风险视为可保风险。

(2)投机风险:是指既有损失机会又有获利可能的风险。投机风险是相对于纯粹风险而言的。投机风险发生的结果有三种,即损失、无损失和收益。例如,赌博、买卖股票等行为的风险,都可能导致亏本、赚钱和不亏不赚三种结果。投机风险的变化往往是不规则的,无规律可循,难以通过大数法则加以测算;且投机风险的发生结果往往是社会财富的转移,而不一定是社会的净损失。因此,保险人通常将投机风险视为不可保风险。

2. 按风险对象分类

按风险对象分类,可将风险分为财产风险、责任风险、信用风险和人身风险。

(1)财产风险:是指导致一切有形财产发生损毁、灭失或贬值的风险。例如,火灾、爆炸、雷击、洪水等事故,可能引起财产的直接损失及相关的利益损失,因而都是财产风险。财产风险既包括财产的直接损失风险,也包括财产的间接损失风险。

(2)责任风险:是指因个人或团体的行为造成他人的财产损失或人身伤害,根据法律规定或合同约定,应承担赔偿责任的风险。如驾车不慎撞人,造成对方伤残或死亡;医疗事故造成病人病情加重、伤残或死亡;生产或销售的产品造成他人伤残或死亡等。其中,驾驶人、医院、生产者或经销者面临的这种风险均属于责任风险。责任风险较为复杂和难以控制,其发生的赔偿金额也可能是巨大的。

(3)信用风险:是指在经济交往中,因义务人违约或违法致使权利人遭受经济损失的风险。例如,借款人不按期还款,就可能影响到贷款人资金的正常周转,从而使贷款人因借款人的不守信用而遭受损失。

(4)人身风险:是指由于人的生理生长规律及各种灾害事故的发生导致的人的生、老、病、死、残的风险。人生的过程离不开生、老、病、死,部分人还会遭遇残疾。这些风险一旦发生可能造成本人、家庭或其抚养者、赡养者等难以预料的经济困难乃至精神痛苦等。人身风险所致的损失包括人的生、老、病、死所引起的收入损失及额外费用损失或灾害事故的发生导致人的身体伤害等。

3. 按风险产生的原因分类

按风险产生的原因分类,可将风险分为自然风险、社会风险、政治风险、经济风险和技术风险。

(1)自然风险:是指由于自然力的不规则变化引起的种种现象,所造成的财产损失及人身伤害的风险。如洪灾、旱灾、火灾、地震等,都属于自然风险。自然风险是客观存在的,不以人的意志为转移,但是,其形成与发生具有一定的周期性。自然风险是人类社会普遍面临的风险,一旦发生可能波及面很大,使人类蒙受巨大的损失。

(2)社会风险:是指由于个人或团体的故意或过失行为等所致的损失风险。例如,盗窃、玩忽职守等引起的财产损失或人身伤害。

(3)政治风险:是指因种族、宗教、利益集团和国家之间的冲突,或因政策、制度的变革与权力的交替造成损失的风险。如战争所致的损失。

(4)经济风险:是指个人或团体的经营行为或者经济环境变化而导致的经济损失的风险。例如,在生产或销售过程中,由于市场预期失误、经营管理不善、消费需求变化、通货膨胀、汇率变动等所致产量的增加或减少、价格的涨跌等风险。

(5)技术风险:是指伴随着科学技术的发展、生产方式的改变而产生的风险。例如,核辐射、空气污染等风险。

第二节 风险管理

一、风险管理的概念

人类的发展历史,就是一部人类与各种各样的风险做斗争的历史。但作为一门系统的管理科学,风险管理的概念是美国宾夕法尼亚大学所罗门·许布纳博士于1930年在美国管理协会的一次保险研讨会上首次提出的。20世纪80年代以来,风险管理成为世界各国普遍重视的管理策略。

风险无时不在、无处不在,且永远都在运动变化中,风险管理的内涵也非常宽泛且处于不断变革发展过程中。21世纪,风险管理的定义发展并归纳为风险管理是指为实现一定的管理目标和策略,在全面系统及动态风险分析基础上,对各种风险管理方法进行选择和组合,制订并监督实施风险管理总体方案的决策体系、方法与过程的总称。

如何对风险管理的概念进行理解,需要把握以下几个重点:

(1)风险管理是一门新兴的管理学科,而不仅是一种管理技术。体现为计划、组织、指挥和协调各类组织的有关活动的管理过程,并强调以合理的风险管理费用支出将组织面临的各类不确定性风险控制到可接受的限度。

(2)风险管理非常强调整体风险管理的理念,综合运用多种风险管理工具与方法,以最小的风险成本实现组织价值最大化的目标。

(3)明确风险管理应遵循不同的经营目标和策略。

(4)强调系统、全面和动态的风险分析在整个风险管理决策框架和方法中的基础性作用。风险分析既包括通过完善客观概率统计方法去提高风险识别与衡量的能力,也包括提升风险管理者主观认知风险和衡量评价风险的能力。

(5)积极介入投机风险或动态风险的管理。风险管理的业务范围越来越宽泛,适用的领域也越来越广,全面整体的风险管理也将日益受到广泛的重视。

二、风险管理的原则

为了实现风险管理的目标,应遵循下列风险管理的基本原则。

1. 全面周详原则

要实现风险管理的目标,首先,必须全面周详地了解各种风险损失发生的频率、损失的严重程度、风险因素以及因风险出现而引起的其他连锁反应,这是实施风险管理的重要基础。其中,损失发生的频率和损失发生的严重程度会直接影响人们对损失危害后果的估计,从而最终决定着风险管理方法的选择及其效果的优劣。其次,应全面周详地安排风险管理计划,选择风险管理的方法。局部的乃至细微的疏忽,往往会给全局带来严重不利的影响,甚至会影响风险管理目标的实现。最后,应当全面周详地实施风险管理计划,并不断根据实际情形进行调整,这是实现风险管理目标的可靠保证和必备前提。所以,全面周详原则是风险管理的基本原则。

2. 量力而行原则

风险管理方法的选择必须遵循量力而行的原则。风险管理作为一种处置风险、控制风险的科学管理方法,为人们与风险损失的斗争提供了一种系统的武器。但并不是说任何企业、单位或个人都能够轻而易举地实施风险管理,达到处置风险、减少损失的目标。相反,在实施风险管理的过程中,各实施主体应根据量力而行的原则,综合采用多种风险管理方法来控制风险、转移风险造成的后果。如果确认某种风险是无法消除或防止的,就应该估计损失的程度,事先安排有效的损失融资方式,尽量降低该损失对企业正常生产经营活动或对个人、家庭生活水平的影响。如果风险发生后将会导致巨大的经济损失,引起企业停产、破产或使个人、家庭发生严重的经济困难,这种已超过主体自身财力所能承担的风险,就应当采取保险方式来处置。所以,在风险管理中应注重量力而行的原则。

3. 成本效益比较原则

风险管理的重要性不仅在于其提供了一套系统科学的处置风险的方法,而且在于它强调以最少的成本、最少的费用支出获得最大的风险管理效益。成本效益比较原则是风险管理应遵循的另一重要原则,尤其是在风险管理实务中,这往往成为优先考虑的因素。因而,在实施风险管理实践的过程中,如何合理、有效地选择最佳风险管理方法,应围绕以最少的费用支出获得最大的风险管理效益这一中心,无论是自留风险、保险,还是损失控制,都是在成本约束条件下选择最佳方案。上述方法无论是单独使用还是综合使用,都必须进行费用与效益的比较。只有实现以最少的费用获得最大风险管理效益之后,才能够说是真正实现了风险管理的宗旨和目标。如果风险的处置与控制是以付出高昂的费用成本为代价的,就不能真正体现风险管理作为现代科学管理方法的优越性。

三、风险管理的方法

风险管理的方法大致可以分为三类:损失控制、损失融资和内部风险抑制。

1. 损失控制

所谓损失控制,是指有意识地采取行动降低损失发生频率或减少损失的程度。通常把主要是为了降低损失发生频率的行为称为损失预防手段,而把主要是为减少损失程度的行为称为损失抑制手段。一般来说,损失预防是防患于未然,其行为作用于损失事故发生之前;损失抑制是“亡羊补牢”,其行为作用于损失事故发生过程中或损失事故发生之后。损失预防的一个常见例子是对飞机进行定期检查,以防止飞机机械故障的发生,降低飞机坠毁的几率,然而,定期检查对飞机一旦坠毁的损失程度却无能为力。损失抑制的一个常见例子是在房间的天花板上安装热感或者烟感的喷淋系统,从此减小火灾事故的损失程度。但是,需要说明的是,许多损失控制手段会同时影响损失频率和损失程度,所以往往无法将它们严格归于损失预防还是损失抑制手段。例如,在汽车中安装安全气囊,在大多数情况下可以降低车祸中伤害的严重程度,但同时也可能影响到车祸伤害发生的频率。车祸伤害事故是增加还是减少,取决于由于安全气囊的保护使得虽然发生了车祸事故却没有造成伤害的次数,是否超过了由于安全气囊在不恰当的时间打开或打开太猛而造成的伤害事故的次数,以及由于安全气囊的保护作用而使驾驶人麻痹大意造成的车祸事故与伤害的次数。

损失控制的一种极端情况就是避免风险。避免风险就是当风险损失发生的可能性很大或损失程度很严重时,可以主动放弃有可能产生风险损失的某项计划或某一事物。比如,航空公司考虑到天气恶劣而取消某次航班,就避免了该航班发生空难事故的风险。当然,我们也应该清楚地知道,避免风险的方法虽然将风险损失的概率控制为零,但同时也丧失了风险行为可能带来的收益。

有必要着重指出的是,在整个风险管理决策框架中,风险控制最为重要,它是积极主动的风险管理思维观,充分体现了人的主观能动性,提升了人在整个风险管理框架中的关键性作用。人是风险事故的主要承受者,也是很多风险事故的重要风险源。只有重视人的作用,提升人对生命价值的深切关怀,才能从根本上关注人类所处的风险社会,并寻求其解决的办法。因而在众多风险控制工具中,安全教育的重要性,无疑远远高于一般的、具体有形的安全工程及技术和方法。风险控制的这一决策思路能否上升到管理哲学和决策思维的层面,是我们提升风险控制质量和水平的关键点。

2. 损失融资

较之于损失控制方法,损失融资方法是一种消极的措施。所谓损失融资方法,是指一旦发生风险事故,通过预先的损失融资安排,提供及时有效的经济补偿,使经济组织的生产经营迅速恢复到正常水平成为可能。一般而言,损失融资方法包括:自留风险、购买保险、套期保值交易及其他合约化风险转移手段。

(1)自留风险:是指经济组织自己承担了部分或全部的风险损失。自留风险是风险管理中一种重要的损失融资方法。自留风险包括主动的、有意识的、有计划的自留与被动的、无意识的、无计划的自留两大类。前者是在全面的风险识别和准确的风险衡量基础上,认为对某些损失后果采取自行承担,比转移给外部机构更加经济合理,从而主动选择了自留风险,以便更好地实现股东价值的最大化;后者往往是在没有意识到风险存在或低估了风险损失的程度或无法将风险转移出去时,只能由经济组织自行承担风险损失的财务后果。

(2)购买保险:保险是一种风险转移机制,是风险管理中普遍采用的一种损失融资方法。经济主体通过购买保险的方式,以确定的保险费支出获得保险人对不确定的风险损失进行补偿的承诺。保险人通过集中大量同质性风险单位，收取保险费并建立保险基金，将少数被保险人的风险损失在众多的投保人中进行分摊，从而实现风险分散、损失分摊的职能。

(3)套期保值交易：是一种很重要的损失融资方法。诸如远期合约、期货合约、期权合约以及互换合约等金融衍生产品已经广泛应用于多种类型风险的管理中，特别是价格风险的管理。利用这些合约对某些风险进行对冲，也就是对冲由于利率、价格、汇率变动而带来的损失。举个例子，在生产过程中要使用石油的公司会因为石油价格的意外上涨而遭受损失，而生产石油的公司则会因为石油价格的意外下跌而遭受损失。于是，这两类公司可以使用远期合约来进行套期保值。在远期合约中，生产石油的公司必须在未来某个约定的交货日以事先约定的价格(称作远期价格)向使用石油的公司提供约定数量的石油，而不管当时市场上石油的实际价格是高还是低。由于在签订合约时，远期价格就已经商定妥了，所以使用石油的公司与生产石油的公司都可以通过远期合约来降低价格风险。

(4)其他合约化风险转移手段：经济主体可以通过签订合约的方式来转移财产或经营活动的风险。比如，出租人可通过财产租赁合同将财产风险转移给承租人，建筑商可通过分包合同将风险较大的工程项目转移给专业施工队，以及医院可以通过签订免责协议将手术风险转移给患者及其家属等。与避免风险不同的是，在通过签订合约转移风险的情况下，风险本身依然存在，只不过是通过合约将损失的财务或法律责任转移给其他经济主体了。

值得一提的是，随着金融、保险业不断地深化创新，近年来出现了一些新的损失融资方法，如巨灾证券化、有限风险保险、财务再保险等，有力地推进了新形势下损失融资方法的创新和发展，开辟了风险管理的新路径。

3. 内部风险抑制

目前被广泛采用的内部风险抑制方式有：分散化和增加信息投资。

(1)分散化是指经济组织通过将经营活动分散的方式来从组织内部降低风险，也就是人们常说的“不把所有的鸡蛋放在一个篮子里”。需要注意的是，公司股东采取投资组合来分散风险的做法，会对公司购买保险以及使用对冲手段的决策产生重要的影响。

(2)增加信息投资，是另一种内部风险抑制的方式，目的是提高损失期望估计的准确程度。增加信息投资所带来的对企业未来现金流更精确的估计或预测，可以减少实际现金流相对于期望现金流的变动。例如，增加信息投资来提高对纯粹风险损失发生频率和损失程度估计的准确性，为降低产品价格风险而对不同产品潜在需求情况进行的市场调研，以及对未来商品价格或利率进行预测等。

第三节　保　　险

一、保险的内涵

1. 保险的含义

保险一词是由英文 insurance 翻译而来，刚传入中国时，音译为“燕梳”，直到 20 世纪

40 年代，才逐渐改称为“保险”。保险，本意是稳妥可靠；后延伸成一种保障机制，是用来规划人生财务的一种工具。一般来说，保险有广义和狭义之分。广义的保险是指通过建立专门用途的后备基金或保障基金，用于补偿因自然灾害和意外造成的损失，是为社会安定发展而建立物质储备的一种经济补偿制度。为此，广义的保险包括国家政府部门经办的社会保险，按商业原则经营的商业保险以及由保险人集资合办的合作保险等，范围比较广泛。狭义的保险仅指商业保险，即按照商业化的原则，通过合同的形式，采用科学的计算方法，集合多数单位和个人，收取保险费，建立保险基金，用于在合同范围内的灾害事故所造成的损失进行补偿的经济保障制度。本书所研究的保险即为狭义的商业保险。

按照《中华人民共和国保险法》（以下简称《保险法》）第二条的规定，保险是指投保人根据合同约定，向保险人支付保险费，保险人对于合同约定的可能发生的事故因其发生所造成的财产损失承担赔偿保险金责任，或者当被保险人死亡、伤残、疾病或者达到合同约定的年龄、期限等条件时，承担给付保险金责任的商业保险行为。

2. 保险的要素

现代商业保险的要素主要包括五个方面的内容。

1）可保风险的存在

可保风险是指符合保险人承保条件的特定风险。一般来讲，可保风险应具备的条件包括：

（1）风险应当是纯粹风险

保险人承保的风险，只能是仅有损失可能而无获利机会的风险，对于买卖股票而产生的风险，保险人是不承保的。因为投资者既有因股票价格下跌而亏损的可能，又有因股票价格上涨而盈利的机会，所以这是一种投机风险而不是纯粹风险。

（2）必须是意外发生的

意外的风险损失不包括必然会发生和被保险人的故意行为造成的风险。诸如物品的自然损耗和机器设备折旧等现象就是必然发生的，还有被保险人的故意行为（如故意纵火行为）造成的火灾损失，均不属于保险人的可保风险的责任范围。但是，在实际业务中，对一些必然发生的风险损失，经保险人同意，在收取适当保险费用后，也可特约承保。而且，保险人也可承保第三人的故意行为或不法行为所引起的风险损失。例如，在保证保险、信用保险中，保险人对由于另一方不履行与被保险人约定的义务，而应对被保险人承担的经济赔偿责任给予赔偿。再如，财产保险中的偷盗险，保险人承担的赔偿责任也是由于盗贼的故意行为所造成的风险损失。

（3）风险应当使大量保险标的均有遭受重大损失的可能性

可保风险必须是大量保险标的都有可能遭受重大损失的风险。因为，如果一种风险只会导致轻微损失，那就无须通过保险求得保障。再者，保险需要以大数法则作为保险人建立保险基金的数理基础，假如一种风险只是个别或者少量标的所具有，那就缺乏这种基础，保险人也就无法利用大数法则计算危险产生的概率和损失程度，从而难以确定保险费率，进行保险经营。

（4）风险不能使大多数的保险标的同时遭受损失

这一条件要求损失的发生具有分散性。因为保险的原理，是用多数人支付的小额保费,赔付少数人遭遇的大额损失。如果大多数保险标的同时遭受重大损失,则保险人通过向投保人收取保险费所建立起的保险资金根本无法抵消损失。

(5)风险必须具有现实的可测性

如果风险发生及其所致的损失无法测定,保险人也就无法制定可靠稳定的保险费率,也难于科学经营,这将使保险人面临很大的经营风险。

2)大量同质风险的集合与分散

保险的过程,既是风险的集合过程,又是风险的分散过程。保险人通过保险将众多投保人所面临的分散性风险集合起来,当发生保险责任范围内的损失时,又将少数人发生的损失分摊给全部投保人,也就是通过保险的补偿或给付行为分摊损失,将集合的风险予以分散。保险风险的集合与分散应具备两个前提条件:风险的大量性和风险的同质性。

3)保险费率的厘定

保险在形式上是一种经济保障活动,而实质上是一种特殊商品的交换行为,因此,制定保险商品的价格,即厘定保险费率,便构成了保险的基本要素。

4)保险基金的建立

保险基金是指保险人为保证其如约履行保险赔偿或给付义务,根据政府有关法律规定或业务特定需要,从保费收入或盈余中提取的与其所承担的保险责任相对应的一定数量的基金。为了保证保险公司的正常经营,保护被保险人的利益,各国一般都以保险立法的形式规定保险公司应提存保险准备金,以确保保险公司具备与其保险业务规模相应的偿付能力。

5)保险合同的订立

保险作为一种民事法律关系,是投保人与保险人之间的权利义务关系,这种关系需要有法律关系对其进行保护和约束,即通过一定的法律形式固定下来,这种法律形式就是保险合同。保险合同是保险双方当事人履行各自权利与义务的依据。保险双方当事人的权利与义务是相互对应的。投保人有承担交纳保险费的义务,同时有获得保险赔偿或给付的权利;保险人收取保险费的权利就是以承担赔偿或给付被保险人的经济损失的义务为前提的。

3.保险与风险管理的关系

保险与风险管理关系密切,主要表现为:

1)保险与风险管理所研究的对象一致

风险是保险和风险管理的共同研究对象,只是保险研究的是风险中的可保风险。

2)风险是保险与风险管理产生和存在的前提

风险是客观存在的,是不以人的意志为转移的。风险的发生直接影响社会生产过程的继续进行和家庭正常的生活,因而产生了人们对损失进行补偿的需要,于是,人们开始对风险加以管理,保险是一种被社会普遍接受的经济补偿方式和风险管理的有效方法。因此,风险是风险管理与保险产生和存在的前提,风险的存在是保险关系确立的基础。

3)保险是一种传统和有效的风险管理方法之一

人们面临的各种风险损失,一部分可以通过控制的方法消除或减少,但风险不可能全部消除。各种风险造成的损失,单靠自身力量解决,就需要提留与自身财产价值等量的后备基金，这样既造成资金浪费，又难以解决巨额损失的补偿问题，从而，转移就成为风险管理的重要手段。保险作为转移方法之一，长期以来被人们视为传统的处理风险手段。通过保险，把不能自行承担的集中风险转嫁给保险人，以小额的固定支出换取对巨额风险的经济保障，使保险成为处理风险的有效措施。

4）保险经营效益受风险管理技术的制约

保险经营效益的大小受多种因素的制约，风险管理技术作为非常重要的因素，对保险经营效益产生很大的影响。如对风险的识别是否全面，对风险损失的频率和造成损失的幅度估计是否准确，哪些风险可以接受承保，哪些风险不可以承保，保险的范围应有多大，程度如何，保险成本与效益的比较等，都制约着保险的经营效益。

二、保险的分类

根据不同的要求或角度，可以对保险进行不同的分类。目前，国内较常见的分类方式有以下几种。

1. 按保险标的分类

1）人身保险

人身保险是以人的寿命和身体为保险标的的保险。根据保障的范围，人身保险又可分为人寿保险、意外伤害保险和健康保险。人寿保险是以被保险人的寿命为保险标的，以生存和死亡为给付保险金条件的人身保险。人寿保险是人身保险的主要组成部分，当被保险人在保险期间内死亡或达到保险合同约定的年龄、期限时，保险人按照合同约定给付死亡保险金或期满生存保险金。意外伤害保险是指当被保险人因遭受意外伤害使其身体残疾或死亡时，保险人依照合同规定给付保险金的人身保险业务。在意外伤害保险中，保险人承保的风险是意外伤害风险，保险人承担赔付责任的条件是被保险人因意外事故导致的残疾或死亡。健康保险是以人的身体作为保险标的，在被保险人因健康原因导致医疗费用支出或收入损失等事件发生时，保险人承担赔付责任的一种人身保险业务。

2）财产保险

财产保险是以财产及其有关利益为保险标的的保险。按照保险保障范围的不同，财产保险业务可以进一步划分为财产损失保险、责任保险和信用保证保险等。财产损失保险是狭义的财产保险，一般是以物质财产为保险标的的保险业务，其种类很多，主要险种包括火灾保险、货物运输保险、运输工具保险、工程保险等。责任保险是以被保险人依法应负的民事损害赔偿责任或经过特别约定的合同责任为保险标的的保险业务。一般分为公众责任保险、产品责任保险、职业责任保险、雇主责任保险等。信用保证保险是以担保为实质承保信用风险的保险。它是由保险人作为保证人为被保证人向权利人提供担保的一类保险业务。当被保证人的作为或不作为致使权利人遭受经济损失时，保险人承担经济赔偿责任。

2. 按保险的实施方式分类

1）自愿保险

自愿保险也称任意保险，是保险双方当事人自愿签订保险合同的保险方式。自愿保险的保险关系，是当事人之间自由决定、彼此合意后所订立的合同关系。保险人可以根据情况决定是否承保，以什么条件承保。投保人可以自行决定是否投保、向谁投保，也可以自由选择保障范围、保障程度和保险期限等。

2)强制保险

强制保险一般是法定保险，其保险关系是保险人与投保人以法律、法规等为依据而建立起来的。例如，为了保障交通事故受害者的利益，很多国家把汽车第三者责任保险规定为强制保险。强制保险具有全面性和统一性的特点，表现在：凡是在法律、法规等规定范围内的保险对象，不论是法人或自然人，不管是否愿意，都必须参加保险。实施强制保险通常是为了满足政府某些社会政策、经济政策和公共安全等方面的需要。

3.按保险的性质分类

1)社会保险

社会保险是指以法律为保证的一种基本社会权利，是以劳动为生的人在暂时或永久丧失劳动能力或劳动机会时，能利用这种权利来维持劳动者及其家属的生活。换言之，社会保险就是国家或政府通过立法形式，采取强制手段对劳动者因遭遇年老、疾病、生育、伤残、失业或死亡等社会特定风险而暂时或永久失去劳动能力、失去生活来源或中断劳动收入时的基本生活需要提供经济保障的一种制度。其主要项目包括养老保险、医疗保险、失业保险和工伤保险等。在现实生活中，有许多风险是商业保险不能解决的，如大规模的失业、贫困化等问题。这些风险如果得不到保障，就会造成社会动荡，直接影响经济的发展，所以只能依靠社会保险的办法来解决。

2)商业保险

商业保险是指投保人根据合同约定，向保险人支付保险费，保险人对于合同约定的风险所致被保险人的财产损失承担赔偿责任，或当被保险人死亡、伤残、疾病或者达到合同约定的年龄、期限时，承担给付保险金责任的一种制度。

社会保险与商业保险的主要区别是：

(1)实施方式不同。社会保险一般是以法律或行政法规的规定，采取强制方式实施，属于强制保险；商业保险的实施主要采取自愿方式。

(2)管理方式不同。社会保险是维持国民基本生活需要的制度，一般是由政府直接管理或由政府的权威职能部门统一管理；商业保险则是保险公司根据投保人的需要和缴费能力所提供的保险，采用商业化管理方式，经营主体只要符合《保险法》要求的条件并得到国务院保险监督管理机构的批准，就可以经营商业保险业务。

(3)经营目的不同。国家实施社会保险是以社会安定为宗旨，社会保险不以赢利为经营目的；而商业保险的经营主体在为社会提供保险产品的同时，以赢利为经营目的。

(4)保障程度不同。社会保险是政府为解决有关社会问题而对国民实行的一种基本经济保障，具有保障国民最基本生活的特点，保障程度相对较低；商业保险采取市场经营原则，实行多投多保、少投少保的保险原则，可以为被保险人提供充分的保障。

(5)保险费负担不同。社会保险的保险费一般是由国家、单位和个人三方共同负担；商业保险的保险费则是由投保方自己负担。

(6)保障对象不同。社会保险主要以劳动者为保障对象；商业保险的保障对象既可以是财产及其相关利益，也可以是人的寿命或身体。

3）政策性保险

政策性保险有广义和狭义之分。广义的政策性保险是国家为了推行其社会政策和经济政策而开办的保险，包括社会政策性保险（即社会保险）和经济政策性保险。狭义的政策性保险是政府为了实现某种经济政策目的，委托商业保险公司或成立专门的政策性保险经营机构，运用商业保险的技术来开办的一种保险。通常所说的政策性保险主要是指狭义的政策性保险。一般出口信用保险和农业保险都属于政策性保险业务。政策性保险往往表现出国家对于某些产业的扶持态度。由于政策性保险是国家为实现某种政策目的而举办的，体现了公共利益性和公共政策性，决定了政策性保险在经营目标上与一般的商业保险不同，即不以赢利为目标。实际上，很多国家的政府都对政策性保险业务采取补贴等方式予以扶持。

4. 按承保方式分类

1）原保险

原保险是指投保人与保险人之间直接签订合同所确立的保险关系。当被保险人在保险期内因保险事故所致损害时，保险人对被保险人承担赔偿或给付保险金的责任。

2）再保险

再保险也称分保。《保险法》第二十八条第一款规定："保险人将其承担的保险业务，以分保形式部分转移给其他保险人的，为再保险。"分出业务的一方是原保险人，接受业务的一方是再保险人。原保险人转让部分保险业务的动机是避免过度承担风险责任，目的是稳定经营。再保险是保险人之间的一种业务活动，投保人与再保险人之间没有直接的业务关系。《保险法》第二十九条规定："再保险接受人不得向原保险的投保人要求支付保险费。原保险的被保险人或者受益人不得向再保险接受人提出赔偿或者给付保险金的请求。再保险分出人不得以再保险接受人未履行再保险责任为由，拒绝履行或者迟延履行其原保险责任。"

3）共同保险

共同保险又称为联合共保，简称共保，是由两个或两个以上的保险人联合，直接对同一保险标的、同一保险利益、同一保险事故提供保险保障的方式。共同保险的保险金额总和小于或等于保险标的的价值，发生保险损失时按照保险人各自的承保比例来进行赔款的支付。

4）重复保险

重复保险是指投保人对同一保险标的、同一保险利益、同一保险事故分别与两个以上保险人订立保险合同，且保险金额总和超过保险价值的保险。由于重复保险可能诱发道德风险，各国一般通过法律形式对重复保险予以限制，在发生保险事故造成保险标的损失时，通常要求按一定方式在保险人之间进行赔款的分摊计算。

三、保险的功能

1. 保险在微观经济中的功能

1）保障受灾企业及时恢复生产或经营

风险是客观存在的。自然灾害、意外事故的发生，尤其是重大灾害事故的出现，会破坏企业的资金循环,缩小企业的生产经营规模,甚至中断企业的生产经营过程,导致企业产生经济损失。但是,如果企业参加保险,在遭受保险责任范围内的损失时,就能够按照保险合同的约定,从保险公司及时获得保险赔款,尽快地恢复生产或经营活动。

2)促使企业加强经济核算

财务型的风险管理方式之一是通过保险方式转移风险。如果企业参加了保险,就能够将企业面临的不确定的、大额的损失,变为确定的、小额的保险费支出,并摊入到企业的生产成本或流通费用中,使企业以交纳保险费为代价,将风险损失转嫁给保险公司,这既符合企业经营核算制度,又保证了企业财务成果的稳定。

3)促进企业加强风险管理

保险本身就是风险管理方式之一,而保险防灾防损职能的发挥,更促进企业加强风险管理。保险公司常年与各种灾害事故打交道,积累了较为丰富的风险管理经验,可以帮助投保企业尽可能地消除风险潜在因素,达到防灾防损的目的。保险公司还可以通过保险费率这一价格杠杆调动企业防灾防损的积极性,共同搞好风险管理工作。尽管保险方式能对自然灾害、意外事故造成的损失进行经济补偿,但是,风险一旦发生,就可能对社会财富造成损失,被保险企业也不可能从风险损失中获得额外的利益。因此,加强风险管理符合企业和保险公司的共同利益。

4)安定人民生活

灾害事故的发生对于个人及家庭而言同样是不可避免的。参加保险不仅是企业风险管理的有效手段,也是个人及家庭风险管理的有效手段。家庭财产保险可以使受灾的家庭恢复原有的物质生活条件;人身保险可以转嫁被保险人的生、老、病、死、残等风险,对家庭的正常生活起保障作用。也就是说,保险这种方式,可以通过保险人赔偿或给付保险金,帮助被保险人及其关系人重建家园,使获得保险保障的个人及家庭的生活,能够保持一种安定的状态。

5)保证民事赔偿责任的履行,保险受害的第三者的利益

在日常生活及社会活动中,难免发生因致害人的过错或无过错导致的受害的第三者的财产损失或人身伤亡引起的民事损害赔偿责任。致害人等可以作为被保险人,将这种责任风险通过责任保险转嫁给保险人。这样,既可以分散被保险人的意外的责任风险,又能切实保障受害的第三者的利益。

2. 保险在宏观经济中的功能

1)保障社会再生产的顺畅运行

社会再生产过程包括生产、分配、交换和消费四个环节,这四个环节互相联系,互为依存,在时间上继起,在空间上并存。但是,社会再生产过程会因遭遇各种自然灾害或意外事故而被迫中断或失衡。其中任何一个环节的中断或失衡,都将影响整个社会再生产过程的均衡发展。保险对经济损失的补偿,能及时、迅速地对这种中断或失衡发挥修补作用,从而保障社会再生产的延续及其顺畅运行。

2)推动科学技术转化为现实生产力

现代社会的商品竞争越来越趋向于高新技术的竞争。在商品价值方面,技术附加值的比重越来越大,但是,对于熟悉原有技术工艺的经济活动主体来说,新技术的采用,既可

能提高劳动生产率,又意味着新的风险。而保险的作用正是在于通过对采用新技术风险提供保障,为企业开发新技术、新产品以及使用专利“撑腰壮胆”,以促进科学技术向现实生产力的转化。

3)促进对外经济贸易发展和国际收支平衡

在对外贸易及国际经济交往中,保险是不可缺少的重要环节。保险业务的发展,例如,出口信用保险、投资保险、海洋货物运输保险、远洋船舶保险等险种的发展,既可以促进对外经济贸易,保障国际经济交往,又能带来无形的贸易收入,平衡国际收支。因此,外汇保费收入作为一项重要的非贸易收入,已成为许多国家积累外汇资金的重要来源。

4)促进社会稳定

社会是由千千万万的家庭和企业等构成的,家庭和企业是社会的组成细胞,家庭的安定和企业的稳定都是社会稳定的重要因素,保险通过对保险责任范围内的损失和伤害的补偿和给付,分散被保险人的风险,使被保险人能够及时地恢复正常的生产和生活,从而为社会的稳定提供切实有效的保障。

第四节　保险的起源与发展

一、保险的产生与发展

1.保险的产生的基础

保险的产生既有其自然基础,又有其经济基础。

1)自然灾害和意外事故的客观存在是保险产生的自然基础

风险的客观存在是保险产生的自然基础。人类社会自产生以来就面临着各种各样的风险,风险的存在是不以人的意志为转移的。风险一旦发生,会影响到个人、家庭、企事业单位正常的生产和生活活动,并可能影响到国民经济的正常运行。为了保证社会生产、生活,乃至国民经济的顺畅进行,客观上需要进行风险管理,需要运用保险这一风险管理方式对风险所导致的损失进行分摊和补偿。换言之,风险的存在导致损害的发生,进而衍生出对经济损失进行补偿和给付的需要,以经营风险为对象、以经济补偿和经济给付为职能的保险由此应运而生。

2)剩余产品的出现和增多是保险产生的经济前提

物质财富的损失只能用物质财富来补偿,因此,只有当存在着可供补偿用的剩余物质财富时,对物质财富损失的补偿才能实现,保险的产生才有物质基础。

在生产力水平极端落后的原始社会,生产的产品仅能勉强维持生产者及其家属的生存,没有剩余产品,就不能建立包括保险基金在内的后备基金。因而,自然灾害、意外事故造成的经济损失,就直接导致了社会生产规模的萎缩和社会生活水平的下降,巨灾的发生甚至还会导致个别部落的灭亡。

只有当社会生产出来的产品,不仅能满足社会的基本生活需要,而且还有一部分剩余时,才有可能存在用于补偿损失的物质财富,否则,保险的产生、保险基金的形成就是无源之水、无本之木。如果没有剩余产品的存在,人们即使得到了保险公司支付的货币,也买不到东西，这笔保险金就毫无用途，人们就不会投保，保险基金就不可能形成。所以，剩余产品的存在是保险基金形成的唯一源泉，是保险产生的物质基础。

3）商业性保险是商品经济发展到一定阶段的产物

随着社会生产力的迅速发展，商品生产和交换的规模日益扩大，社会的专业分工越来越细，生产的社会化程度越来越高，物质财富越来越相对集中。与此同时，各种风险也越来越集中，其影响更为广泛和深刻。任何生产和流通环节上发生较大灾害事故都会对生产力造成巨大的破坏，在社会上产生剧烈震荡，带来一系列经济和社会问题。面对相对集中的风险，由一个或几个经济单位共同提存的后备基金就不敷使用，难以充分补偿风险造成的损失。这样就逐步出现了专门承担风险的人——保险人。众多的被保险人可将自己的风险转嫁给保险人。作为转嫁风险的一种代价，被保险人则按照不同风险种类和程度支付适当的保险费。上述过程表明：当经济发展到一定阶段，一方面，工业资本、商业资本、农业资本、借贷资本为了保障其生产资料和利润的安全，使其不致因灾害事故的不幸发生而承担较大的经济和社会责任，以致倒闭、破产，从而产生了购买保险的强烈愿望和必要条件；另一方面，有一部分资本可以从社会总资本中分离出来，专门用来经营风险，从而成为保险资本，以获取平均利润。这时，也只有在这时，专业性保险才可能产生。因此，商品经济的发展是保险产生的必要前提。

2. 保险的发展

人类社会从开始就面临着自然灾害和意外事故的侵扰，在与大自然抗争的过程中，古代人们就萌生了对付灾害事故的保险思想和原始形态的保险方法。最早产生保险思想的国家并不是现代保险业发达的欧美大国，而是处在东西方贸易要道上的文明古国，如古代的巴比伦、埃及、希腊和罗马。

早在公元前4000年~公元前3000年，古埃及的石匠就组织了应付人身风险的互助团体，通过收缴会费来支付会员死亡、受伤后的丧葬费用或抚恤费。

在古希腊，一些政治、宗教组织通过会员分摊提取一定的会费，形成相当数量的公共基金，专门用于意外情况下的救济补偿。

在公元前2500年的巴比伦时代，国王曾命令僧侣、法官和市长等，对其辖境内的居民征收赋金，建立后备基金，以备火灾及其他天灾损失之用。

在古巴比伦王朝汉谟拉比时代，《汉谟拉比法典》中曾规定，在商队中若马匹货物等中途被劫或发生其他损失，经宣誓并无纵容或过失的，可免除其个人债务，而由全体商队补偿。该规定后传到了腓尼基，并拓展适用于船舶载运的货物。

在公元前1000年，以色列王所罗门对其国民从事海外贸易者课征税金，作为补偿遭遇海难者所受损失之用。

中世纪，欧洲各国城市中陆续出现了各种行会组织，这些行会具有互助性质，其共同出资救济的互助范围包括死亡、痢疾、伤残、年老、火灾、盗窃、沉船、监禁、诉讼等人身和财产损失事故。这种行会制度被称为“基尔特”制度，在13~16世纪非常盛行，并在此基础上产生了相互合作的保险组织。

其他原始的保险形态不胜枚举。

保险产生与发展的演进历程主要可以通过海上保险、火灾保险、其他财产保险和人身保险的产生与发展显现。

1)海上保险

海上保险是一种最古老的保险,近代保险也首先由海上保险发展而来。共同海损是海上保险的萌芽。船货抵押借款是海上保险的雏形,而意大利是近代海上保险的发源地。

共同海损是指在海上凡为共同利益而遭受的损失,应由受益方共同分摊。它是航海遇难时所采取的一种救难措施,也是海上常见的一种损失事故的处理方式。共同海损大约产生于公元前2000年,那时地中海一带出现了广泛的海上贸易活动。当时航海是一种风险很高的活动,当发生航行危险时,最有效的抢救办法是抛弃部分承运货物,以减轻船只载重得以继续航行。为了使被抛弃的货物能从其他受益方获得补偿,当时的航海商提出了一条共同遵循的原则:“一人为众,众为一人”。这个原则后来为公元前916年的罗地安海商法所采用,并正式规定为:“凡因减轻船只载重投弃入海的货物,如为全体利益而损失的,须由全体分摊归还。”这就是著名的“共同海损”的基本原则。它可以说是海上保险的萌芽,但由于共同海损是船主与货主分担损失的方法,并非是保险补偿,因此它是否属于海上保险的起源尚有争议。

随着海上贸易的发展,带来了船舶抵押借款和货物抵押借款制度(简称为“船货抵押借款”)。这类借款在公元前800年到公元前700年就很流行,而且从希腊、罗马传到意大利,并在中世纪盛行一时。船货抵押借款契约是指船主把船舶或船上货物作为抵押品向放款人取得航海资金的借款。如果船舶安全完成航行,船主归还贷款,并支付较高的利息。如果船舶中途沉没或货物发生中途损毁,债权即告结束,船主不必偿还本金。这种方式的借款实际上是最早形式的海上保险。放款人相当于保险人,借款人相当于被保险人,船舶或货物是保险对象,高出普通利息的差额相当于保费。船货抵押借款后因利息过高被罗马教皇九世格雷戈里禁止,当时利息高达本金的1/4或1/3。但又由于航海需要保险作为支柱,因此后来出现了“无偿借贷”制度。在航海之前,资本所有人向贸易商借得一笔款项,如果船舶和货物安全抵达目的港,资本所有人不再偿还借款(相当于收取保险费);反之,如果船舶和货物中途沉没或损毁,资本所有人有偿债责任(相当于赔款)。这与原来的船舶抵损借款的顺序正好相反,与现代海上保险的含义更为接近。

在11世纪后期,十字军东征以后,意大利商人曾控制了东西方的中介贸易,并在他们所到之处推行海上保险。在14世纪中期经济繁荣的意大利北部出现了类似现代形式的海上保险。起初海上保险是由口头缔约,后来出现了书面合同。世界上最古老的涉及保险的单证是一个名叫乔治·勒克维伦的热那亚商人在1347年10月23日出立的一张承保从热那亚到马乔卡的船舶保险单。这张保险单现在仍保存在热那亚国立博物馆。保单的措辞似虚设的借款,即上面提及的“无偿借贷”,规定船舶安全到达目的地后契约无效,如中途发生损失,合同成立,由资本所有人支付一定金额,保险费是在契约订立时以定金名义缴付给资本所有人的。保单还规定,船舶变更航道会使契约无效。但保单没有订明保险人所承保的风险,因而它还不具有现代保险单的基本形式。至于最早的真正意义上的保险单,一般认为是1384年的比萨保单。这张保险单内容是承保从法国南部的阿尔兹至意大利比萨的一批货物和运输风险。到1397年,佛罗伦萨出立的保单已经有承保“海上灾难、天灾、火灾、抛弃”等字样。当时的保险单如同其他商业合同一样,是由专业的撰状人起草的。13世纪中叶在热那亚一带就有撰状人200个。据一位意大利的律师调查，1393年有位热那亚的撰状人，一年就起草了80多份保险单。这个时期，意大利在海上保险中独领风骚。莎士比亚在《威尼斯商人》中就写到海上保险及其种类。随着海上保险的发展，第一家海上保险公司也于1424年在热那亚出现。1468年威尼斯制定了关于法院保证保险单实施及防止欺诈的法令。1523年佛罗伦萨制定了一部比较完整的条例，并规定了标准保险单的格式。

发现美洲新大陆后，英国的对外贸易获得迅速发展，世界保险的中心逐渐转移到英国。1568年12月22日经伦敦市长批准开设了第一家皇家交易所，为海上保险提供了交易场所。1601年伊丽莎白一世女王颁布了第一部有关海上保险的法律，规定在保险商会内设立仲裁法庭，解决日益增多的海上保险纠纷案件。

在14世纪中期，海上保险已是每个海运国家的一个商业特征。在发现美洲新大陆之后，西班牙、法国也进入对外贸易迅速发展阶段。早在1435年，西班牙即公布了有关海上保险的承保规则及损失赔偿手续的法令。1563年西班牙国王腓力浦二世制定了安特卫普法典，它分为两部分：第一部分是航海法令；第二部分是海上保险及保险单格式法令，后为欧洲各国采用。1681年法王路易十四颁布的海上条例中也有海上保险的规定。此外，荷兰、德国也颁布了海损及保险条例。海上保险法规的出现标志着这些国家的海上保险有了进一步发展。

2）火灾保险

1666年9月2日伦敦发生的一场大火是火灾保险产生和发展的直接诱因。火灾的起因是普丁巷的皇家面包店烘炉过热，火灾持续了5天之久，延烧了整个城市，有13000幢房屋和90个教堂被烧毁，20万人无家可归，造成了不可估量的财产损失。这场特大火灾促使人们开始重视火灾保险。次年，一个名叫尼古拉斯·巴蓬的牙科医生独资开办了一家专门承保火灾保险的营业所，开创了私营火灾保险的先例。由于业务发展，他于1680年邀集了3人，集资4万英镑，设立了一个火灾保险合伙组织。该险种的保险费是根据房屋的租金和结构计算的，砖石建筑的费率定为了2.5%的年房租，木屋的费率定为了5%的年房租。正因为使用了差别费率，巴蓬才有了“现代保险之父”的称号。

18世纪末到19世纪中期，英、法、德、美等国相继完成了工业革命，大机器生产取代了原先的手工操作，物质财富大量集中，对火灾保险的需求也变得更为迫切。这个时期的火灾保险发展异常迅速，而且火灾保险组织以股份制公司的形式为主。最早的股份制公司形式的保险组织是1710年由英国人查尔斯·波文创办的“太阳保险公司”。它不仅承保不动产保险，而且把承保业务扩大到动产保险，营业范围遍及全国。1752年，本杰明·富兰克林在美国费城创办了第一家火灾保险社。1794年，北美保险公司开始承办火灾保险业务。到19世纪，欧美的火灾保险公司如雨后春笋般涌现，承保能力大大提高。火灾保险从过去只保建筑物损失扩大到其他财产，承保的责任也从单一的火灾扩展到风暴、地震、暴动等。为了控制同业间的竞争，保险同业组织相继成立，共同制定火灾保险的统一费率。

3）其他财产保险业务

海上保险和火灾保险是两个传统的财产保险业务，它们在发展过程中其承保标的和风险范围不断得到扩展，已成为综合险的财产保险险种。19世纪后半期，除海上保险和火灾保险外，各种财产保险新险种陆续出现，如汽车保险、航空保险、机械保险、工程保险、责任保险、盗窃保险、信息保证保险等。

与财产保险业务的迅速发展相适应，19 世纪中叶以后，再保险业务迅速发展起来。最初独立经营再保险业务的是德国于 1846 年设立的科隆再保险公司。到 1926 年，各国共建立了 156 家再保险公司，其中德国的再保险数目最多。对于财产保险业务而言，由于其风险的特殊性，再保险已成为保险业务经营中不可或缺的手段。再保险使财产保险的风险得以分散，特别是财产保险业务在不同国家的保险公司之间的分保，使风险在全球范围内分散。再保险的发展，又促进了财产保险业务的发展。如今，英、美、德、瑞士等国的再保险业务在国际上占据重要地位。

4）人身保险

从原始的萌芽形态到具有现代意义的人身保险，人身保险经历了漫长的探索和演变。在这个时期，产生了一些对人身保险的形成和发展有重大影响的事件和人物。

（1）“蒙丹斯”公债储金

12 世纪的威尼斯共和国，为了应付战时财政困难，发行了强制认购的公债。其实施办法为政府每年给予认购者一定的酬金直到认购者死亡，本金一律不退还。这种给付形式接近于同时代的终身年金保险。

（2）“冬蒂”方案

这是 1656 年意大利银行家洛伦佐·冬蒂所设计的一套联合养老保险方案，于 1689 年由路易十四颁布实施。该方案规定：发行总数为 140 万法郎的国债每人认购买 300 法郎，每年由国库付 10% 的利息，本金不退还。支付利息的办法；把所有认购者按年龄分为 14 个群体，利息只付给群体的生存者，生存者可随群体死亡人数的增加而领取逐年增加的利息，如果该群体成员全部死亡，就停止发放利息。

（3）生命表的研究和编制

为使人身保险符合“公平、合理”原则，不少学者开始了对人口问题的研究，并编制生命表。1693 年英国天文学家哈雷编制的第一张最完整的生命表。此表计算出了各年龄的死亡率和生存率。生命表的编制为人身保险的科学计算奠定了基础。

（4）均衡保费的提出

詹姆斯·道德逊在 1756 年根据哈雷的死亡表计算出了各年龄的人群投保死亡保险应缴的保费，这种保费称为“自然保费”。由于自然保费难以解决老年人投保费用负担的问题，詹姆斯·道德逊又提出了“均衡保费”的理论。所谓均衡保费，是指保险人将人的不同年龄的自然保险费结合利息因素，均匀地分配在各个年度，使投保人按期交付的保险费整齐划一，处于相同的水平，这种保险费即为均衡保险费。均衡保费避免了被保险人到了晚年因保险费的上升而无力续保的不足，因此适合长期性的人寿保险。

在人身保险计算理论研究发展的同时，人身保险业务也有了很大发展。1762 年英国创办了公平人寿保险公司，这是世界上第一家科学厘定保费的人寿保险公司。该公司第一次采用均衡保费的理论计算保险费，规定每次缴费的宽限期及保单失效后申请复效的手续，对不符合标准条件的保户另行加费，使人身保险的经营管理日趋完善。该公司的创立标志着近代人身保险制度的形成。

二、世界保险业发展

1. 世界保险市场全球化和金融服务一体化的趋势

当今世界，经济的发展尤其是国际贸易与国际资本市场的发展决定了市场开放的必要性，而通信、信息等高新技术的发展又为实现全球经济一体化创造了技术条件。在高新技术的推动下，全球经济一体化的趋势日益明显，作为世界经济重要组成部分的保险业，也呈现全球化的趋势。保险全球化是指全球保险活动和风险发生机制联系日益紧密的一个过程。随着世界经济全球化的进一步发展，保险业全球化的趋势将不断加强。

在保险全球化的过程中，金融保险创新是重要的技术因素。而金融保险创新的经济制度因素，主要指 20 世纪 80 年代以来全球的金融保险自由化，在发达国家，这种自由化主要表现为金融保险管制的放松。放松监管的主要内容包括：

(1)放松对保险机构设立的限制。打破保险市场的进入壁垒，有利于促进保险市场效率的提高。近年来，德国、韩国等国纷纷放松了对外国保险机构进入本国保险市场的管制。

(2)放松对保险条款费率的管制。在传统模式下，保险条款费率管制是保险监管的重要内容。但现在这一情况有了变化，例如，奉行严格监管的日本保险业实行了全面的保险条款费率自由化。对条款费率管制的放松，增强了保险市场的市场化程度。

(3)放松对保险险种的监管。随着人们保险需求的增多，保险机构加大了保险险种的创新力度，这就促使保险监管当局不得不放松对保险险种的管制。

在发展中国家，为了适应经济全球化的潮流，各国也有做出自己的努力。如印度、东盟国家以及智利、阿根廷、委内瑞拉等国都在不同程度上开放了本国的保险市场，以吸引外国投资者。1995 年，全球多边金融服务协议达成，这意味着全球保险市场的 90% 都已开放。

2. 保险规模大型化和保险机构的联合与兼并的趋势

保险规模的扩大，一方面体现在保险标的的价值越来越大，巨额保险增多；另一方面则体现在从事保险的机构越来越多。保险标的价值的增大与经济的发展是密不可分的。新技术的运用使各种机器设备越来越复杂、精细，价值也越来越高，同时，风险的影响面由于经济主体之间关系的日益紧密也越来越大。因此，巨额保险的数量不断增加。

与此同时，保险机构的规模也日趋庞大。竞争白热化的结果必然是优胜劣汰，从而加速了保险机构之间的联合与兼并。19 世纪初，全世界只有 30 多家保险公司，到了 20 世纪 90 年代初，全世界保险公司的数量已过万家。而在面临全球化竞争的情况下，许多公司又开始进行广泛的合作，竞争与合作呈现出一种相互推动的态势。近年来，合作进一步演化成保险人之间的并购，保险市场的并购案，特别是巨额跨国并购案不断涌现，保险机构呈现大型化的趋势。1996 年，法国巴黎联合保险集团与安盛保险进行合并，成立保险集团，成为当时世界第二大保险公司。2006 年，安盛集团斥资 109 亿美元收购了瑞士丰泰集团，成为世界第三大保险集团。在再保险领域，并购之风也越演越烈。1996 年美国通用再保险收购了通用电器旗下的安裕再保险，成为全球最大的再保险公司。另外，在保险中介市场上，并购活动也呈增多趋势。

3. 保险经营转向以非价格竞争为主,并且更加注重事先的预防

市场竞争的白热化使保险业面临的价格压力越来越大,长期的亏损使不少保险公司破产倒闭,严重地影响了保险双方的利益。因此,保险公司越来越注重非价格的竞争,努力在保险经营上积极创新,力求在保险技术和保险服务上吸引顾客。与此同时,保险公司并不局限于提供事后的补偿,而是积极地参加事前和事中的防灾防损,在成本收益分析的基础上,联合各类技术专家从事风险的识别、测量与预防工作,为被保险人提供各种相关的防灾防损服务。这既提高了保险公司自身的服务水平与竞争力,又减少了被保险人损害的可能和公司赔付的可能,还减弱了损害发生后可能产生的外部影响,有利于社会经济的稳定运行。

4. 保险业强化风险控制和资金管理,巨灾风险管理手段日渐丰富

保险公司将使用新的方法来控制风险和管理资金。对保险公司来说,风险控制和资金的有效管理从未显得如此重要。巨灾的频繁发生、全球性经济波动和宏观经济政策等不利影响,增大了保险公司的经营风险,并对其资本金造成了较大压力,保险公司面临着偿付能力被削弱的危机。保险公司正在尝试使用各种新方法来分析控制风险,确保资金的收益和安全。

巨灾风险以其巨大的破坏力严重影响经济、金融的发展。瑞士再保险公司的研究报告指了,20 世纪 70 年代以来,世界范围内巨灾风险的暴发频率呈持续上升趋势,其损失程度也逐年增加。20 世纪 90 年代以前,全球每年发生巨灾的数量保持在 100 起左右。进入 21 世纪,巨灾数量急剧上升,年均发生数突破 300 起。2001 年 9 月 11 日的美国恐怖袭击事件使全球保险业经受了有史以来最严峻的考验。据粗略估计,“911”事件造成的保险赔偿将高达到 300 亿 ~ 700 亿美元,是保险史上赔付额最高的一次事件。2007 年全球共有 300 多起巨灾,包括号 142 起自然灾害和 193 起人为灾害,造成超过 2. 1 万人遇难,经济损失预计达到 700 亿美元,其中仅 276 亿美元购买了保险,约占 40% 。面对日益频繁的巨灾风险,发达国家的保险业除继续采用补足资本金、提升准备金和扩大再保险等传统的分散风险损失的手段外,越来越多地运用金融市场工具,开发动态风险管理产品来转移巨灾风险,解决巨灾损失的补偿问题。其主要方法:一是“风险金融”、“巨灾期货”,即针对某一特定险种,保险人通过发行保险证券的方式,从资本市场上筹集准备金,将巨灾风险直接转移到资本市场,采取的形式是发行“保险联结证券”(ILS)、“巨灾期货”、“巨灾期权”和行业损失凭证(ILW);二是“灾害指数期货”这种新的风险管理方法,该方法将各种自然灾害以指数的形式表达,使保险人将经营风险转移给投机者。

5. 养老保险将成为保险业发展的亮点

目前,很多国家正在进行退休及养老制度改革,老龄化和社会保障福利的缩减使得养老保险的需求正日益增大,传统寿险模式逐渐向养老金驱动模式转变。未来保险公司的成败,在很大程度上将取决于其在该领域的表现。现有的保险公司将向客户提供更多的资产管理和金融服务,并逐步向金融服务公司转型。

三、中国保险业发展

1. 外商保险业的侵入

我国早在古代就有了后备与互助的保险思想和原始形态的保险,类似现代保险的保

险活动也有久远的历史。但我国古代保险的雏形或萌芽并没有演变成现代商业保险。我国近代保险是19世纪西方列强侵略中国时,外商保险公司作为保障其资本输出和经济侵略的工具进入中国的。1805年,英国驻印度加尔各答和孟买的洋行与其在广州的洋行在广州创办了"广州保险会社",这是中国土地上的第一家专业保险公司。1835年,英国怡和洋行收买了该会社,更名为"广州保险公司"。同年,英国人开设了"保安保险公司"(即裕仁保险公司)。第一次鸦片战争后,清政府卖国求荣,割让香港,开放广州、福州、厦门、宁波、上海诸口岸。英国保险商趁机在中国拓展保险业务。1846年,又陆续开设了永福、大东方人寿保险公司。第二次鸦片战争后,英国又陆续开设了一系列保险公司,从而形成了英商保险资本在远东的垄断集团。

2. 我国民族保险业的开创与发展

我国第一家华商保险公司是1875年成立的。这年12月,在李鸿章的倡议下,由官督商办的招商轮船局集股资20万两白银在上海创办了保险招商局。1876年和1878年,招商局又先后设立"仁和保险公司"和"济和保险公司",后来两公司合并为"仁济和保险公司"。该公司专门承保船舶、货栈以及货物运输的保险业务。

20世纪初,特别是第一次世界大战期间,我国民族工业迅速发展,民族资本的保险业随之兴起。20世纪20年代,由"交通"、"金城"、"国华"、"大陆"等六家银行共同投资开办了太平保险公司,主营水险业务,兼营寿险业务。到了30年代,华商保险公司便发展到了40家。这一时期,国民党政府的官僚资本也开始渗入保险业。1935年10月,由中央银行拨资500万元成立了中央信托局保险部。1949年新中国成立前,上海有中外保险公司400家左右,其中华商保险公司有126家。

3. 我国现代保险业的发展

1949年上海解放后,人民政府首先接管了官僚资本的保险公司,并批准了一部分私营保险公司复业。当时登记复业的有104家,其中华商保险公司43家,外商保险公司41家。当年10月,经中央人民政府批准,中国人民保险公司成立,它标志着新中国以国营保险业为主导的保险市场的建立,揭开了中国保险业新的一页。从1949年到1958年的10年中,中国人民保险公司陆续开办了火灾保险,企业和国家机关财产保险,货物运输和运输工具保险,铁路、轮船、飞机和飞机旅客意外伤害保险,农业保险等业务,共收保险费16亿元,支付赔款3.8亿元,拨付防灾费用2300多万元,上缴国库5亿元,保险公司积累公积金4亿元,在发挥经济补偿职能、安定人民生活、积累建设资金、防灾防损、促进国际贸易等方面发挥了巨大的作用。

新中国的保险业曾"两起两落",并在1959年全部停办了国内保险业务。1964年部分地区曾一度恢复国内保险业务。但在1966年开始的"十年动乱"中,全中国从事保险业的专业人员一度仅剩9人。

保险业获得新生是1979年。该年4月,国务院同意逐步恢复保险业务。1980年2月,中国人民保险公司全面恢复了停办20余年(1959—1980年)的国内保险业务。此后,中国保险便逐渐步入了一个飞速发展的黄金时期,其间经历了多次重大改革,上了一个又一个新台阶。

1984年,中国内地唯一一家保险公司中国人民保险公司从中国人民银行分设出来,以独立法人的资格开展业务。1986 年,中国第一家区域性保险公司新疆生产建设兵团农牧业保险公司(后改为新疆生产建设兵团保险公司)获准成立;1988 年 3 月,股份制的平安保险公司在深圳成立;1991 年 4 月,交通银行全额投资组建的第一家全国性股份制综合保险公司太平洋保险公司在上海成立。这三家公司的成立打破了保险市场的垄断格局,标志着市场竞争机制开始进入了保险市场。20 世纪 90 年代中期,先后成立新华、泰康和华泰等全国性股份保险公司以及天安、大众、永安、华安等区域性股份保险公司。1996 年中国人民保险(集团)公司的财产保险公司和人寿保险公司分设。平安、太平洋等中资公司也逐步实行产、寿险分开经营。2002 年 10 月 18 日,新疆生产建设兵团保险公司正式更名为"中华联合财产保险公司",由一个地区性保险公司变成全国性保险公司。截至 2002 年底,中国保险市场共有 57 家保险公司;其中国有独资保险公司 5 家,内资股份有限公司 11 家。中国保险市场进入市场主体迅速膨胀时期,承保能力不断增强。

1992 年,中国人民银行制定并颁布了《上海外资保险机构暂行管理办法》之后,美国友邦保险公司、日本东京海上火灾保险公司作为首批外资保险公司进入中国大陆,标志着我国保险市场对外开放,国际保险业先进的经营理念和管理技术被引入了中国市场,推进了中国保险市场国际化的进程。在中国加入世界贸易组织之前,在中国保险市场营业的有 8 家境外保险公司的 13 家子公司和 7 家中外合资保险公司。

2001 年 12 月,中国正式加入世贸组织,外资进入中国保险市场的步伐明显加快。2002 年,中国保险监督管理委员会(以下简称中国保监会)先后批准了德国慕尼黑再保险公司、瑞士再保险公司、美国信诺保险公司、英国标准人寿保险公司、美国利宝互助保险公司和日本财产保险公司等进入中国市场筹建营业性机构。此外,美国 ACE 集团参股华泰并持有 22.13% 的股权;荷兰国际集团与北京首创集团宣布在大连成立首创安泰人寿公司;汇丰集团参股平安保险;美国友邦保险在北京设立分公司等。保险业的开放超越了入世承诺,中国保险业全面对外开放的格局基本形成。

1998 年,中国保险监督管理委员会(简称保监会)成立,并设立了 31 个派出机构,标志着全国统一的保险监督管理组织体系初步形成.

1995 年 10 月 1 日,《保险法》开始实施,确立了保险市场化机制运作的宏观规范与微观管理原则。1999 年中国保监会公布了《保险公司管理规定》,2001 年 11 月公布并于 2002 年 1 月 1 日实行《保险代理机构管理规定》《保险经纪公司管理规定》《保险公估机构管理规定》。2002 年 2 月 1 日开始实行《外资保险公司管理条例》。一系列的法律法规形成了以《保险法》为核心的保险法律体系。2002 年和 2009 年对《保险法》两次修订后,保监会陆续出台了一系列部门规章和规范性文件,对保险市场主体、业务经营行为、条款费率管理、资金运用以及风险防范等方面加以具体规定,继续推进依法经营和依法监管。在保险监管方面,引入了公司治理结构监管,初步构建了市场行为监管、偿付能力监管和保险公司治理结构监管的三支柱监管体系。

4. 中国保险业的发展趋势

1)保险业改革开放进一步深化,竞争力将不断增强

2006 年,国务院下发了《国务院关于保险业改革发展的若干意见》,明确了保险业改革发展的指导思想、总体目标和主要任务,为中国保险业未来的改革发展指明了方向。国

内保险业恢复后的30多年来，保险业经历了经营体制改革、股份制改革、公司治理结构改革等方面全方位、多层次的改革，并取得了显著的成效。

1995年开始实施的分业经营体制改革在促进保险专业化经营、防范保险经营风险等诸多方面发挥了重要作用。2002年进入实质阶段的国有保险公司股份制改革，以及2003年以来人保、人寿、平安等6家国内保险公司在境内外陆续上市，增强了我国保险业的整体实力。2006年保监会发布了《关于规范保险公司治理结构的指导意见》，初步建立起保险公司治理结构制度体系，为各公司完善治理结构提供具有操作性的指导。改革是促进我国保险业持续发展的原动力，因而未来保险业的改革必将不断深化，以期进一步优化国内保险公司的股权结构，提高其风险防范能力、偿付能力和市场竞场力。同时，将继续稳步扩大对外开放，积极参与国际竞争和国际经济合作，加快培育跨国保险公司和国际知名品牌。

2）保险公司逐步向专业化经营和集团化经营发展

随着国内保险市场主体的增加，保险公司开始探索不同的经营方式和发展战略。一些规模较小、新设立的保险公司选择专业化经营方式，同时大型的国内保险企业则竞相通过金融控股公司实现综合化经营，以提高其自身的竞争能力和抗风险能力。

在保险专业化经营的进程中，养老保险、健康保险和农业保险领域成为“排头兵”。随着大量企业年金计划的建立，专业养老保险公司将继续保持在法人受托和投资管理方面的领先地位。尽管受限于目前的专业化程度和外部环境，与经营健康保险业务的寿险公司相比，专业健康保险公司在业务规模和保费收入等方面都无明显优势，但新一轮医疗改革的推行势必为其发展提供有利契机。社会主义新农村建设的推进，国家对农业保险的政策支持都将为农业保险公司的未来发展创造有利的外部环境。

随着中国金融业开放程度的不断提高和国内外金融、保险市场竞争的日益激烈，在全球金融混业的大背景下，近几年国内的具有一定实力的保险公司，竞相通过建立金融控股公司实现综合化、集团化经营。2004年3月平安集团控股的平安银行开业，标志着平安已成为保险业务为核心，融证券、信托、银行、资产管理、企业年金等多元金融业务为一体的综合金融服务集团。2005年11月，由中国人保控股公司主要发起的中国人保寿险有限公司开业。至此，中国人保初步搭建了以非寿险为核心，集寿险、健康险、资产管理、保险经济业务的国际化保险集团框架。

3）保险监管手段将不断创新，保险市场将更加健康有序

我国加入世贸组织后，保险市场的对外开放、混业经营的趋势、保险体制的改革、保险经营的多元化和市场化等，都要求构建有效的保险监管制度、创新监管手段，以促使我国保险市场更加健康有序地发展。今后我国保险监管部门将坚持依法、审慎、公平、透明和效率的原则，加大保险监管和服务的力度，从保护被保险人的合法权益出发，转变监管思路，不断创造监管手段及监管方式。

2005年，中国保监会在国际保险监督官协会（IAIS）的年会上提出了“建立偿付能力、公司治理结构和市场行为保险监管三支柱体系”的全新监管思想。2008年的全国保险会议再次指出：“以公司治理和内控为基础，以偿付能力监管为核心，以现场检查为重要手段，以资金运用监管为关键环节，以保险保障基金为屏障，构筑防范风险的五道防线”。在

偿付能力监管方面，坚持把偿付能力作为保险监管的核心，强化偿付能力监管制度的执行力度。在公司治理结构监管方面，强化保险公司的内控监管，实施高管人员履职的全过程监管，并建立保险公司治理结构的评估机制。在市场行为监管方面，建立统一、规范的市场行为监管标准和程序，提高市场行为监管的针对性、连续性和有效性。在资金运用监管方面，以防范资金运用风险为重点，不断完善保险资产管理运作的规则。

总之，严格而科学的监管是我国保险业保持健康、可持续发展的基础。随着我国保险市场的快速发展，新情况、新问题和新矛盾不断出现，对保险监管工作提出了更新、更高的要求。今后，我国保险业的监管方式、监管观念、监管手段都将不断创新，与时俱进。

5. 加强诚信建设，保险行业形象将整体提升

诚信是保险业健康发展的基石，也是保险行业先进文化的核心。2002 年年初，中国保监会决定积极推动保险信用体系建设，努力从制度上约束和规范保险信用行为，由此在全国保险行业内外掀起了一个讲诚实、守信用的宣传和教育高潮。今后保险业仍将通过广泛的诚信宣传和教育，强化保险公司依法经营、诚信服务的意识，增加客户价值，促进保险公司和行业的长远发展。同时，中国保监会将加强各保险经营主体市场行为的监管，突出检查重点，依法处置保险经营中的非理性价格竞争，挪用侵占保费和欺诈误导等各种违法和不诚信行为，以维护被保险人的利益，提高公众对保险业的信任度，从而提升保险行业的整体形象。

6. 保险法规政策将逐步完善，发展环境将进一步优化

国内保险业的快速发展使得保险监管中不断涌现出新情况和新问题，2002 年 10 月，针对我国加入世贸组织承诺对保险业的要求，全国人大常委会对《保险法》进行了第一次修正，修改后的《保险法》自 2003 年 1 月 1 日起正式实施。近年来，随着国民经济的快速发展和法律环境的改变，保险业的发展形势和 2002 年修改《保险法》时相比，已发生很大的变化，法律规范的缺陷在很大程度上影响了保险工作的开展和保险纠纷的处理，再次对《保险法》进行修订和完善势在必行。2009 年 2 月 28 日，十一届全国人大常委会第七次会议表决通过了新修订的《保险法》，并于同年 10 月 1 日正式实施。《保险法》的这两次修订不仅是我国保险法制建设的重大事件，也是完善社会主义市场经济法律体系的重要举措，对全面提升保险业法治水平、促进保险业持续平稳健康发展必将产生积极而深远的影响。

此外，农业保险的相关法律、法规建设，商业养老保险、健康保险、责任保险、巨灾保险和保险资产管理等方面的立法工作也将逐步展开，将为我国保险业的全面、健康、有序发展提供法律保障。

第二章 工程机械保险概述

学习目标

1. 掌握工程机械所面临的风险及其形成原因；
2. 了解工程机械保险的特点以及作用；
3. 了解我国工程机械保险面临的问题与困难；
4. 理解保险的五大原则及其在保险业务中的具体表现；
5. 学习工程机械设备保险及相关附加险的具体条款；
6. 知道我国规模最大的财产保险公司。

第一节 工程机械保险

一、工程机械风险评估

1. 工程机械定义

凡土石方施工工程、路面建设与养护、流动式起重装卸作业和各种建筑工程所需的综合性机械化施工工程所必需的机械装备统称为工程机械。它包括挖掘机、铲运机、工程起重机、压实机、打桩机、钢筋切割机、混凝土搅拌机、凿岩机、线路工程机械以及其他专用工程机械等。

2. 工程机械风险类型

1）根据受损对象划分

工程机械所面临的风险，根据受损对象不同，可分为财产风险、人员风险、责任风险。

（1）财产风险：风险事故造成机械自身磨损、失火、爆炸、倾覆、侧翻、坠落等机械本身的破坏。

（2）人员风险：各种机械行驶或作业过程中，致使驾驶（操作）人员或其他人员伤残或死亡。

（3）责任风险：各种机械行驶或作业过程中，由于疏忽或过失造成他人的人身伤亡或财产损失。

2）根据产生原因划分

工程机械所面临的风险，根据产生原因不同，可分为自然风险、机械风险、人为风险。

（1）自然风险

由于洪水、狂风、泥石流、冰雹、暴雨、暴雪、雷击、地震、海啸、山体滑坡等自然现象引起机械损害或驾驶（操作）人员的人身伤害。由于工程机械作业往往在户外，受自然环境影响较大，所面临的自然风险又非常具有意外性。因此，日常要注意加强天气预警措施，建立健全抢险救灾预警机制，采取有效措施规避恶劣天气等。作业前做好作业环境安全评估，加强安全操作管理，增加相应的作业保护措施。

（2）机械风险

表现为三个方面。

①机械作业环境。工程机械的作业环境不同，对其操作时数、使用频率、耗损程度以及技术状况都有不同程度的影响。一般而言，在较恶劣的作业环境中作业的机械，危险暴露更多，事故发生率也较高。

②机型。机型与发生事故的风险也有重要关系。一般大型机械发生事故后果严重，危害较大；而小型机械发生事故的危害相对小一些。由于工程机械种类较多，各种机械的构造、性能差异很大，即使是同一厂牌的机械，不同型号之间的差异也非常明显。因此，在厘定机械保险费率时，机型也是重要因素。

③机龄。通过机械的使用年限可以确定其实际价格，这与机械的折旧关系很大，会影响到机械的修理成本和使用风险。机龄较大的机械，其技术性能会明显不如新机，容易发生故障，因此风险比新机要大。

针对机械自身风险的控制，应在平时加强对作业机械的维护，严格遵守作业规程，加强相关技术的开发和创新，促进产业技术进步，提高机械整体的安全性能。

（3）人为风险

工程机械操作人员的专业操作技术对意外事故发生产生很大的影响。例如工程机械设备中最常见的土方机械中的挖掘机，出险原因多为操作人员的技术不娴熟、经验不足，操作中遇到问题判断不准确或失误造成挖掘机出险。工程机械操作人员是一个对操作安全要求颇高的职业，持证上岗更是国家职业资格培训、审核，以及产业技能及安全保证的必要环节。工程机械的高速发展对工程机械操作人员的数量需求起到了快速拉升作用，导致大量操作人员希望能快速获取操作资格证，因此很多地方单位核发操作证时出现乱象，培训考核体制不完善或者形同虚设，未经严格审核的资格证无疑埋下了安全事故的重大隐患。人为风险具体受客观因素和主观因素两个方面影响。

①客观因素。工程机械驾驶（操作）人员受技能、年龄、驾龄、婚姻状况等因素影响。其中，驾驶（操作）人员的技能和年龄是影响事故的重要因素。驾驶（操作）人员操作技能不过硬、安全操作知识的缺乏，对工程机械设备的安全操作规程不熟悉，私自拆装安全装置，紧急情况下缺乏应急能力等，最易导致事故发生。此外，实践表明机械事故的发生与驾驶（操作）人员的生理状况和心理状态密切相关。一般情况下，青年人年轻气盛，容易争强好胜，并且往往驾驶（操作）经验不足，事故率比年长者高；而老年人的生理机能日趋下降，反应迟钝，知识更新不足，且过于自信，也比较容易发生事故。同样，对于已婚的驾

驶(操作)人员,其家庭责任会促使其小心驾驶(操作),从而有意识降低事故率;如果驾驶(操作)人员未婚,没有家庭牵挂,其驾驶(操作)安全性通常比已婚者要低。

②主观因素。主要指驾驶(操作)人员存在侥幸心理或冒险心理。如酒后作业、疏忽大意、违章操作、带电作业、不带防护用品等,甚至还有驾驶(操作)人员恶意行为。因为并不一定每次都发生事故,致使部分人员的警惕性放松;且严格按照操作规程作业,往往操作者的行为会受到约束,于是经常有人抱着侥幸心理违章作业,一次得逞,胆子越来越大。据日本劳动科学研究的调查,在机械安全事故中,由于工程机械操作人员的疏忽大意而造成的机械安全事故率占事故总数的88%。可见,绝大部分的工程机械事故是可以采取预防措施加以防范的。

针对驾驶(操作)人员要加强安全作业的宣传教育,保持良好的身体状况,培养健康积极的心态,增强遵纪守法意识,积累驾驶(操作)经验,不断提高个人素质和能力。

二、工程机械保险

1. 工程机械保险的概念

工程机械保险是以各种工程机械或其发生事故所负责为保险标的的,即保险对象是工程机械及其责任。

工程机械保险属于商业保险,是自愿保险。工程机械投保人可自由选择承保公司,也可自由选择投保险种。

2. 工程机械保险的特征

1)保险标的的出险率较高

工程机械是基础设施建设的主要生产资料。由于其频繁出现跨作业领域、跨区域的情况,加上作业环境较为恶劣,很容易发生侧翻、倾覆及其他意外事故,造成人身伤亡或财产损失。由于工程机械数量的迅速增加,一些国家基础设施及管理水平跟不上工程机械的发展速度,再加上操作员的疏忽、过失等人为原因,工程机械事故发生频繁,出险率较高。

2)业务量大,投保率高

由于工程机械出险率较高,并且普遍以信贷方式购买,工程机械的所有者需要以保险方式转嫁风险。保险人为适应投保人转嫁风险的不同需要,为被保险人提供了更全面的保障,在开展工程机械设备保险的基础上,推出了一系列附加险,使工程机械保险成为财产保险中业务量较大、投保率较高的一个险种。

3)扩大了保险利益

工程机械保险中,针对工程机械的所有者与使用者不同的特点,工程机械保险条款一般规定:不仅被保险人指定的操作员使用工程机械时发生保险事故保险人要承担赔偿责任,凡是被保险人临时允许的操作员使用工程机械时,也视为其对保险标的具有保险利益,如果发生保险单上约定的事故,保险人同样要承担事故造成的损失。保险人须说明工程机械保险的规定以“从机”为主,凡持保险公司认可的驾驶证或机械操作证操作被保险人的工程机械造成保险事故的损失,保险人须对被保险人负赔偿责任。

此规定是为了对被保险人提供更充分的保障,并非违背保险利益原则。如果在保险公司有效期内，被保险人将保险工程机械转卖、转让、赠送他人，被保险人应当书面通知保险人并申请办理批改。否则，保险事故发生时，保险人对被保险人不承担赔偿责任。

4）被保险人自负责任与无赔款优待

为了促使被保险人注意维护、养护工程机械，使其保持安全操作技术心态，并督促操作人注意安全操作，以减少事故，保险合同上一般规定：操作人在事故中所负责任，工程机械设备保险及相关附加险在符合赔偿规定的金额内实行绝对免赔率；投保的工程机械在保险期限内无赔款，续保时可以按保费的一定比例享受无赔款优待。以上两项规定，虽然分别是对被保险人的惩罚和优待，但要达到的目的是一致的。

3. 工程机械保险的作用

1）促进机械工业的发展，扩大对工程机械的需求

从目前经济发展情况看，机械工业已成为我国经济健康、稳定发展的重要动力之一，工程机械产业政策在国家产业政策中的地位越来越重要，工程机械产业政策要产生社会效益和经济效益，要成为中国经济发展的原动力，离不开工程机械保险与之配套服务。工程机械保险业务自身的发展对于工程机械工业的发展起到了有力的推动作用，工程机械保险的出现，解除了企业与个人对使用工程机械过程中可能出现风险的担心，一定程度上提高了消费者购买工程机械的欲望，一定程度上扩大了对工程机械的需求。

2）促进了工程机械安全性能的提高

在工程机械保险业务中，经营管理与工程机械维修行业及其价格水平密切相关。原因是在工程机械保险的经营成本中，事故机械的维修费用是其中重要的组成部分，同时机械的维修质量在一定程度上体现了工程机械保险产品的质量。保险公司出于有效控制经营成本和风险的需要，除了加强自身的经营业务管理外，必须加大事故机械修复工作的管理，一定程度上提高了工程机械维修质量管理的水平。同时，工程机械保险的保险人从自身和社会效益的角度出发，联合工程机械生产厂家、维修企业开展工程机械事故原因的统计分析，研究工程机械安全设计新技术，并为此投入大量的人力和财力，从而促进了工程机械安全性能方面的提高。

3）稳定社会公共秩序

随着我国经济的发展，工程机械作为重要的建设生产资料，成为社会经济建设中不可缺少的一部分，其作用显得越来越重要。工程机械作为一种保险标的，保险金较高，数量多且分散。工程机械所有者包括国有建设单位、私营工商企业以及个人。工程机械所有者为了转嫁使用工程机械带来的风险，愿意支付一定的保险费投保，在工程机械出险后，从保险公司获得经济补偿。由此可以看出，开展工程机械保险既有利于社会稳定，又有利于保障保险合同当事人的合法权益。

4. 工程机械保险业务开展中遇到的问题

1）现行的工程机械保险条款尚待完善

现行的工程机械保险条款是在原有财产险条款基础上进行适当改造的，在实际使用过程中，其条款在责任范围、附加条款、费率水平等方面不能完全满足客户全面保障的需求以及风险控制的要求。

（1）工程机械设备面临的风险情况复杂，现行条款附加险较少，无法满足全面风险保

障的客户需求。

(2)工程机械保险市场起步晚、竞争强,保险产品呈现同质化。如果想要实施差异化服务,细分市场,为不同需求的客户提供个性化保障,就必须具备完善且有竞争优势的产品。

(3)工程机械应用范围广、施工环境复杂多样。现行工程机械保险费率厘定较为简单,一些重要因素未列入费率调整因子,使得部分高风险业务的费率无法满足风险对价,而一些低风险业务没有得到相应优惠。

(4)目前工程机械保险条款主要是基于财产险条款开发的,不能全面适用于工程机械风险,一些措辞不够严谨,容易发生纠纷。

2)工程机械保险理赔难

理赔方面由于工程机械的施工地点随工程项目地点而变化,异地出险案件较多,理赔问题突出,主要表现如下:

(1)专业人才缺乏。由于工程机械设备制造的专业性较强,且工程机械保险起步较晚,保险系统内精通工程机械技术的人员缺乏,查勘定损人员不了解相关知识,只能依赖于当地维修厂或公估公司,查勘定损处于被动。

(2)代查勘质量不高。工程机械设备一般在异地使用,作业环境特殊,矿山、隧道、桥梁、涵洞、水塘等都可能是出险地域,为查勘理赔工作带来不便。由于出险后必须保证及时查勘现场才能准确判断是否属于保险责任,所以工程机械保险业务的委托代查勘效率显得尤为重要。代查勘工作需要保险系统内给予协助和配合,然而现实情况是有的出险地保险公司根本没有该险种的查勘定损技术人才,有的保险公司即使有这方面人才,由于出险地环境恶劣,推诿不接受代勘委托,不仅影响了赔案的时效性,也容易产生道德风险。

(3)缺乏统一的报价定损标准。目前理赔系统未建立全国统一的工程机械报价系统。由于工程机械设备本身的特殊性,使其维修费、材料费、施救费用相对较高。定损人员对维修工时费、材料费、施救费缺乏标准,也只能依赖于维修厂或公估公司的报价。缺乏定损标准也是工程机械保险业务赔付率较高的原因之一。

三、工程机械保险的基本原则

工程机械保险的原则是工程机械保险业务运营过程中要遵循的基本原则,也是保险法的基本原则,是集中体现保险法本质和精神的基本准则。

1.最大诚信原则

诚信即诚实、守信用,具体而言就是要求一方当事人对另一方当事人不得隐瞒、欺骗,做到诚实;任何一方当事人都应该善意地、全面地履行自己的义务,做到守信用。《保险法》第五条规定:"保险活动当事人行使权利、履行义务应当遵循诚实信用原则。"由于保险经营活动的特殊性,保险活动中对诚信的要求更为严格,要求合同双方在订立和履行保险合同过程中做到最大诚信。最大诚信原则的基本含义是指保险双方在签订和履行保险合同时,必须保持最大的诚意,互不欺骗和隐瞒,恪守合同的承诺,全面履行自己应尽的义务。否则,将导致保险合同无效,或承担其他法律后果。诚实信用原则是各国立法对民事、商事活动的基本要求。如果当事人在订立合同过程中故意隐瞒与订立合同有关的重要事实或者提供虚假情况，以及有其他违背诚实信用原则的行为，给对方造成损失的，应当承担损害赔偿责任。

最大诚信原则的基本内容包括告知、保证、说明、弃权与禁止反言。告知与保证主要是对投保人或被保险人的约束；说明、弃权与禁止反言的规定主要是约束保险人。

1）告知

告知是投保人或被保险人在保险合同签订和履行的过程中对保险标的及其相关重要事项向保险人所做的陈述。由于保险人面对广大的投保人，不可能一一去了解保险标的的各种情况，因此，投保人在投保时，应当将足以影响保险人决定是否承保，足以影响保险人确定保险费率或增加特别条款的重要情况，向保险人如实告知。

告知的方式分为无限告知和询问告知两种。采用无限告知的方式时，只要事实上与保险标的有关的任何重要事项，不论保险人是否询问，投保人都有义务告知。而询问告知是投保人或被保险人只对保险人询问的问题如实告知，对询问以外的问题投保人或者被保险人不必告知。

投保人故意或因过失不履行告知义务，保险人有权解除保险合同。投保人违反告知义务由如下两个要件构成：一是投保人主观上存在故意或者过失；二是未告知的事项足以影响保险人决定是否同意承保或者调整保险费率。两个要件必须同时满足，才能判定投保人违反了告知义务。投保人故意不履行如实告知义务的，保险人除了有权解除保险合同以外，同时对于保险合同解除前发生的保险事故，不承担赔偿或者给付保险金的责任，并不退还保险费。投保人因未履行如实告知义务，对保险事故的发生有严重影响的，保险人对于合同解除前发生的保险事故，不承担赔偿或给付保险金的责任，但可以退还保险费。

2）保证

保证是指保险人要求投保人或被保险人对某一事项的作为或不作为，某种事态的存在或不存在做出许诺。保证是保险人签发保险单或承担保险责任的条件，其目的在于控制风险，确保保险标的及其周围环境处于良好的状态中。

从保证的表现形式上看，保险可分为明示保证和默示保证。明示保证是指以文字形式记载于保险合同中的保证事项，成为保险合同的条款。默示保证是指在保险合同中虽然没有以文字形式加以规定，但习惯上是社会公认的或法律确认的投保人或被保险人应该保证的事项。默示保证与明示保证具有同等的法律效力。

从保证的时间上看，保证分为承诺保证与确认保证。承诺保证是指投保人或被保险人对将来某一事项的作为或不作为的保证，即对未来有关事项的保证。确认保证是指投保人或被保险人对过去或现在某一特定事实存在或不存在的保证。

在保险活动中，无论是明示保证还是默示保证，保证的事项均属重要事实，因而被保险人一旦违反保证的事项，保险合同即告失效，或保险人拒绝赔偿损失或给付保险金，而且除人寿保险外，保险人一般不退还保险费。

3）说明

说明是指保险人的说明义务，即保险人应当向投保人说明保险合同条款的内容，特别是免责条款内容的义务。

保险人说明的内容,主要是影响投保人决定是否投保及如何投保的一切事项。保险人有义务在订立保险合同前向投保人详细说明保险合同的各项条款,并对投保人提出的有关合同条款的提问做出直接、真实的回答,就投保人有关保险合同的疑问进行正确的解释。保险人可以以书面或口头形式对投保人做出说明,也可以通过代理人向投保人做出说明。保险人应当就其说明的内容负责,对其代理人所做的说明,也负同样的责任。保险人说明义务的重心,是保险合同的免责条款。因为免责条款直接关系到保险人对被保险人是否承担赔付责任的范围,对投保决策具有决定性的作用,如果不对这些条款予以说明,投保人的投保决策可能与其真正的需要发生冲突,会影响投保人或被保险人的利益。

保险人履行说明义务的形式有两种:明确列明和明确说明。其中,明确列明是指保险人把投保人决定是否投保的有关内容,以文字形式在保险合同中明确载明;明确说明则不仅要将有关保险事项以文字形式在保险合同中载明,而且还须对投保人进行明确的提示,对重要条款做出正确的解释。我国保险法采取后一种方式。《保险法》第十七条规定:“订立保险合同,采用保险人提供的格式条款的,保险人向投保人提供的投保单应当附格式条款,保险人应当向投保人说明合同的内容。对保险合同中免除保险人责任的条款,保险人在订立合同时应当在投保单、保险单或者其他保险凭证上做出足以引起投保人注意的提示,并对该条款的内容以书面或者口头形式向投保人做出明确说明;未作提示或者明确说明的,该条款不产生效力。”

4)弃权与禁止反言

弃权是指合同一方任意放弃其在保险合同中的某种权利。禁止反言,亦称禁止抗辩,是指合同一方既然已经放弃这种权利,将来就不得反悔,不能再向对方主张这种权力。此条款主要用以约束保险人。《保险法》第十六条规定:“保险人在合同订立时已经知道投保人未如实告知的情况的,保险人不得解除合同;发生保险事故的,保险人应当承担赔偿或者给付保险金的责任。”

弃权与禁止反言的情况也存在于保险代理关系中,保险代理人是基于保险人利益并以保险人名义从事保险代理活动,他们在业务活动中可能会受利益驱动而不按保险单的承保条件招揽业务,即放弃保险人可以主张的权利,保险合同一旦生效后,保险人不得以投保人未履行告知义务而解除保险合同。

《保险法》第十六条明确规定:“投保人故意或者因重大过失未履行前款规定的如实告知义务,足以影响保险人决定是否同意承保或者提高保险费率的,保险人有权解除合同。前款规定的合同解除权,自保险人知道有解除事由之日起,超过三十日不行使而消灭。自合同成立之日起超过两年的,保险人不得解除合同;发生保险事故的,保险人应当承担赔偿或者给付保险金的责任。保险人在合同订立时已经知道投保人未如实告知的情况的,保险人不得解除合同;发生保险事故的,保险人应当承担赔偿或者给付保险金的责任。”

在目前工程机械保险市场中,保险欺诈的现象日渐增多,投保人故意隐瞒事实、违背最大诚信原则恶意违法的行为愈加突出。保险人在经营工程机械保险时,要对工程机械的风险因素有足够的认识,加强风险防范措施,防止保险欺诈活动。同时投保人也应认真遵守最大诚信原则,以避免给自己带来不必要的损失。

2. 保险利益原则

保险利益是指投保人对保险标的所具有的法律上承认的经济利益。体现的是投保人或被保险人与保险标的之间存在的经济利益关系，当保险标的发生保险事故时，必须使保险人蒙受损失。

保险利益原则又称可保利益原则，是指在签订和履行保险合同过程中投保人对保险标的应当具有保险利益。投保人对保险标的不具有保险利益的，保险合同无效。如果保险合同生效后，投保人或被保险人对保险标的失去保险利益，也可能导致保险合同随之失效。保险利益原则主要有两层含义：其一，投保人在投保时，必须对保险标的具有保险利益，否则，保险就可能成为一种赌博，丧失其补偿经济损失、给予经济帮助的功能。其二，投保人是否对保险标的具有保险利益，是判断保险合同有效或无效的根本依据，缺乏保险利益要件的保险合同，自然不具备法律效力。

保险利益可分财产保险利益和人身保险利益。

1）财产保险利益

财产保险的保险标的是财产及其相关利益，其保险利益是投保人对保险标的具有法律上承认的经济利益。财产保险利益应当具备三个要素：

（1）必须是法律认可并予以保护的合法利益。对于不法利益如盗窃等非法手段取得的财产，均无保险利益，即使签订了保险合同，保险合同也无效。

（2）必须是客观存在的利益。

（3）必须是确定的经济利益。即可以通过货币形式计算出来的利益。

在财产保险实务中，下列人员在法律上享有财产保险利益；所有权人对其所有的财产；没有财产所有权，但有合法的占有、使用、收益、处分权中的一项或几项权利的人；他物权人对依法享有他物权的财产，如承租人对承租的房屋等；公民、法人对其因侵权行为或合同而可能承担的民事赔偿责任；债权人对现在的或期待的债权等。

财产保险的保险利益主要产生于投保人或被保险人对保险标的的各项权利和义务。它主要包括现有利益、期待利益和责任利益。现有利益是投保人或被保险人对保险标的在投保时已享有的利益，包括所有利益、占有利益、抵押利益、留置利益、债权利益等，是保险利益最为通常的形态；期待利益又称希望利益、运费收入利益等；责任利益主要是针对责任保险而言的。

2）人身保险利益

人身保险的保险标的是人的寿命和身体，其保险利益是指投保人对被保险人寿命和身体所具有的经济利害关系。人身保险的保险利益具有以下特点：

（1）是法律认可并予以保护的人身关系。

（2）人身关系中要具有财产内容。

（3）构成保险利益的是经济利害关系。

《保险法》第三十一条规定："投保人对下列人员具有保险利益：（一）本人。（二）配偶、子女、父母。（三）前项以外与投保人有抚养、赡养或者扶养关系的家庭其他成员、近亲属。（四）与投保人有劳动关系的劳动者。除前款规定外，被保险人同意投保人为其订立合同的，视为投保人对被保险人具有保险利益。"为了保证被保险人的人身安全，《保险法》还严格限定了人身保险利益。《保险法》第三十四条规定:“以死亡为给付保险金条件的合同,未经被保险人书面同意并认可保险金额的,合同无效。”

在工程机械保险的经营过程中,涉及保险利益原则存在一个比较突出的问题,即被保险人与工程机械所有人不吻合的问题。在工程机械买卖过程中,由于没有对保单下的被保险人进行及时变更,导致其与实际工程机械所有人不吻合,一旦工程机械发生损失,原工程机械所有人由于转让了该机械,不具备对该机械的可保利益,导致在其名下的保单失效,而工程机械的所有人由于不是保险合同中的被保险人,就不能向保险人索赔。

3. 保险与防灾减损相结合的原则

保险从根本上说,是一种风险管理制度,目的是通过风险管理来防止或减少风险事故发生的机会,把风险事故造成的损失缩小到最低程度,由此产生了保险与防灾减损相结合的原则。

1)保险与防灾相结合的原则

这一原则主要适用于保险事故发生前的事先预防。根据这一原则,保险人应对承保的风险责任进行管理,其具体内容包括:调查和分析保险标的的风险情况,据此向投保人提出合理建议,促使投保人采取防范措施,并进行监督检查;向投保人提供必要的技术支持,共同完善防范措施和设备;对不同的投保人采取差别费率制,以促使其加强对风险事故的管理,即对事故少、信誉好的投保人给予降低保费的优惠,反之,则提高保费等。遵循这一原则,投保人应遵守国家有关消防、安全、生产操作、劳动保护等方面的规定,主动维护保险标的的安全,履行所有人、管理人应尽的义务;同时,按照保险合同的规定,履行风险增加通知义务。

2)保险与减损相结合的原则

这一原则主要适用于保险事故发生后的事后减损。根据这一原则,如果发生保险事故,投保人应尽最大努力积极抢险,避免事故蔓延、损失扩大,并保护出险现场,及时向保险人报案。而保险人则通过承担施救及其他合理费用来履行义务。

根据保险与防灾减损相合的原则,投保工程机械一旦出险后,在条件许可的情况下,被保险人(投保人或操作员等)不应放任损失的扩大而不作为,应尽量采取补救措施,争取最小的经济损失。在施救过程中发生的合理费用,保险公司会给予补偿。

4. 损失补偿原则

财产保险合同本质上是一种补偿性合同,损失补偿原则是保险人理赔时应遵循的基本原则。损失补偿原则是指在财产保险合同中,当被保险人具有保险利益的保险标的遭受了保险责任范围内的损失时,保险人要对被保险人的经济损失给予补偿,且补偿的数额以恰好弥补被保险人因保险事故而造成的经济损失为限,被保险人不能获得额外利益。理解该原则应注意以下三点。

(1)赔偿必须在保险人的责任范围内进行,即保险人只有在保险合同规定的期限内,以约定的保险金额为限,对合同中约定的危险事故所致损失进行赔偿。

(2)赔偿额应以实际损失额为限。当保险标的遭受损失后,按照保险合同规定,保险人的赔偿以被保险人遭受的实际损失为限,不能超过被保险人的实际损失,被保险人不能通过保险获得额外利益。例如,某人为其名下的一台挖掘机投保,投保金额是 50 万元。

后来发生保险事故，挖掘机全部毁损，而受损时这个品牌型号的挖掘机市价下跌，购买一台新机仅需 40 万元。因此，保险人只按实际损失 40 万元进行赔偿。

(3)赔偿额应当以保险利益为限。保险利益是被保险人向保险人索赔的基本依据，因此实施补偿原则的第三个限度就是以保险利益为限。例如，某人向贷款人借 50 万元去购买价值 100 万元的挖掘机，那么贷款人对该挖掘机的保险利益为 50 万元，并且随着借款人还贷的进程，贷款人的保险利益在逐步减少。

综上所述，财产保险合同中约定的保险事故发生时，保险人对被保险人的赔偿金额要受实际损失金额、保险金额和保险利益三个量的限制，而且当三者金额不一致时，保险人的赔偿金额取三者中最小者。以上讨论的内容，以实际损失额为限仅对于不定值保险适用，对定值保险并不适用。因为定值保险是按照财产保险合同双方当事人约定的价值投保，在保险事故发生时，无论该财产的市场价如何涨跌，保险人均按约定的价值予以赔偿，不再对财产进行重新估价。

从损失补偿原则中还能派生出代位原则和分摊原则。

1)代位原则

代位原则是指保险人依照法律或保险合同约定，对被保险人遭受的损失进行赔偿后，依法取得向对财产损失负有责任的第三者进行追偿的权利或者取得被保险人对保险标的所有权的原则。代位原则的意义在于防止被保险人因同一损失而获取超额赔偿，即避免被保险人获取双重利益；维护了社会公共利益，保障公民、法人的合法权益不受侵害；有利于被保险人及时获得经济补偿，尽快恢复正常的生产和生活。

代位原则的内容主要包括两个部分：代位求偿和物上代位。

(1)代位求偿

代位求偿是指当保险标的遭受保险责任范围内的事故，依法应当由第三者承担赔偿责任时，保险人在支付保险赔偿之后，即取得了对第三者请求赔偿的权利。行使代位求偿权对保险双方都有一定的要求。就保险人而言，首先，其行代位求偿权的权限只能限制在赔偿金额范围以内。如果追偿所得的款额大于赔付给被保险人的款额，其超过部分应归还给被保险人所有。其次，保险人不得干预被保险人就未取得保险赔偿的部分向第三者请求赔偿。就投保人而言，不能损害保险人的代位求偿权并要协助保险人行使代位求偿权。

①如果被保险人在获得保险人赔偿之前就放弃了向第三者请求赔偿的权利，那么，就意味着他放弃对第三者请求赔偿的权利。

②如果被保险人在获得保险人赔偿之后未经保险人同意而放弃对第三者请求赔偿的权利，该行为无效。

③如果发生事故后，被保险人已经从第三者取得赔偿或者由于过错致使保险人不能行使代位求偿权，保险人可以相应扣减保险赔偿金。

④在保险人向第三者行使代位求偿权时，被保险人应当向保险人提供必要的文件和其所知道的有关情况。

(2)物上代位

物上代位是指保险标的因遭受保险事故而发生全损时，保险人在全额支付保险赔偿金之后，依法拥有对该保险标的物的所有权，即代位取得受损保险标的物上的一切权利。

代位求偿与物上代位存在的区别体现在，代位求偿取得的是追偿权，而物上代位取得的是所有权。

2）分摊原则

分摊原则仅适用于财产保险中的重复保险。分摊原则是指在同一投保人对同一保险标的、同一保险利益、同一保险事故分别与两个以上的保险人订立保险合同的情况下，被保险人在发生保险事故后，所得赔偿金，由各保险人采用适当的方法进行分摊。

（1）比例责任制

比例责任制又称保险金额比例分摊制，该分摊方法是将各保险人所承保的保险金额进行加总，得出各保险人应分摊的比例，然后按比例分摊损失金额。

计算公式为：

某保险人的赔偿金额 = 损失金额 ×（某保险人的保险金额 ÷ 各保险人的保险金额总和）

（2）限额责任制

限额责任制又称赔款额比例责任制，即保险人分摊赔款额不以保额为基础，而是按照在无他保的情况下各自单独应负的责任限额进行比例分摊赔款。

计算公式为：

某保险人的赔偿金额 = 损失金额 ×（某保险人的独立责任限额 ÷ 各保险人独立责任限额总和）

（3）顺序责任制

顺序责任制又称主要保险制，该方法中各保险人所负责任依签订保单顺序而定，由先订立保单的保险人首先负责赔偿，当赔偿不足时，再由其他保单依次承担不足的部分。顺序责任制对有的保险人有失公平，因而各国实务中已不采用该法，多采用前两种分摊方法。

【例】李先生将一台挖掘机先后向 A、B、C 三家保险公司投保，保险金额分别为了 20 万元、30 万元、50 万元。如果该挖掘机发生保险事故损失 40 万元，那么 A、B、C 三家保险公司应分别赔付多少金额？

按比例责任制赔付：

A 公司赔付额 $=40\times[20\div(20+30+50)]=8$ 万元

B 公司赔付额 $=40\times[30\div(20+30+50)]=12$ 万元

C 公司赔付额 $=40\times[50\div(20+30+50)]=20$ 万元

按限额责任制赔付：

A 公司赔付额 $=40\times[20\div(20+30+40)]\approx8.89$ 万元

B 公司赔付额 $=40\times[30\div(20+30+40)]\approx13.33$ 万元

C 公司赔付额 $=40\times[40\div(20+30+40)]\approx17.78$ 万元

按顺序责任制赔付：

A 公司赔付额是 20 万元。

B 公司赔付额是 20 万元。

C 公司赔付额是 0 元。

在工程机械保险的经营过程中，围绕补偿原则存在一个大的纠纷，即在工程机械全部损失的情况下，是应当按照出险前工程机械的实际价值赔偿，还是应当按照保险金额进行赔的问题。不少保险人与被保险人因这个问题对簿公堂。出现这种现象的原因是，在保险补偿原则及例外的问题上，存在从条款到实务的不完善的地方。

5. 近因原则

保险损失的近因，是指引起保险损失最有效的、起主导作用或支配作用的原因，而不一定是在时间上或空间上与保险损失最接近的原因。近因原则是指保险赔付以保险风险为损失发生的近因为要件的原则，即在风险事故与保险标的损失关系中，如果近因属于保险风险，保险人应负赔付责任；近因属于不保风险，则保险人不负赔偿责任。

在实际生活中，损害结果可能由单独原因造成，也可能由多种原因造成。单独原因比较简单，多种原因则比较复杂，主要有以下几种情况：

1）多种原因同时并存发生

多种原因同时并存发生，即损失由多种原因造成，且这些原因几乎同时发生，无法区分时间上的先后顺序。如果损失的发生有同时存在的多种原因，且对损失都起决定性作用，则它们都是近因。而保险人是否承担赔付责任，应区分两种情况：第一，如果这些原因都属于保险风险，则保险人承担赔付责任；相反，如果这些原因都属于除外风险，保险人则不承担赔付责任。第二，如果这些原因中既有保险风险，也有除外风险，保险人是否承担赔付责任，则要看损失结果是否容易分解。对于损失结果可以分别计算的，保险人只负责保险风险所致损失的赔付；对于损失结果难以划分的，保险人按比例赔付或与保险人协商赔付。

2）多种原因连续发生

多种原因连续发生，即各原因依次发生，持续不断，且具有前因后果的关系。若损失是由两个以上的原因所造成的，且各原因之间的因果关系未中断，那么最先发生并造成一连串事故的原因为近因。如果该近因为保险风险，保险人应负责赔偿损失；反之则不赔偿损失。如连续发生的原因都是保险，保险人承担赔付责任。如连续发生的原因中既有保险风险又有除外风险，可分为两种情况，第一，若前因是保险风险，后因是除外风险，且后因是前因的必然结果，保险人承担全部赔付责任。第二，若前因是除外风险，后因是保险风险，后因是前因的必然结果，保险人不承担赔付责任。

3）多种原因间断发生

多种原因间断发生，即损失是由间断发生的多种原因造成的。如果风险事故的发生与损失之间的因果关系由于另外独立的新原因介入而中断，则该新原因即为损失的近因。如果该新原因属于保险风险，则保险人应承担赔付责任；相反，如果该新原因属于除外风险，则保险人不承担赔付责任。

在工程机械保险业务中，近因的确定，对于认定是否属于保险责任具有十分重要的意义。坚持近因原则的目的是为了分清与风险事故有关各方的责任，明确保险人承保的风险与保险标的损失结果之间存在的因果关系。在实践中，由于致损的原因与损失结果之间的因果关系错综复杂，因此给判定近因和运用近因原则带来了困难。

第二节　工程机械保险险种

本书以××财产保险公司的工程机械设备保险主险及附加险条款为例，具体介绍工程机械设备保险主险及附加险的主要内容。

一、工程机械设备保险

工程机械设备保险是指以工程机械为保险标的，当因发生保险责任范围内的自然灾害或者意外事故造成工程机械本身损失时，保险公司按照保险合同约定负责赔偿或支付保险金的一种保险。

工程机械设备保险的合同为不定值保险合同。不定值保险合同是指双方当事人在订立保险合同时，不预先确定保险标的的保险价值，而是按照保险事故发生时保险标的的实际价值确定保险价值的保险合同。即保险合同中不确定保险标的的保险价值，只列明保险金额，将保险金额作为最高赔偿限额。

1. 总则

（1）保险合同由保险条款、投保单、保险单、保险凭证以及批单组成。凡涉及本保险合同的约定，均应采用书面形式。

（2）本保险合同为不定值保险合同。

2. 保险标的

（1）单位所有的经国家有关部门检测合格、依法登记、具备有效运行证的工程机械设备或者个人所有的具有生产厂家出具的合格证的工程机械设备可作为保险标的，由其所有者或其他经济利害关系者向保险人投保本保险。

本保险条款中的工程机械设备是指无须上机动车辆牌照的特种工程机械设备，包括以下三类：

①挖掘机、装载机、叉车、钻机、推土机；

②拖泵、塔吊、压桩机、压路机、碎石机、破碎锤；

③摊铺机。

（2）工程机械设备的实际价值按同类型的新机械设备的市场购置价减去该设备已使用年限折旧后的价值计算。即：

$$实际价值=新设备购置价\times(1-累计折旧率)$$

式中：累计折旧率＝年折旧率×已使用年限。

折旧每满一年扣除一年，不足一年的按一年计算，新机械设备自购买日起一年内可不计折旧。年折旧率为12.5%或者由投保人和保险人在投保时约定并于保险单中载明（累计折旧率最高不超过80%）。

新设备购置价是指本保险合同签订地购置与保险标的同类型新设备（含车辆购置附加税）的价格。

3. 保险责任

（1）保险期间内，在保险单载明的区域范围内由于下列原因造成保险标的的损失，保险人按照本保险合同的约定负责赔偿。

①火灾、爆炸。

火灾：指保险车辆本身以外的火源引起的、在时间或空间上失去控制的燃烧（即有热、有光、有火焰的剧烈的氧化反应）所造成的灾害。

爆炸：指物体在瞬间分解或燃烧时放出大量的热和气体，并以很大的压力向四周扩散，形成破坏力的现象。

②雷击、暴雨、洪水、台风、暴风、龙卷风、雪灾、雹灾、冰凌、泥石流。

雷击：指由于雷电直接击中保险机械或其他物体引起保险机械的损失。

暴雨：指每小时降雨量达 16mm 以上，或连续 12 小时降雨量达 30mm 以上，或连续 24h 降雨量达 50mm 以上。

洪水：指凡江河泛滥、山洪暴发、潮水上岸或倒灌，致使保险机械遭受泡损、淹没的损失。

台风：指中心附近最大风力 12 级或以上，即风速在 32.6m/s 以上的热带气旋。

暴风：指风速在 28.5m/s（相当于 11 级大风）以上的大风。风速以气象部门公布的数据为准。

龙卷风：指一种范围小而时间短的猛烈旋风，平均最大风速一般在于 79 ~ 103m/s，极端最大风速一般在于 100m/s 以上。

雪灾：指因每平方米雪压超过建筑物结构荷载范围规定的荷载标准，以致压塌房屋、建筑物造成保险机械的损失。

雹灾：指由于冰雹降落造成的灾害。

冰凌：指春季江河解冻期时冰块飘浮遇阻，堆积成坝，堵塞江道，造成水位急剧上升，以致江水溢出江道，漫延成灾。

泥石流：指山地突然爆发饱含大量泥沙、石块的洪流。

③崖崩、突发性滑坡、地面突然塌陷、外界物体倒塌或坠落，但由于保险标的施工作业直接引起本款事故的，保险人不负责赔偿。

崖崩：指石崖、土崖因自然风化、雨蚀而崩裂下榻，或山上岩石滚落，或雨水使山上沙土透湿而崩塌，致使保险机械遭受的损失。

突发性滑坡：指斜坡上的土体或者岩体，受河流冲刷、地下水活动、地震及人工切坡等因素影响，在重力作用下，瞬间沿着一定的软弱面或者软弱带，整体地或者分散地顺坡向下滑动的自然现象。

地面突然塌陷：指地壳因为自然变异、地层收缩而发生突然塌陷以及海潮、河流、大雨侵蚀时，地下有孔穴、矿穴，以致地面突然塌陷。

外界物体倒塌：指保险机械自身以外由物质构成并占有一定空间的个体倒下或陷下，造成保险机械损失。

外界物体坠落：指陨石或飞行器等空中掉落物体所致保险机械受损。

（2）保险事故发生后，被保险人为防止或减少保险标的的损失所支付的必要的、合理的费用，保险人按照本保险合同的约定也负责赔偿，最高赔偿金额以保险金额为限。

4. 责任免除

（1）出现下列任一情形时，保险人不负责赔偿：

①不具有国家安全生产监督管理局颁发的合法有效的操作资格证书的人员使用保险标的,或盗用、伪造、涂改、转借作业人员证件使用保险标的;

②操作人员饮酒、吸毒或服用国家管制的精神药品或麻醉药品的;

③操作人员未经被保险人同意或允许而操作保险标的的;

④被保险人或其代表、保险标的的承租方或保险标的的操作人员利用保险标的从事违法活动的;

⑤保险标的未按照有关规定参加检验或检测不合格,被保险人伪造检验报告、检测结果或超期未检仍使用的。

(2)下列原因造成的损失、费用,保险人不负责赔偿:

①被保险人或其代表、保险标的的承租方或保险标的的操作人员的故意行为、重大过失行为、违反工程机械设备的操作规程行为或违反施工作业的安全规程行为;

②战争、敌对行动、军事行为、武装冲突、罢工、骚乱、暴动、恐怖活动;

③核辐射、核爆炸、核污染及其他放射性污染;

④地震、海啸;

⑤行政行为或司法行为;

⑥大气污染、土地污染、水污染及其他各种污染,但因本保险合同责任范围内的事故造成的污染不在此限;

⑦碰撞、任何原因引起的保险标的的倾覆;

⑧盗窃、抢劫、抢夺;

⑨自燃;

⑩人工直接供油、烘焙。

(3)下列损失、费用,保险人也不负责赔偿:

①保险标的在保险单载明的使用区域外遭受的损失和费用;

②保险标的在被拖运过程中(自保险标的在起运地装上首个运输工具时起至在目的地卸离最后一个运输工具时止的整个期间)遭受的损失和费用;

③因遭受保险事故而引起的各种间接损失;

④保险标的在竞赛、检测、修理、养护、被扣押、征用、没收期间遭受的损失;

⑤吊升、举升的物体以及其他操作方式中被操作对象造成保险标的的自身损失;

⑥发动机进水后导致的发动机损坏;

⑦作业中车体失去重心造成保险标的的损失;

⑧保险标的造成的第三者损失;

⑨与外部高压线、高压电缆接触造成保险标的的损失;

⑩保险标的由于自身重量或因施工工地土质疏松导致保险标的陷入土地内造成的一切损失;

⑪保险标的自身缺陷、保管不善导致的损毁;保险标的的氧化、腐蚀、锈损、自然磨损、自然损耗;

⑫需经常更换的工具或配件,如打击锤、钻头、皮带、绳索、金属线、橡胶轮胎等的单独损坏;

⑬倒车镜单独损坏、车灯单独损坏、玻璃单独破碎、车身表面油漆单独划伤、车轮（包括轮胎及轮毂）单独损坏；

⑭市场价格变动造成的贬值、修理后因价值降低引起的损失；

⑮根据法律或契约规定应由供货方、制造人、安装人或修理人负责的损失和费用；

⑯因污染引起的任何补偿或赔偿；

⑰本保险合同约定的应由被保险人自行承担的免赔额。

5. 保险期间

除另有约定外，保险期间为一年，以保险单载明的起讫时间为准。

6. 保险金额与免赔额

（1）保险标的的保险金额可按以下方式确定：

①按投保时的新设备购置价；

②按保险标的投保时的实际价值；

③投保人与保险人协商确定。

（2）本保险适用的绝对免赔额或绝对免赔率由投保人与保险人在订立保险合同时协商确定，并在保险单中载明。

7. 保险费

年保险费按保险金额乘以年费率计算。投保短期保险的，按保险期间和短期费率表规定计收相应的保险费。

8. 保险人义务

（1）本保险合同成立后，保险人应当及时向投保人签发保险单或其他保险凭证。

（2）保险人按照条款的约定，认为被保险人提供的有关索赔的证明和资料不完整的，应当及时一次性通知投保人、被保险人补充提供。

（3）保险人收到被保险人的赔偿保险金的请求后，应当及时做出是否属于保险责任的核定；情形复杂的，保险人将在确定是否属于保险责任的基本材料收集齐全后，尽快做出核定。保险人应当将核定结果通知被保险人；对属于保险责任的，在与被保险人达成赔偿保险金的协议后10日内，履行赔偿保险金义务。保险合同对赔偿保险金的期限有约定的，保险人应当按照约定履行赔偿保险金的义务。保险人依照前款的规定做出核定后，对不属于保险责任的，应当自做出核定之日起3日内向被保险人发出拒绝赔偿保险金通知书，并说明理由。

（4）保险人自收到赔偿保险金的请求和有关证明、资料之日起60日内，对其赔偿保险金的数额不能确定的，应当根据已有证明和资料可以确定的数额先予支付；保险人最终确定赔偿的数额后，应当支付相应的差额。

9. 投保人、被保险人义务

（1）订立保险合同，保险人就保险标的或者被保险人的有关情况提出询问的，投保人应当如实告知。

投保人故意或者因重大过失未履行前款规定的如实告知义务，足以影响保险人决定是否同意承保或者提高保险费率的，保险人有权解除保险合同。

前款规定的合同解除权，自保险人知道有解除事由之日起，超过30日不行使而消灭。

自合同成立之日起超过 2 年的，保险人不得解除合同；发生保险事故的，保险人应当承担赔偿保险金的责任。

投保人故意不履行如实告知义务的，保险人对于合同解除前发生的保险事故，不承担赔偿保险金的责任，并不退还保险费。

投保人因重大过失未履行如实告知义务，对保险事故的发生有严重影响的，保险人对于合同解除前发生的保险事故，不承担赔偿保险金的责任，但应当退还保险费。

保险人在合同订立时已经知道投保人未如实告知的情况的，保险人不得解除合同；发生保险事故的，保险人应当承担赔偿保险金的责任。

(2)除另有约定外，投保人应当在保险合同成立时交付保险费。

约定一次性交付保险费的，投保人在约定交费日后交付保险费的，保险人对交费之前发生的保险事故不承担保险责任。

约定分期交付保险费的，保险人按照保险事故发生前保险人实际收取保险费总额与投保人应当交付的保险费的比例承担保险责任，投保人应当交付的保险费是指截至保险事故发生时投保人按约定分期应该缴纳的保费总额。

(3)被保险人应当遵守国家有关消防、安全、生产操作、劳动保护等方面的规定，加强管理，采取合理的预防措施，尽力避免或减少保险事故的发生，维护保险标的的安全。保险人可以对被保险人遵守前款约定的情况进行检查，向投保人、被保险人提出消除不安全因素和隐患的书面建议，投保人、被保险人应该认真付诸实施。但前述检查并不构成保险人对被保险人的任何承诺。投保人、被保险人未按照约定履行其对保险标的的安全应尽责任的，保险人有权要求增加保险费或者解除合同。

(4)保险标的转让的，被保险人或者受让人应当及时通知保险人。

因保险标的转让导致危险程度显著增加的，保险人自收到前款规定的通知之日起 30 日内，可以根据费率表的规定增加保险费或者解除合同。

被保险人、受让人未履行本条规定的通知义务的，因转让导致保险标的危险程度显著增加而发生的保险事故，保险人不承担赔偿保险金的责任。

(5)在合同有效期内，保险标的因改装、加装、变更用途等原因导致危险程度显著增加的，被保险人应当及时通知保险人，保险人可以根据费率表的规定增加保险费或者解除合同。

被保险人未履行前款约定的通知义务的，因保险标的的危险程度显著增加而发生的保险事故，保险人不承担赔偿保险金的责任。

(6)知道保险事故发生后，被保险人应该：

①尽力采取必要、合理的措施，防止或减少损失，否则，对因此扩大的损失，保险人不承担赔偿责任；

②及时通知保险人，并书面说明事故发生的原因、经过和损失情况；故意或者因重大过失未及时通知，致使保险事故的性质、原因、损失程度等难以确定的，保险人对无法确定的部分，不承担赔偿保险金的责任，但保险人通过其他途径已经及时知道或者应当及时知道保险事故发生的除外；

③保护事故现场，允许并且协助保险人进行事故调查，对于拒绝或者妨碍保险人进行

事故调查导致无法确定事故原因或核实损失情况的，保险人对无法确定或核实的部分，不承担赔偿责任；

④涉及违法、犯罪的，应立即向公安部门报案，否则，对因此扩大的损失，保险人不承担赔偿责任。

（7）被保险人请求赔偿时，应向保险人提供下列证明和资料：

①保险单正本；

②被保险人或其代表填具的索赔申请书；

③财产损失、费用清单及必要的账簿、单据；

④技术鉴定证明、事故报告及有关部门的证明；

⑤投保人、被保险人所能提供的与确认保险事故的性质、原因、损失程度等有关的其他证明和资料。被保险人未履行前款约定的索赔材料提供义务，导致保险人无法核实损失情况的，保险人对无法核实的部分不承担赔偿责任。

10. 赔偿处理

（1）保险事故发生时，被保险人对保险标的不具有保险利益的，不得向保险人请求赔偿保险金。

（2）保险标的遭受损失后，如果有残余价值，应由双方协商处理。如折归被保险人，由双方协商确定其价值，并在保险赔款中扣除。

（3）保险标的发生保险责任范围内的损失，保险人按以下方式计算赔偿：

①全部损失。保险金额等于或高于出险当时的实际价值时，赔偿金额以不超过出险时的实际价值为限；保险金额低于出险当时的实际价值时，按保险金额赔偿。

全部损失是指保险设备整体损毁，或保险设备的修复费用与施救费用之和达到或超过出险当时的实际价值，保险人可推定全损。

②部分损失。保险金额等于或高于投保时的新设备购置价时，赔偿金额按实际损失计算；保险金额低于投保时的新设备购置价时，赔偿金额按保险金额与投保时的新设备购置价的比例计算。

（4）保险标的的保险金额大于或等于其出险时实际价值时，被保险人为防止或减少保险标的的损失所支付的必要的、合理的费用，在保险标的损失赔偿金额之外另行计算，最高不超过被施救保险标的的出险时实际价值。

保险标的的保险金额小于其出险时实际价值时，上述费用按被施救标的的保险金额与其出险时实际价值的比例在保险标的损失赔偿金额之外另行计算，最高不超过被施救保险标的的保险金额。

被施救的财产中，含有本保险合同未承保财产的，按被施救保险标的的出险时实际价值与全部被施救财产价值的比例分摊施救费用。

施救费用是指发生保险事故时，被保险人为了防止或减少损失而采取必要合理的措施所支出的费用。

（5）每次事故保险人的赔偿金额为根据前款约定计算的金额扣除每次事故免赔额（或免赔率）后的金额。

（6）保险事故发生时，如果存在重复保险，保险人按照本保险合同的相应保险金额与其他保险合同及本保险合同相应保险金额总和的比例承担赔偿责任。

其他保险人应承担的赔偿金额，本保险人不负责垫付。若被保险人未如实告知导致保险人多支付赔偿金的，保险人有权向被保险人追回多支付的部分。

(7)保险标的发生全部损失经保险人赔偿后，本保险合同自动终止。

保险标的发生部分损失，保险人一次赔款金额与免赔金额之和大于或等于保险金额时，本保险合同自动终止。

保险标的发生部分损失，保险人一次赔款金额与免赔金额之和小于保险金额时，保险人履行赔偿义务后，本保险合同的保险金额自损失发生之日起按保险人的赔偿金额相应减少，保险人不退还保险金额减少部分的保险费。如投保人请求恢复至原保险金额，应按原约定的保险费率另行支付恢复部分从投保人请求的恢复日期起至保险期间届满之日止按日比例计算的保险费。

(8)发生保险责任范围内的损失，应由有关责任方负责赔偿的，保险人自向被保险人赔偿保险金之日起，在赔偿金额范围内代位行使被保险人对有关责任方请求赔偿的权利，被保险人应当向保险人提供必要的文件和所知道的有关情况。

被保险人已经从有关责任方取得赔偿的，保险人赔偿保险金时，可以相应扣减被保险人已从有关责任方取得的赔偿金额。

保险事故发生后，在保险人未赔偿保险金之前，被保险人放弃对有关责任方请求赔偿权利的，保险人不承担赔偿责任；保险人向被保险人赔偿保险金后，被保险人未经保险人同意放弃对有关责任方请求赔偿权利的，该行为无效；由于被保险人故意或者因重大过失致使保险人不能行使代位请求赔偿的权利的，保险人可以扣减或者要求返还相应的保险金。

(9)保险人受理报案、进行现场查勘、核损定价、参与案件诉讼、向被保险人提供建议等行为，均不构成保险人对赔偿责任的承诺。

(10)被保险人向保险人请求赔偿保险金的诉讼时效期间为2年，自其知道或者应当知道保险事故发生之日起计算。

11. 其他事项

(1)投保人和保险人可以协商变更合同内容。

变更保险合同的，应当由保险人在保险单或者其他保险凭证上批注或附贴批单，或者投保人和保险人订立变更的书面协议。

(2)投保人可随时书面申请解除本保险合同，本保险合同自保险人收到投保人的书面申请之日的24时起终止。保险责任开始前，投保人要求解除合同的，保险人扣除3%手续费后，剩余部分的保险费退还投保人；保险责任开始后，投保人要求解除合同的，对保险责任开始之日起至合同解除之日止期间的保险费，按短期费率(见表2-1)计收，剩余部分退还投保人。

短期费率表 表2-1

保险期间(月)	1	2	3	4	5	6	7	8	9	10	11	12
比例(%)	10	20	30	40	50	60	70	80	85	90	95	100

注：保险期间月数不足一月的按一月计算。

保险人亦可解除本保险合同。保险责任开始前,保险人要求解除合同的,不得向投保人收取手续费并应退还已收取的保险费;保险责任开始后,保险人可提前 15 日通知投保人解除合同,对保险责任开始之日起至合同解除之日止期间的保险费,按日比例计收,剩余部分退还投保人。

(3)保险标的发生部分损失的,自保险人赔偿之日起 30 日内,投保人可以解除合同;除合同另有约定外,保险人也可以解除合同,但应当提前 15 日通知投保人。

保险合同依据前款规定解除的,保险人应当将保险标的未受损部分的保险费,按照合同约定扣除自保险责任开始之日起至合同解除之日止应收的部分后,退还投保人。

12. 争议处理和法律适用

(1)因履行本保险合同发生的争议,由当事人协商解决。协商不成的,提交保险单载明的仲裁机构仲裁;保险单未载明仲裁机构且争议发生后未达成仲裁协议的,依法向人民法院起诉。

(2)与本保险合同有关的以及履行本保险合同产生的一切争议,适用中华人民共和国法律(不包括港澳台地区法律)。

二、附加第三者责任保险

1. 总则

本附加保险合同必须附加于主险合同上。主保险合同所附条款、投保单、保险单、保险凭证以及批单等,凡与本附加保险合同相关者,均为本附加保险合同的构成部分。凡涉及本附加保险合同的约定,均应采用书面形式。

若主保险合同与本附加保险合同的条款互有冲突,则以本附加保险合同的条款为准。本附加保险合同未尽事宜,以主保险合同的条款规定为准。

2. 保险责任

(1)在保险期间内,工程机械设备在保险单载明的区域范围内,由于发生意外事故造成第三者人身伤亡或财产的直接损毁,依法应由被保险人承担的赔偿责任,保险人依照本条款约定负责赔偿。

(2)保险事故发生后,被保险人因保险事故而被提起仲裁或者诉讼的,对应由被保险人支付的仲裁或诉讼费用以及事先经保险人书面同意支付的其他必要、合理的费用(以下简称为"法律费用"),保险人按照本保险合同的约定负责赔偿。

本条款中的第三者是指因发生保险事故致使机械设备以外遭受人身伤亡或财产损失的受害人,不包括被保险人本人及机械设备操作人员。

3. 责任免除

下列各项损失、责任和费用,保险人不负赔偿责任:

(1)被保险人或其允许的操作人员以及他们的家庭成员的人身伤亡及其所有或保管的财产损失;

(2)车上人员的人身伤亡或本车上的财产损失;

(3)保险标的发生事故致使第三者停业、停驶、停电、停水、停气、停产、通信或网络中断、数据丢失、电压变化造成的损失以及其他各种间接损失;

(4)停车费、保管费、扣车费及各种罚款;

(5)被保险人或其代表根据与他人所签订的协议应承担的责任,但即使没有该协议,被保险人仍应依法承担的责任不在此限;

(6)被操作对象在被操作过程中的损坏或损伤;

(7)作业中由于震动、移动或减弱支撑造成的财产、土地、建筑物的损毁及由此造成的人身伤亡;

(8)保险标的(不含牵引车、清障车)拖带其他车辆或物体时造成的损失、责任和费用;

(9)保险标的及自卸车等在从事行业操作中因机械失灵或违反操作规程造成保险车辆的损失或第三者的经济赔偿责任;

(10)因地基塌陷而导致车辆倾斜、倾覆引起的第三者责任;

(11)臂断裂或吊装物体的凋落,或车身触及高压线造成的第三者的损失;

(12)精神损害赔偿责任。

除主险责任免除中列明的“保险标的造成的第三者损失”外,主险责任免除中的其他条款也适用于本附加险。

4. 赔偿限额

保险人对每次事故承担的本条款第 2 条规定的赔偿金额不超过保险单中约定的每次事故赔偿限额。

每次事故赔偿限额由投保人与保险人协商确定,并在保险单中载明。

5. 保险期间

本附加保险的保险期间与主险一致。

当主险的保险责任终止时,本附加险的保险责任也相应终止。

6. 投保人、被保险人义务

(1)被保险人应加强对工程机械设备的管理,采取合理的预防措施,尽力避免和减少责任事故的发生,对已经发现的缺陷要立即修复,并制订事故紧急处理预案,对控制事故损失的扩大和伤亡人员的紧急抢救做好相应的准备工作。

保险人可以对被保险人遵守前款约定的情况进行检查,向投保人、被保险人提出消除不安全因素和隐患的书面建议,投保人、被保险人应该认真付诸实施。但前述检查并不构成保险人对被保险人的任何承诺。

投保人、被保险人未按照约定履行上述安全义务的,保险人有权要求增加保险费或者解除合同。

(2)未经保险人书面同意,被保险人对受害人及其代理人不得做出任何承诺、拒绝、出价、约定、付款或赔偿。对于被保险人自行承诺或支付的赔偿金额,保险人有权重新核定,不属于本保险责任范围或超出应赔偿限额的,保险人不承担赔偿责任。在诉讼或处理索赔过程中,保险人有权自行处理由其承担最终赔偿责任的任何诉讼或解决任何索赔案件,被保险人有义务向保险人提供其所能提供的资料和协助。

(3)被保险人向保险人申请索赔时,应向保险人提供下列证明和资料:

①保险单正本。

②被保险人或其代表填具的索赔申请书。

③受害人向被保险人提出索赔的相关材料。

④造成受害人人身伤害的,应包括受害人的病历、诊断证明、医疗费等医疗原始单据;受害人伤残的,应当提供具备相关法律法规要求的伤残鉴定资格的医疗机构出具的伤残程度证明;受害人死亡的,公安机关或医疗机构出具的死亡证明书。

⑤造成受害人财产损失的,应包括损失、费用清单。

⑥事故证明、国家有关部门出具的事故责任认定书。

⑦被保险人与受害人所签订的赔偿协议书或和解书;经判决或仲裁的,应提供判决文书或仲裁裁决文书。

⑧投保人、被保险人所能提供的与确认保险事故的性质、原因、损失程度等有关的其他证明和资料。

被保险人未履行前款约定的索赔材料提供义务,导致保险人无法核实损失情况的,保险人对无法核实部分不承担赔偿责任。

7.赔偿处理

(1)发生保险事故,保险人的赔偿以下列方式之一确定的被保险人的赔偿责任为基础:

①被保险人和向其提出损害赔偿请求的受害人协商并经保险人确认;

②仲裁机构裁决;

③人民法院判决;

④保险人认可的其他方式。

(2)第三者的财产损失,应当尽量修复。修理前被保险人须会同保险人检验,确定修理项目、方式和费用。否则,保险人有权重新核定,对于不属于保险人责任的,保险人可拒绝赔偿。

(3)本保险实行10%的绝对免赔率;在同一保险期间内发生多次赔款的,其免赔率从第二次赔款开始每次在绝对免赔率基础上增加5%,但累计增加不超过20%。

(4)发生保险事故时,如果被保险人的损失在有相同保障的其他保险项下也能够获得赔偿,则本保险人按照本保险合同的赔偿限额与其他保险合同及本保险合同的赔偿限额总和的比例承担赔偿责任。

其他保险人应承担的赔偿金额,本保险人不负责垫付。若被保险人未如实告知导致保险人多支付赔偿金的,保险人有权向被保险人追回多支付的部分。

(5)发生保险责任范围内的损失,应由有关责任方负责赔偿的,保险人自向被保险人赔偿保险金之日起,在赔偿金额范围内代位行使被保险人对有关责任方请求赔偿的权利,被保险人应当向保险人提供必要的文件和所知道的有关情况。

被保险人已经从有关责任方取得赔偿的,保险人赔偿保险金时,可以相应扣减被保险人已从有关责任方取得的赔偿金额。

保险事故发生后,在保险人未赔偿保险金之前,被保险人放弃对有关责任方请求赔偿权利的,保险人不承担赔偿责任;保险人向被保险人赔偿保险金后,被保险人未经保险人同意放弃对有关责任方请求赔偿权利的,该行为无效;由于被保险人故意或者因重大过失致使保险人不能行使代位请求赔偿的权利的，保险人可以扣减或者要求返还相应的保险金。

8. 释义

车上人员是指发生意外事故的瞬间，在保险设备车体内的人员，包括正在上下车的人员。

直接损毁是指保险设备发生意外事故，直接造成事故现场现有财产的实际损毁。

家庭成员是指直系血亲和在一起共同生活的其他亲属。

三、附加碰撞、倾覆保险

1. 总则

本附加保险合同必须附加于主险合同之上。主保险合同所附条款、投保单、保险单、保险凭证以及批单等，凡与本附加保险合同相关者，均为本附加保险合同的构成部分。凡涉及本附加保险合同的约定，均应采用书面形式。

若主保险合同与本附加保险合同的条款互有冲突，则以本附加保险合同的条款为准。本附加保险合同未尽事宜，以主保险合同的条款规定为准。

2. 保险责任

在保险期间内，工程机械设备在保险单载明的区域范围内，由于碰撞、倾覆造成保险标的的损失，保险人按照本保险合同的约定负责赔偿。

3. 责任免除

(1)保险人对下列情形下的碰撞或倾覆不负责赔偿：

①因施工工地坡度较大导致保险标的倾覆造成的损失；

②吊升、举升的物体以及其他操作方式中被操作对象造成保险标的的自身损失；

③作业中车体失去重心造成保险标的的损失；

④与外部高压线、高压电缆接触造成保险标的的损失；

⑤保险标的由于自身重量或因施工工地土质疏松导致保险标的陷入土地内造成的一切损失。

(2)除主险责任免除中列明的“碰撞、任何原因引起的保险标的的倾覆”以外，主险责任免除中的其他条款也适用于本附加险。

4. 保险金额

本保险的保险金额由投保人和保险人按保险标的的实际价值协商确定。

5. 保险期间

本附加保险的保险期间与主险一致。

当主险的保险责任终止时，本附加保险的保险责任也相应终止。

四、附加自燃损失保险

1. 总则

本附加保险合同必须附加于主险合同之上。主保险合同所附条款、投保单、保险单、保险凭证以及批单等，凡与本附加保险合同相关者，均为本附加保险合同的构成部分。凡涉及本附加保险合同的约定，均应采用书面形式。

若主保险合同与本附加保险合同的条款互有冲突，则以本附加保险合同的条款为准。本附加保险合同未尽事宜，以主保险合同的条款规定为准。

2. 保险责任

在保险期间内，工程机械设备在保险单载明的区域范围内，在使用过程中因自身电器、线路、油路、供油系统、供气系统、货物自身发生问题、保险标的运转摩擦起火引起火灾，造成保险标的的损失，以及被保险人在发生本保险事故时，为减少保险标的的损失所支出的必要合理的施救费用，保险人负责赔偿。

3. 责任免除

下列损失，保险人不负责赔偿：

(1)被保险人在使用保险标的过程中，因人工直接供油、高温烘烤等违反安全操作规则造成的损失；

(2)因自燃仅造成电器、线路、油路、供油系统、供气系统的损失；

(3)运载货物的损失；

(4)被保险人的故意行为或违法行为造成保险标的的损失。

除主险责任免除中列明的“自燃”外，主险责任免除中的其他条款也适用于本附加险。

4. 保险金额

本保险的保险金额由投保人和保险人在保险标的的实际价值内协商确定。

5. 保险期间

本附加保险的保险期间与主险一致。

当主险的保险责任终止时，本附加保险的保险责任也相应终止。

6. 赔偿处理

(1)在保险单载明的保险金额内，按保险标的的实际损失计算赔偿；

(2)本保险每次赔偿均实行20%的绝对免赔率。

五、附加全车盗抢保险

1. 总则

本附加保险合同必须附加于主险合同之上。主保险合同所附条款、投保单、保险单、保险凭证以及批单等，凡与本附加保险合同相关者，均为本附加保险合同的构成部分。凡涉及本附加保险合同的约定，均应采用书面形式。

若主保险合同与本附加保险合同的条款互有冲突，则以本附加保险合同的条款为准。本附加保险合同未尽事宜，以主保险合同的条款规定为准。

2. 保险责任

在保险期间内，保险标的在保险单载明的区域范围内，因下列原因造成的损失或发生的合理费用，保险人按照本保险合同约定负责赔偿：

(1)保险标的全车被盗窃、抢劫、抢夺，经县级以上公安部门立案侦查，自立案之日起满三个月未查明下落的；

(2)保险标的在全车被盗窃、抢劫、抢夺后受到损坏或因此造成车上零部件、附属设备丢失需要修复的合理费用;

(3)保险标的在全车被抢劫、抢夺过程中,受到损坏需要修复的合理费用。

3. 责任免除

(1)下列原因造成的损失,保险人不负责赔偿:

①战争、敌对行为、军事行动、武装冲突、恐怖活动、罢工、骚乱、暴动;

②自然灾害造成保险标的的灭失;

③被保险人及其家庭成员或保险标的操作人员的故意行为或违法行为;

④操作人员饮酒或服用国家管制的精神药品或麻醉药品的;

⑤保险标的被诈骗、扣押、罚没、查封或政府征用;

⑥因民事、经济纠纷导致保险标的被盗窃、抢劫、抢夺;

⑦承租人或经承租人许可使用保险标的的操作人员与保险标的同时失踪。

(2)保险标的全车被盗窃、抢劫、抢夺时,有以下情形之一的,保险人不负赔偿责任:

①被保险人索赔时,未能提供出险当地县级以上公安刑侦部门出具的盗抢立案证明;

②保险标的在竞赛、检测、修理、养护,被扣押、征用、没收期间。

(3)下列损失,保险人不负责赔偿:

①非全车遭盗窃、抢劫、抢夺,仅保险标的零部件或附属设备被盗窃、抢劫、抢夺、损坏;

②保险标的出厂时的原厂配置以外新增设备的损失;

③保险标的全车被盗窃、抢劫、抢夺期间造成人身伤亡或本车以外的财产损失;

④遭受保险责任范围内的损失后,未经必要修理继续使用,致使损失扩大的部分;

⑤市场价格变动造成的贬值、修理后因价值降低引起的损失。

(4)其他不属于保险责任范围内的损失和费用,保险人不负责赔偿。

4. 保险金额

本附加险的保险金额按投保时保险标的的实际价值确定。

5. 保险期间

本附加保险的保险期间与主险一致。

当主险的保险责任终止时,本附加险的保险责任也相应终止。

6. 被保险人义务

(1)被保险人当得知保险标的被盗窃、被抢劫或被抢夺后,应在 24 小时内(不可抗力因素除外)向当地公安部门报案,并同时通知保险人。

(2)被保险人向保险人提出索赔时,须提供保险单正本、设备的相关登记证件、设备购置发票和相关税费凭证、设备报停手续、县级以上公安刑侦部门出具的设备被盗抢侦破未果证明等文件。

7. 赔偿处理

(1)保险标的发生本条款第二条第一款规定的保险事故,保险人按出险时的实际价值在保险金额内计算赔偿。

(2)保险标的发生本条款第二条第二、三款规定的保险事故需要修复的,按实际修复费用计算赔款，最高不得超过本附加险保险金额。

(3)本附加险实行20%的绝对免赔率，免赔部分由被保险人自行承担。

(4)保险人在确认索赔单证齐全、有效后，并由被保险人出具权益转让书后，赔付结案。

8.释义

全车被盗窃、抢劫、抢夺期间指保险标的被盗窃、抢劫、抢夺行为发生之时起至该车被寻回之日止。

家庭成员指直系血亲和在一起共同生活的其他亲属。

六、附加扩展拖运期间保险

1.总则

本附加保险合同必须附加于主险合同之上。主保险合同所附条款、投保单、保险单、保险凭证以及批单等，凡与本附加保险合同相关者，均为本附加保险合同的构成部分。凡涉及本附加保险合同的约定，均应采用书面形式。

若主保险合同与本附加保险合同的条款互有冲突，则以本附加保险合同的条款为准。本附加保险合同未尽事宜，以主保险合同的条款规定为准。

2.保险责任

保险期间内，在保险单载明的区域范围内，保险标的在被拖运期间(自保险标的在起运地装上首个运输工具时起至在目的地卸离最后一个运输工具时止的整个期间)因下列原因遭受损失的，保险人按照本保险合同的约定负责赔偿。

(1)火灾、爆炸；

(2)运输工具发生碰撞、出轨、倾覆、坠落、搁浅、触礁、沉没；

(3)隧道、桥梁、码头坍塌；

(4)雷击、暴雨、洪水、台风、暴风、龙卷风、雪灾、雹灾、冰凌、泥石流；

(5)崖崩、突发性滑坡、地面突然塌陷、外界物体倒塌或坠落。

在保险期间内，对于每次拖运，保险人承担责任的时间自起运时起算最长以30天为限。

3.责任免除

(1)下列原因造成保险标的的损失和费用，保险人不负责赔偿：

①地震、海啸；

②战争、敌对行为、军事行动、武装冲突、恐怖活动、罢工、骚乱、暴动；

③核反应、核辐射、核爆炸及其他放射性污染；

④行政行为或执法行为；

⑤大气污染、土地污染、水污染及其他各种污染，但因本保险合同责任范围内的事故造成的污染不在此限；

⑥被保险人或其代表、保险标的的承租方或保险标的的操作人员的故意行为、重大过失行为、违反工程机械设备的操作规程行为或违反施工作业的安全规程行为；

⑦盗窃、抢劫、抢夺。

(2)下列情形下,不论任何原因造成保险标的损失的,保险人均不负赔偿责任:

①承运人不具有经营运输工程机械设备的合法有效资质的;

②被保险人或其代表、保险标的的承租方或保险标的的操作人员利用保险标的从事违法活动的;

③保险标的未按照有关规定参加检验或检测不合格,被保险人伪造检验报告、检测结果或超期未检仍使用的。

(3)下列损失和费用,保险人不负责赔偿:

①保险标的在保险单载明的使用区域外遭受的损失和费用;

②因遭受保险事故而引起的各种间接损失;

③保险标的在竞赛、检测、修理、养护、被扣押、征用、没收期间遭受的损失;

④发动机进水后导致的发动机损坏;

⑤保险标的造成的第三者损失;

⑥保险标的自身缺陷、保管不善导致的损毁;保险标的的氧化、腐蚀、锈损、自然磨损、自然损耗;

⑦需经常更换的工具或配件,如打击锤、钻头、皮带、绳索、金属线、橡胶轮胎等的单独损坏;

⑧倒车镜单独损坏、车灯单独损坏、玻璃单独破碎、车身表面油漆单独划伤、车轮(包括轮胎及轮毂)单独损坏;

⑨市场价格变动造成的贬值、修理后因价值降低引起的损失;

⑩根据法律或契约规定应由供货方、制造人、安装人或修理人负责的损失和费用;

⑪因污染引起的任何补偿或赔偿;

⑫本保险合同约定的应由被保险人自行承担的免赔额。

(4)其他不属于保险责任范围内的损失和费用,保险人不负责赔偿。

4. 保险金额

本保险的保险金额由投保人和保险人按保险标的的实际价值协商确定。

5. 保险期间

本附加保险的保险期间与主险一致。

当主险的保险责任终止时,本附加险的保险责任也相应终止。

七、可选附加险

1. 可选免赔额特约条款

投保了工程机械设备保险的机械附加本特约条款。保险人按投保人选择的免赔额给予相应的保险费优惠。

被保险机械发生机械保险合同约定的保险事故,保险人在按照保险合同的约定计算赔款后,扣减本特约条款约定的免赔额。

2. 不计免赔特约条款

被保险人在投保上述有关险种的同时,可另缴纳保险费办理不计免赔特约保险。

(1)保险责任。经特别约定,保险事故发生后,按照对应投保的险种规定的免赔率计算的,应当由被保险人自行承担的免赔金额部分,保险人负责赔偿。

(2)责任免除。下列应由被保险人自行承担的免赔金额,保险人不负责赔偿:

①工程机械保险中应不第三方负责赔偿而无法找到第三方的;

②被保险人根据有关法律法规规定选择自行协商方式处理事故,但不能证明事故原因的;

③因违反安全装载规定的;

④投保时指定驾驶(操作)人员,保险事故发生时为非指定驾驶(操作)人员使用被保险机械的;

⑤投保时约定作业区域,保险事故发生在约定作业区域以外的;

⑥因同一保险期间内发生多次保险事故的;

⑦可附加本条款但未选择附加本条款的险种规定的;

⑧不符合附加本条款的险种规定的。

工程机械保险属商业险种,具体条款内容由各家财产保险公司自行拟定。因此不同的保险公司,其主险和附加险会有不同。投保工程机械保险实务中以具体保险公司提供的条款为准。投保人可根据自身需要选择合适的保险公司。

第三章　工程机械保险投保实务

学习目标

1. 了解保险合同的特点，知道保险合同的三大要素；
2. 了解保险合同的签订程序；
3. 掌握如何购买合适的工程机械保险以及具体的投保方式；
4. 掌握工程机械保险承保流程；
5. 了解如何管理工程机械保险合同。

第一节　保 险 合 同

保险合同是保险学的核心内容，它是投保人与保险人约定保险权利和义务关系的协议。保险合同具有自身的特征。保险合同的主体、客体和内容构成了保险合同的三要素。保险合同的当事人、关系人和辅助人是保险合同的主体；保险合同的客体是保险利益；保险合同的内容主要体现为保险条款的各项内容。保险合同必然经历从订立到终止的过程，其中一些合同可能因种种原因而变更，人身保险合同可能出现中止或复效。保险合同双方对于赔付等问题存在争议，需要通过保险合同争议处理的方式，根据条款解释原则进行处理。

一、保险合同的概念

1. 保险合同的概念

保险合同又称为保险契约，是合同的一种形式。《保险法》第十条规定："保险合同是投保人与保险人约定保险权利义务关系的协议。"

投保人和保险人是直接签订保险合同的人，是保险合同的双方当事人。按照保险合同的约定，投保人应向保险人缴纳约定的保险费，保险人则应在约定的保险事故发生时，履行赔偿或给付保险金的义务。

按照保险合同的性质,保险合同可以分为两种类型:一类是补偿性合同,即当发生约事故使被保险人遭受经济损失时,保险人根据保险合同的约定,对保险标的的实际损失给予保险人经济补偿;另一类是给付性合同,即只要发生了保险合同约定的事故,保险人就应该按照保险合同的约定履行给付保险金的义务。一般而言,财产保险合同是补偿性合同,人身保险合同属于给付性合同。

2.保险合同的特征

1)保险合同是最大诚信合同

"重合同、守信用"是任何经济合同的当事人都必须遵循的原则。任何合同从订立到履行都应该诺守诚信,而保险合同对保险双方当事人的诚信要更甚于一般合同。保险合同从订立到履行都要求保除双方当事人最大限度地诚实守信,因为根据保险合同的约定,保险人对未来可能发生的保险事故承担赔付保险金责任,而未来是不确定的,保险双方当事人对保险标的的信息是不对称的。一方面,保险人的承保及赔付,很大程度上是以投保人或被保险人的告知和保证事项为依据的。如果投保人或被保险人不如实地告知保险标的的风险情况,不履行保证事项,会影响到保险人的合法权益;另一方面,保险合同一般是保险人单方面拟定的,投保人可能对保险合同的专业术语及相关内容不清楚、不熟悉,保险人及其代理人在进行展业宣传及承保时,如果不向投保人说明保险合同的条款内容(如免责条款),势必损害到投保人及被保险人的合法权益。因此,无论是从保险人的角度,还是从投保人或被保险人的角度,保险双方的任何一方都要用最大诚信,才能保证对方的合法权益,并最终保障保险业的健康发展,因而,保险合同具有最大诚信的特征。

2)保险合同是双务合同

根据合同当事人对权利和义务的承担方式,可以将合同分为单务合同和双务合同。单务合同是当事人一方只享有权利,而另一方只承担义务的合同;双务合同是合同当事人双方相互承担义务、享有权利的合同。在等价交换的经济关系中,绝大多数合同都是双务合同。保险合同是典型的双务合同,保险双方相互承担义务、享有权利。在保险合同中,投保人有按照合同约定支付保险费的义务,被保险人在保险事故发生时享有请求保险人赔偿或者给付保险金的权利;保险人应承担保险合同约定的保险事故发生时赔付保险金的义务,享有收取保险费的权利。

3)保险合同是有偿合同

有偿合同是与无偿合同相对而言的。根据合同当事人取得权利是否偿付代价进行划分,可以将合同分为无偿合同和有偿合同。有偿合同是指因为享有一定的权利而必须偿付一定对价的合同。所谓对价,其含义是合同中任何一方权利的取得,都应该给付对方当事人认可的相对应的代价。在这个基础上建立的关系是对价关系。保险合同具有对价关系。在保险合同中,保险双方的对价是相互的,投保人的对价是支付保险费,保险人的对价是对保险合同约定风险责任的承担。值得注意的是,保险人并不一定或必然要赔偿损失或给付保险金,而是只有在发生了保险合同约定的风险事故时,保险人才会承担赔付保险金的责任。换言之,保险合同是有偿合同,体现为投保人以支付保险费为代价换取保险人在保险事故发生时承担赔偿或者给付保险金责任的承诺。

4）保险合同是附合合同

根据合同的一方当事人对合同的内容是否只能表示附合来划分，可以将合同分为商议合同和附合合同。商议合同是缔约双方就合同的重要内容充分协商而订立的合同。大多数经济合同都属于商议合同。附合合同则是指合同的双方当事人不是充分协商合同的重要内容，而是由合同的一方当事提出合同的主要内容，另一方当事人一般只能做出取舍的决定而订立的合同。由于保险业的自身特点，使保险合同趋于定型性、技术化、标准化。保险合同的基本条款一般也没有修改其中的某项条款的权利。即使有必要修改或变更保险单的某项内容，通常也只能采用保险人事先准备的附加条款，而不能完全按投保人的设想做出改变。也就是说，对于保险人单方面制定的保险合同内容，投保人一般只能做出“取”或“舍”的决定，因此，保险合同具有附合合同的特征。

5）保险合同是射幸合同

射幸合同是与交换合同相对而言的。对合同作交换合同和射幸合同的分类，是根据合同的一方给予对方的报偿是否与对方所给予的报偿具有对等的价值来划分的。交换合同是指合同的任何一方给予对方的报偿都具有对等的价值，如买卖合同即是一种典型的交换合同。而射幸合同是指其效果在订约时不能确定的合同。所谓射幸，就是侥幸、碰运气的意思。保险合同之所以是射幸合同，源于保险事故发生的不确定性，或者说是因为保险合同履行的结果是建立在保险事故可能发生、也可能不发生的基础上的。就单个保险合同而言，在订立保险合同时，投保人交纳保费换取的只是保险人的承诺，而保险人是否履行赔偿或给付保险金的义务，则取决于约定的保险事故是否发生。所以，就单个保险合同而言，保险合同具有射幸性。但是，保险合同的射幸性，并不意味着保险人可能履行合同或不履行合同，因为在保险期限内如果发生了保险事故，保险人要承担赔付保险金的责任，这就意味着保险人履行了保险合同规定的赔付义务，且保险人支付给被保险人或受益人的保险金 一般会大大超过其收取的保险费；如果在保险期限内没有发生保险事故，尽管投保人支付了保险费而被保险人或受益人未得到赔付的保险金，但保险人在保险期间承担的风险及其保障责任，也是保险人在履行合同。即保险合同的射幸性一般是针对单个保险合同而言的，就某类保险合同整体而言，保险人收取的保险费与实际赔付的保险金，原则上应是大体平衡的。

6）保险合同是要式合同

合同分为要式合同和非要式合同，是根据合同的成立是不是需要采取特定方式来划分的。所谓要式合同，是指需要采取特定方式才能成立的合同，即需要履行特定的程序或采取特定的形式，合同才能成立，如必须采取书面形式，需要签证、公证，或经有关机关批准登记才能生效的合同。非要式合同是指不需要特定方式即可成立的合同。由于保险合同的成立标志着保险双方权利义务关系的确立，关系到未来责任的认定，因而如果保险双方就合同条款达成一致意见，投保人应填写投保单，保险人应及时向投保人签发保险单或其他保险凭证，并在保险单或其他保险凭证中载明当事人双方约定的合同内容，以便在保险事故发生后有据可查。因此，保险合同应该是要式合同。

二、保险合同的要素

保险合同的主体、客体和内容共同构成了保险合同的三大要素。

1.保险合同的主体

保险合同的主体与一般的合同主体不同，可以包括保险合同的当事人、关系人和辅助人。

1）保险合同的当事人

保险合同的当事人是指直接订立保险合同的人，是具有权利能力和行为能力的人。在保险合同中，通常约定了保险合同当事人的权利和义务。保险合同的当事人是投保人和保险人。

（1）投保人

《保险法》第十条规定："投保人是指与保险人订立保险合同，并按照合同约定负有支付保险费义务的人。"可见，相对于保险人而言，投保人是订立保险合同的另一方当事人；保险合同成立后，投保人应该按照保险合同的约定承担交付保险费的义务。投保人可以是自然人，也可以是法人。

按照《保险法》及民法的相关规定，作为投保人还应该具备两个条件。

①相应的民事行为能力。公民的民事行为能力因年龄及精神状况的不同而不同。《中华人民共和国民法通则》（以下简称《民法通则》）规定：无民事行为能力人实施的民事行为或限制民事行为能力人依法不能独立实施的民事行为，在法律上无效；十八周岁以上的公民具有完全民事行为能力，可以独立进行民事活动，是完全民事行为能力人；十六周岁以上不满十八周岁的公民，以自己的劳动收入为主要生活来源的，视为完全民事行为能力人；不满十周岁的未成年人和不能辨认自己行为的精神病人是无民事行为能力人；十周岁以上的未成年人和不能完全辨认自己行为的精神病人是限制民事行为能力人。按照《民法通则》的相关规定，作为投保人的公民，应具有完全民事行为能力，其与保险人订立的保险合同在法律上才是有效的。

法人是具有民事权利能力和民事行为能力，依法独立享有民事权利和承担民事义务的组织。因此，法人可以成为投保人。

②对保险标的具有保险利益。根据各国保险法的规定，投保人对保险标的应具有法律上承认的利益，即保险利益，否则，保险合同无效。对此严格限制，主要是为了保障保险标的的安全、防范道德风险、限制赔偿额度，以保证保险业的健康发展。我国《保险法》也采用了国际惯例，明确规定人身保险的投保人在保险合同订立时对被保险人应当具有保险利益，否则合同无效。

需要注意的是：在一般合同中，当事人通常为自己的利益订立合同；而在保险合同中，投保人既可以为自己的利益投保，也可以为他人的利益投保（只要具有保险利益）。

（2）保险人

保险人又称为承保人，按照《保险法》第十条规定，保险人是指与投保人订立保险合同，并按照合同约定承担赔偿或给付保险金责任的保险公司。即保险人是订立保险合同的一方当事人，它依法设立，专门经营保险业务，按保险合同的约定向投保人收取保险费，对于保险合同约定的可能发生的事故，因其所造成的财产损失承担赔偿保险金责任，或者当被保险人死亡、伤残、疾病或者达到合同约定的年龄、期限时承担给付保险金责任。世界上绝大多数国家，对保险人的资格都限定为法人，只有个别国家（如英国）允许个人经营保险业务。按照我国《保险法》的规定，保险人主要是保险公司，目的在于使保险人有严密的组织、雄厚的财力，以保证保险业的稳健经营，并承担起对广大的被保险人的经济保障的重大责任。我国《保险法》对保险公司的设立、变更和终止，保险公司的业务经营范围以及其他经营规则等都有明确的规定。

2）保险合同的关系人

保险合同的关系人是指与保险合同的订立间接发生关系的人。在保险合同约定事故发生时，保险合同的关系人享有保险金的请求权。保险合同的关系人包括被保险人和受益人。

（1）被保险人

《保险法》第十二条规定："被保险人是指其财产或者人身受保险合同保障，享有保险金请求权的人。"也就是说，被保险人的财产、寿命或身体受到保险合同的保障，如果在保险期限内发生了保险事故，被保险人有权向保险人请求赔偿或者给付保险金。在财产保险中，被保险人是保险标的的所有人或具有经济利益的人。在人身保险中，被保险人就是保险的对象。

被保险人与投保人的关系，一般有两种情况：一是投保人为自己的利益订立保险合同，投保人就是被保险人。例如：在财产保险中，投保人以自己具有所有权的财产为保险标的向保险人投保；在人身保险中，投保人以自己的寿命或者身体作为保险标的与保险人订立保险合同。这些情况下投保人与被保险人为同一人。二是投保人为他人的利益订立保险合同，投保人与被保险人相分离。在此情况下，只要投保人对保险标的具有保险利益，其订立的保险合同在法律上就有效。

（2）受益人

《保险法》第十八条规定："受益人是指人身保险合同中由被保险人或者投保人指定的享有保险金请求权的人。"即按照《保险法》的规定，受益人的概念仅限于人身保险合同，受益人享有保险金的请求权。

在人身保险合同中，投保人和被保险人都可以成为受益人。

人身保险的受益人由被保险人或者投保人指定。但是，为了保障被保险人的生命安全，投保人指定受益人须经被保险人同意。

被保险人一般可以任意指定受益人，但被保险人为无民事行为能力人或者限制民事行为能力人的，可以由其监护人指定受益人。

被保险人或者投保人可以指定一人或者数人为受益人。受益人为数人的，被保险人或者投保人可以确定受益顺序和受益份额；未确定受益份额的，受益人按照相等份额享有受益权。

被保险人或者投保人可以变更受益人并书面通知保险人。投保人变更受益人时须经被保险人同意。保险人收到变更受益人的书面通知后，应当在保险单上批注。

一般而言，只要人身保险合同中指定了受益人，被保险人死亡后，就只有受益人享有保险金请求权。在特殊情况下，被保险人的继承人有权享有保险金。例如，《保险法》第四十二条规定："被保险人死亡后，有下列情形之一的，保险金作为被保险人的遗产，由保险人依照《中华人民共和国继承法》的规定向被保险人的继承人履行给付保险金的义务：

(一)没有指定受益人,或者受益人指定不明无法确定的;(二)受益人先于被保险人死亡,没有其他受益人的;(三)受益人依法丧失受益权或者放弃受益权,没有其他受益人的。”

为了减少道德风险,保障被保险人的生命安全,世界各国的保险法一般都规定:受益人故意造成被保险人死亡或者伤残的,或者故意杀害被保险人未遂的,丧失受益权。

3)保险合同的辅助人

保险合同的辅助人是指辅佐、帮助保险双方当事人订立及履行保险合同的人。它通常包括保险代理人、保险经纪人和保险公估人。在我国的保险市场上,一般又将保险合同的辅助人称为保险中介人。

(1)保险代理人

《保险法》第一百一十七条规定:“保险代理人是根据保险人的委托,向保险人收取佣金,并在保险人授权的范围内代为办理保险业务的机构或者个人。”

保险人委托保险代理人代为办理保险业务的,应当与保险代理人签订委托代理协议,依法约定双方的权利和义务及其他代理事项。

保险代理人的行为,通常视为被代理的保险人的行为。在保险人的授权范围内,保险代理人的行为对其所代理的保险人有法律约束力。为保障被保险人的合法权益,《保险法》第一百二十七条规定:“保险代理人根据保险人的授权代为办理保险业务的行为,由保险人承担责任。保险代理人没有代理权、超越代理权或者代理权终止后以保险人名义订立合同,使投保人有理由相信其有代理权的,该代理行为有效。保险人可以依法追究越权的保险代理人的责任。”

我国的保险代理人有三种形式:专业代理人、兼业代理人和个人代理人。保险代理人的基本业务范围是代理推销保险产品、代理收取保险费。

(2)保险经纪人

《保险法》第一百一十八条规定:“保险经纪人是基于投保人的利益,为投保人与保险人订立保险合同提供中介服务,并依法收取佣金的机构。”

保险经纪人主要是投保人利益的代表,保险经纪人的法律地位与保险代理人截然不同。根据我国《保险法》的规定,因保险经纪人在办理保险业务中的过错,给投保人、被保险人或其他委托人造成损失的,由保险经纪人承担赔偿责任。

保险经纪人一般可以经营下列业务:为投保人拟订投保方案、选择保险人、办理投保手续;协助被保险人或受益人进行索赔;再保险经纪业务;为委托人提供防灾、防损或风险评估、风险管理咨询服务;保险监督管理机构批准的其他业务。

(3)保险公估人

按照《保险法》第一百二十九条的规定,保险活动当事人可以委托保险公估机构等依法设立的独立评估机构或者具有相关专业知识的人员,对保险事故进行评估和鉴定。在我国,保险公估人主要是以保险公估机构的方式从事业务。《保险公估机构管理规定》中规定:保险公估机构是指依法设立的,接受保险当事人委托,专门从事保险标的的评估、勘验、鉴定、估损、理算等业务的单位。保险公估人基于公正、独立的立场,凭借丰富的专业知识和技术,办理保险公估业务。保险公估人既可以接受保险人的委托,又可以接受被保险人的委托。保险公估人向委托人(保险人或被保险人)收取公估费用,保险公估人应当依法公正地执行业务。保险公估人因故意或者过失给保险人或者被保险人造成损害的，依法承担赔偿责任。

2. 保险合同的客体

保险合同的客体是指保险双方当事人的权利和义务所共同指向的对象。

保险合同的客体不是保险标的，而是保险利益。保险利益是指投保人或被保险人对保险标的具有的法律上承认的利益。保险利益与保险标的不同。保险标的是保险合同中所载明的投保对象，是保险事故发生的客体，即是指作为保险对象的财产及其有关利益或者人的寿命或身体。保险合同并非保障保险标的在保险有效期内不受损害，而是当被保险人的保险标的发生约定的保险事故时给予经济上的赔偿或给付。保险标的是订立保险合同的必要内容，是保险利益的载体，而保险合同保障的是投保人或被保险人对保险标的所具有的合法利益，没有保险利益，保险合同将会失去客体要件而无效。

《保险法》第十二条和第三十一条明确规定："人身保险的投保人在保险合同订立时对被保险人应当具有保险利益。订立合同时，投保人对被保险人不具有保险利益的，合同无效。"第四十八条则对财产保险合同规定："保险事故发生时，被保险人对保险标的不具有保险利益的，不得向保险人请求赔偿保险金。"

3. 保险合同的内容

保险合同的内容有广义和狭义之分。广义的保险合同的内容是指以保险合同双方权利和义务关系为核心的全部事项，包括保险合同的主体、客体、权利义务及其他声明事项；狭义的保险合同的内容是指以保险合同双方当事人依法约定的权利与义务事项，即表现为保险合同的条款。在此，对狭义的保险合同的内容进行阐述。

1)保险条款

保险合同的条款简称保险条款，是保险合同双方当事人依法约定各自的权利和义务的条款。保险条款是对保险双方权利和义务的具体约定，在保险合同中居于核心地位。保险条款对保险合同的双方当事人具有法律约束力。

(1)基本条款和特约条款

保险条款一般分为基本条款和特约条款。

保险合同的基本条款是指规定保险合同双方权利和义务基本事项的条款。在任何保险合同中，基本条款是不可缺少的条款，一般是由保险人在法定的、必须载明事项的基础上事先拟定好并印在保险单上。保险的险种不同，其基本条款也不同。

保险合同的特约条款是由保险双方当事人根据特殊需要，共同约定的条款。特约条款可以包括附加条款、保证条款和协会条款。

附加条款是指保险合同当事人在保险合同基本条款的基础上，约定的补充条款，以增加或限制基本条款所规定的权利与义务。由于保险标的的风险状况不同，投保人对保险的需求也有所不同，附加条款就是应投保人的要求而增加的内容。附加条款的灵活运用，弥补了基本条款的不足，如利用附加条款来变更或者补充原保险单的内容、变更原保险单的约定事项等。附加条款是保险合同的特约条款中使用最普遍的条款。

保证条款是指投保人或被保险人对特定事项进行保证，以确认某项事实的真实性或承诺某种行为的条款。保证条款是投保人或被保险人必须遵守的条款。

协会条款是指保险行业为满足某种需要，经协商一致而制定的条款。如伦敦保险人协会制定的有关船舶和货物运输的条款。

(2)法定条款与任意条款

根据合同约束力的不同，保险条款还可以分为法定条款和任意条款。

法定条款是指根据法律规定必须在保险合同中明确规定的条款，也就是说，法定条款是法定的必须载明的事项。例如，按照《保险法》第十八条的规定，保险合同应当包括下列事项：保险人的名称和住所；投保人、被保险人的姓名或者名称、住所，以及人身保险的受益人的姓名或者名称、住所；保险标的；保险责任和责任免除；保险期间和保险责任开始时间；保险金额；保险费以及支付办法；保险金赔偿或者给付办法；违约责任和争议处理；订立合同的年、月、日。基于此，我国的所有保险合同条款对以上各项内容均不得偏废。保险合同的基本条款须包括法定条款的各项内容。

任意条款，又称为任选条款，是指由保险合同当事人根据需要约定的条款。

2)保险合同的主要内容

保险合同的内容主要包括以下各项。

(1)保险人的名称和住所

我国保险法明确规定保险人为保险公司，因此，保险人的名称一般就是保险公司的名称，保险人的住所就是保险公司的营业场所。在保险合同中对保险人的名称和住所应当准确、清楚地加以记载，以便于保险人行使收取保费的权利、履行赔偿或者给付保险金的义务。

(2)投保人、被保险人的姓名或者名称、住所，以及人身保险的受益人的姓名或者名称、住所

投保人是保险合同的一方当事人，在保险合同中明确记载其姓名或者名称、住所，有利于投保人履行交纳保险费的义务；被保险人作为保险合同的关系人，载明其姓名或者名称、住所，有利于被保险人在保险事故发生时行使保险金的请求权，并履行保险合同规定的义务：如果在人身保险合同中约定了受益人，也应将受益人的姓名或者名称、住所记载清楚，以利于受益人享受请求保险金的权利。

(3)保险标的

保险标的是指作为保险对象的财产及其有关利益或者人的寿命或身体。保险标的是保险利益的载体。不同的保险合同，有不同的保险标的。财产保险合同的保险标的是财产及其有关的利益，即财产保险合同的保险标的既包括有形的财产，又包括无形的责任及利益。人身保险合同的保险标的是人的寿命或身体。在保险合同中载明保险标的，有利于确定保险合同的种类、判断投保人对保险标的是否具有保险利益、明确保险人承担责任的对象及范围、确定保险金额、确定诉讼管辖等。

(4)保险责任和责任免除

保险责任是指保险合同中约定的，保险事故发生后应由保险人承担的赔偿或给付保险金的责任。保险责任因保险的险种不同而不同。

责任免除，是指保险合同中约定的，保险人不承担或者限制承担的责任范围。即责任免除是对保险责任的限制，是对保险人不负赔偿或给付保险金责任范围的具体规定。责

任免除主要表现为除外责任,在保险合同中应明确列明责任免除条款,以对保险人承担责任的范围加以明确限制,更好地确定双方当事人的权利义务关系。责任免除的除外责任条款一般涉及的损失有:战争或军事行动所造成的损失;保险标的物的自然损耗;被保险人及其关系人的故意行为所致的损失以及其他不属于保险责任范围的损失等。

(5)保险期限

保险期限又称保险期间,是指保险人对保险事故承担赔付责任的起止期限。保险期间规定了保险合同的有效期限,是对保险人为被保险人提供保险保障的起止日期的具体规定。保险期限,既可以按年、月、日计算,比如以一年为期;也可以按一定事件的起止时间来计算,比如建筑工程保险的保险期限就是以一个工程的工期来确定的。保险期限是保险人履行赔付义务的依据。保险标的只有是在保险期限内发生的保险事故,保险人才承担赔付保险金的责任。

(6)保险价值

保险价值是财产保险中的特有概念,因而此内容仅是财产保险合同的主要内容,它是指保险标的在某一特定时期内以货币估计的价值额。保险价值是保险金额确定的依据。保险价值的确定有三种方法:一是由投保人和保险人约定并在合同中载明保险价值,若保险事故发生,保险人在计算赔款时不需再对保险标的另行估价;二是按市场价格确定,保险事故发生后,保险人的赔偿金额不得超过保险标的的市场价格;三是按法律规定确定,如我国《海商法》第二百一十九条规定,船舶的保险价值包括船壳、机器、设备的价值,以及船上燃料、物料、索具、给养、淡水的价值和保险费的总和。

(7)保险金额

保险金额简称保额。《保险法》第十八条规定:"保险金额是指保险人承担赔偿或者给付保险金责任的最高限额。"也就是说,保险金额是保险当事人双方约定的,在保险事故发生时,保险人应赔偿或给付的最高限额。保险金额是保险人计算保险费的重要依据。在财产保险中,保险金额的确定以保险标的的价值为依据;在人身保险中,由于人的价值无法用货币衡量,因而一般由保险合同双方自行约定保险金额。

财产保险合同中的保险金额不得超过保险价值,超过保险价值的,超过的部分无效;保险金额低于保险价值的,除合同另有约定外,保险人按照保险金额与保险价值的比例承担赔偿责任。

(8)保险费及其支付办法

保险费是指投保人为使被保险人获得保险保障,按合同约定支付给保险人的费用。保险费是保险基金的来源。缴纳保险费是投保人应履行的基本义务。保险费的多少,由保险金额、保险费率和保险期限等因素决定。

保险费率一般用百分率或千分率表示。保险费率由纯费率和附加费率组成,其中,纯费率是保险费率的基本组成部分。在财产保险中,主要依据保险标的的损失率确定纯费率;在人身保险中,则是依据人的死亡率或生存率、利率等因素确定纯费率。而附加费率主要是依据保险企业在一定期限内的各种营业费用及预定利润确定的。

保险费既可以一次性支付,也可以分期支付;既可以现金支付,也可以转账支付。但不论采取什么方式支付保险费,都应在保险合同中载明。

(9)保险金赔偿或者给付办法

保险金赔偿或给付办法是指保险人承担保险责任的方法。保险金赔偿或给付方法，原则上应采取货币形式，但也有一些财产保险合同约定对特定的损失，可以采取修复、置换等方法。保险金赔偿或给付办法的明确约定及记载，有利于保险人更好地履行保险赔付责任，减少保险双方的赔付纠纷。

(10)违约责任和争议处理

违约责任是指保险合同当事人因其过错，不能履行或不能完全履行保险合同规定的义务时，根据法律规定或合同约定所必须承担的法律后果。在保险合同中，任何一方违约都会给对方造成损失，因此，应在合同中明确规定哪些行为是违约行为以及违约应承担的法律责任，以保障保险双方的合法权益。

争议处理是指保险双方解决保险合同纠纷的方式。保险合同的争议处理方式，一般包括协商、仲裁和诉讼三种方式。

(11)订立合同的时间

保险合同应注明订立合同的时间，以便确认保险责任开始时间、投保人对保险标的是否具有保险利益以及其他涉及保险当事人之间的权利义务关系。注明订立保险合同的时间，还有助于确认保险合同订立前是否已经发生保险事故，以便查明事实真相、避免骗赔事件的发生。

三、保险合同的程序

保险合同的主要程序是保险合同的订立、变更、中止与复效、终止。

1. 保险合同的订立

保险合同的订立是投保人与保险人意思表示一致而进行的法律行为。

1)保险合同的订立程序

与其他合同一样，保险合同的订立，大致可分为两个程序：要约和承诺

(1)要约

要约是要约人以缔结合同为目的而进行的意思表示。它是合同当事人一方向另一方表示愿意与其订立合同的提议。一个有效的要约应具备三个条件：一是要约应明确表示订立合同的愿望；二是要约应具备合同的主要内容；三是要约在其有效期内对要约人具有约束力。在保险合同中，一般投保人为要约人，投保人填写投保单，并交给保险人的行为被视为要约。投保单一经保险人接受，便成为保险合同的一部分。

(2)承诺

承诺是受约人对要约人提出的要约全部接受的意思表示，即受约人向要约人表示愿意完全按照要约内容与其订立合同的答复。一个有效的承诺也应具备三个条件：一是承诺不能附带任何条件；二是承诺应由受约人本人或其合法代理人做出；三是承诺应在要约的有效期内做出。在保险合同的订立过程中，一般是投保人提出要约，保险人根据投保单的内容签发保险单、保险凭证或暂保单，合同即告成立，但有时情况并不这么简单。因为在签订合同过程中，双方当事人往往有一个协商的过程，如要约人对受约人提出要约，受约人对要约人的要约提出修改或附加条件，这时受约人的行为就被认为是提出了新的要

约,原要约人与受约人的法律地位互换,即原要约人成为新的受约人,原受约人成为新的要约人。一个合同的签订可能经过要约——新要约……直至承诺的过程,保险合同也不例外。如果保险人对投保人的要约附加了新的内容或条件,则保险人成为新要约人,投保人成为新受约人。合同能否成立,则要看最后一位要约人的要约能否得到最后一位受约人的承诺。

2)保险合同的成立与生效

一般而言,保险合同的订立意味着保险合同的成立,但是,保险合同的成立与保险合同的生效并不是一个概念。

保险合同的成立是保险双方当事人就保险合同条款达成协议。《保险法》第十三条规定:"投保人提出保险要求,经保险人同意承保,保险合同成立。"

保险合同的生效是指保险合同对保险双方当事人产生法律约束力。保险合同的生效意味着保险合同具有了法律效力,保险合同的双方当事人、关系人都应按照保险合同的约定承担义务、享有权利,否则将承担相应的法律后果。

一般而言,合同一成立就立即生效,但是,保险合同较为特殊,往往是在合同成立后的某一时间生效。如保险条款特别约定:保险费的交纳是合同生效的条件。在保险合同成立后生效前发生的保险事故,保险人不承担赔偿或者给付保险金的责任。

3)保险合同的订立形式

订立保险合同应该采取书面形式。保险合同的书面形式主要有投保单、保险单、保险凭证和暂保单等。

(1)投保单

投保单是指投保人向保险人申请订立保险合同的一种书面形式的要约。在投保单中应列明订立保险合同所必需的项目。投保单一般有统一的格式,由保险人事先准备好,投保人应按保险人所列项目据实逐一填写。投保单一经保险人承诺,即成为保险合同的重要组成部分。投保人对在投保单中所填写的内容,应承担相应的法律后果。例如,投保人在填写投保单时未履行如实告知义务,足以影响到保险人决定是否同意承保或者提高保险费率的,保险人有权解除保险合同,并不承担赔偿或者给付保险金的责任。

(2)保险单

保险单简称保单,是指保险人与投保人之间订立保险合同的正式的书面证明。保险单通常是由保险人签发的,是对投保人要约的一种承诺。保险单是保险双方履约的依据。在保险单上应将保险合同的全部内容详尽列明,包括保险双方当事人、关系人的权利和义务。因而,保险单上除应列明保险项目(如被保险人、保险标的、保险费、保险金额、保险期限等)外,还应附上保险合同条款,以便保险双方明确各自应享有的权利和应承担的义务。

(3)保险凭证

保险凭证又称为小保单,是一种简化了的保险单,是保险人向投保人签发的证明保险合同已经成立的一种书面凭证。保险凭证与保险单具有同等的法律效力。保险凭证没有列明的内容,以保险单的条款为准;保险凭证与保险单的内容相冲突时,以保险凭证为准。保险凭证只在少数几种业务中使用,如货物运输保险等。采用保险凭证的主要目的在于简化手续。

(4)暂保单

暂保单又称为临时保单,是保险单或保险凭证出立前发出的临时性的保险单证。使用暂保单主要是基于三种情况:一是保险代理人已招揽到保险业务,但尚未向保险人办妥保险手续时;二是保险公司的分支机构接受投保,但尚需请示上级公司时;三是保险双方当事人已就合同的主要条款达成协议,但有些条件尚需进一步商榷时。在以上情况下,保险人可先出具暂保单,作为投保人已保险的证明。暂保单的法律效力与正式保单相词,但其有效期较短,一般为 30 天。在暂保单的有效期间,保险人一旦确定承保并签发保险单,暂保单即自动失效而为保险单所取代;保险人如果确定不予承保,则有权随时提前终止暂保单的效力。

2. 保险合同的变更

保险合同的变更是指在保险合同有效期内,保险合同当事人、关系人对合同所做的修改或补充。保险合同成立并生效后,具有法律约束力,保险双方一般不得擅自变更,但是,如果主观意愿或客观情况发生变化,也可以依法变更保险合同。保险合同的变更,主要是保险合同主体的变更或内容的变更。

1)保险合同的主体变更

保险合同的主体变更是指保险合同的当事人或关系人的变更,主要是指投保人、被保险人或受益人的变更,保险人一般不会变更。保险合同的主体变更,不改变保险合同的客体和内容。

(1)财产保险合同主体的变更

财产保险合同主体的变更是指投保人或被保险人的变更。财产保险合同主体的变更意味着财产保险合同的转让。财产保险标的的转让可以因买卖、继承、赠予等法律事实的出现而发生,从而导致保险标的从一个所有权人转移至另一个所有权人。在这种情况下,要使保险合同继续有效,就需要变更保险合同中的被保险人。

在一般情况下,财产保险标的的转让应当通知保险人,经保险人同意继续承保后,依法变更被保险人。保险人可以根据财产保险合同主体变更引起的风险状况的变化,加收或退减部分保险费。

货物运输保险合同主体的变更。在财产保险中,货物运输保险合同由于其标的的流动性大,运输过程中经常通过货物运输单据的转让而发生物权转移。因此,按国际惯例,货物运输保险合同不经保险人同意即可变更被保险人,但须被保险人记名背书。

(2)人身保险合同主体的变更

人身保险合同主体的变更,一般取决于投保人或被保险人的主观意愿,而不以保险标的的转让为前提。人身保险合同主体的变更可以是投保人、被保险人或受益人的变更。

①投保人的变更。如果投保人与被保险人是同一人时,要变更投保人应通知保险人;如果投保人与被保险人不是同一人时,要变更投保人应征得被保险人的同意并通知保险人。被保险人为无民事行为能力人或限制民事行为能力人时,投保人的变更应符合法律、法规的相关规定。投保人的变更应经过保险人的核准及办理相关手续,方能有效。

②被保险人的变更。人身保险的被保险人是保险的标的,因而一般不能轻易变更。如果要变更通常是在团体人身保险中,由于作为团体的投保人的员工处于流动状态,投保

人可以根据合同的约定，将员工的流动情况通知保险人变更被保险人。被保险人的变更应该采取书面形式。

③受益人的变更。人身保险合同主体的变更主要是指受益人的变更。被保险人或者投保人可以变更受益人并书面通知保险人。保险人收到变更受益人的书面通知后，应当在保险单上批注。投保人变更受益人时则须经被保险人同意。

2）保险合同的内容变更

在保险合同的有效期内，投保人或被保险人与保险人经协商同意，可以变更保险合同的有关内容。

保险合同的内容变更是指合同约定事项的变更，也就是保险关系双方各自所承担的义务和享有的权利的变更。如保险合同中的保险责任、保险金额、保险期限、保险费的交纳方式等发生变化，财产保险的保险标的的价值、数量、存放地点、危险程度等发生变化，人身保险的被保险人的职业、投保人的交费方式等发生变化，都属于保险合同的内容变更的范围。

保险合同的内容发生变更，投保人或被保险人应主动向保险人申请办理批改手续，保险人同意后，应在原保单或者其他保险凭证上批注或附贴批单，或者由投保人和保险人订立变更的书面协议。

保险合同的变更往往意味着保险人承担风险的增加或减少，为此可能需要加收或退减部分保险费。

为了明确保险双方当事人在保险合同变更后的权利和义务，按照国际惯例，合同变更后的有效性按下列顺序认定：手写批注优于打印批注；加贴的附加条款优于基本条款；加贴的批注优于正文的批注。

3. 保险合同的中止与复效

保险合同的中止与复效仅适用于人身保险合同

1）保险合同的中止

保险合同的中止是指保险合同暂时失去效力。在人身保险中，保险期限一般较长，投保人可能因为种种主客观原因不能按期缴纳续期保险费，为了保障保险双方的合法权益，并给投保人一定的回旋余地，各国的保险法一般都对缴费的宽限期及合同中止做了明确规定。《保险法》第三十六条规定：“合同约定分期支付保险费，投保人支付首期保险费后，除合同另有约定外，投保人自保险人催告之曰起超过三十日未支付当期保险费，或者超过约定的期限六十日未支付当期保险费的，合同效力中止，或者由保险人按照合同约定的条件减少保险金额。”即人身保险的保险合同生效后，如果投保人未按期缴纳保险费，并超过了六十天的宽限期，保险合同的效力中止。在保险合同中止前的宽限期内如果发生了保险事故，保险人应承担赔付责任；但是如果是在保险合同中止后发生的保险事故，保险人不承担赔付责任。保险合同的中止并不意味着保险合同的解除，经过一定的程序仍然可以恢复其法律效力。

2）保险合同的复效

保险合同的复效是指保险合同效力的恢复。保险合同效力中止后，经保险人与投保人协商并达成协议，在投保人补交保险费后，可以恢复保险合同的效力。但是按照《保险法》的规定，自合同效力中止之日起两年内双方未达成协议的保险人有权解除合同。

4. 保险合同的终止

保险合同的终止是指合同双方当事人确定的权利义务关系的消灭。保险合同的终止主要包括下面几种情况。

1）保险合同的解除

保险合同的解除是指在保险合同的有效期限届满前，当事人依照法律规定或合同约定提前终止合同效力的法律行为。

保险合同的解除按解约的主体，可以分为投保人解除保险合同、保险人解除保险合同和保险双方约定解除保险合同三种情况。

（1）投保人解除保险合同

由于保险合同是在平等自愿的基础上订立的，因而在一般情况下，投保人可以随时提出解除保险合同。

《保险法》第十五条规定：除本法另有规定或者保险合同另有约定外，保险合同成立后，投保人可以解除合同。根据我国《保险法》的规定，保险合同成立后，投保人一般可以解除保险合同，而不需承担违约责任。但是，某些保险合同具有特殊性，如货物运输保险合同和运输工具航程保险合同，保险责任开始后，难以确定终止责任的具体时间、空间，因此，投保人不能要求解除保险合同。如果保险双方当事人通过合同约定，对投保人的合同解除做出限制的，投保人也不得解除保险合同。

（2）保险人解除保险合同

按照各国的保险法规定，保险人一般不能解除保险合同，否则应承担违约责任。因为如果允许保险人任意解除保险合同，可能严重损害被保险人的利益。例如，保险人可能在得悉风险增大（如洪灾预报）时解除保险合同，使被保险人得不到应有的保险保障。《保险法》第十五条规定："除本法另有规定或保险合同另有约定外，保险合同成立后，投保人可以解除合同，保险人不得解除合同。"也就是说，为了保障被保险人的合法权益，在一般情况下，保险人不能随意解除保险合同，但是，如果《保险法》另有规定或保险合同另有约定的，保险人仍然可以解除保险合同。

根据《保险法》的规定，保险人在下列情况下有权解除保险合同。

①投保人故意或者因重大过失未履行如实告知义务，足以影响保险人决定是否同意承保或者提高保险费率的，保险人有权解除合同（第十六条）。

②被保险人或者受益人在未发生保险事故的情况下谎称发生了保险事故，向保险人提出赔付保险金的请求，保险人有权解除保险合同，并不退还保险费（第二十七条）。

③投保人、被保险人故意制造保险事故的，保险人有权解除保险合同，不承担赔付责任，并不退还保险费（第十六条）。

④因保险标的转让导致危险程度显著增加的，保险人自收到被保险人或者受让人的通知之日起三十日内，可以按照合同约定增加保险费或者解除合同。被保险人、受让人未履行保险标的转让的通知义务的，因转让导致保险标地危险程度显著增加而发生的保险事故，保险人不承担赔偿保险金的责任（第四十九条）。

⑤投保人、被保险人未按约定履行其对保险标的的安全应尽责任的，保险人有权要求

增加保险费或解除保险合同(第五十一条)。

⑥在保险合同有效期内,保险标的的危险程度显著增加的,被保险人按照合同约定应及时通知保险人,保险人有权要求增加保险费或者解除保险合同。被保险人未履行通知义务的,因保险标的危险程度显著增加而发生的保险事故,保险人不承担赔偿保险金的责任(第五十二条)。

⑦人身保险的投保人申报的被保险人年龄不真实,并且其真实年龄不符合合同约定的年龄限制的,保险人可以解除合同,并按照合同约定退还保险单的现金价值(第三十二条)。

⑧自保险合同效力中止之日起满二年,保险双方当事人未达成复效协议的,保险人有权解除保险合同(第三十七条)。

⑨保险标的发生部分损失的,自保险人赔偿之日起三十日内,除合同另有约定外,保险人可以解除合同,但应当提前十五日通知投保人。合同解除的,保险人应当将保险标的未受损失部分的保险费,按照合同约定扣除自保险责任开始之日起至合同解除之日止应收的部分后,退还投保人(第五十八条)。

《保险法》的上述规定,赋予了保险人在投保人、被保险人和受益人严重违反法律规定及合同约定的情况下解除保险合同的权利,这既是对被保险人及其关系人违法行为的惩戒,又是对保险人合法权益的维护,体现了诚实信用原则和公平互利原则。

(3)保险双方约定解除保险合同

这种情况简称为约定解除或协议注销。保险合同当事人在不违反法律法规或公共利益的前提下,可以在合同中约定当一定的事实发生时,一方或双方当事人有权解除合同,并且可以约定行使解除权的期限。如我国的船舶战争险条款规定,对于定期保险,保险人有权在任何时候向被保险人发出注销战争险的通知,在发出通知后十四日期满时终止战争险责任。又如,我国的简易人身保险条款规定,交付保险费一周年以上,并且保险期已满一周年的,投保人或被保险人不愿继续保险的,可向保险人申请退保。

可见,所谓约定解除是指保险双方经过协商可以在保险合同中规定一方或双方当事人以一定条件注销保险合同的权力。

保险合同解除的程序:在法律规定或保险合同约定的条件下,具有解约权的一方当事人,可以单方决定解除保险合同,但解约方应将解除保险合同的通知做成书面文件并及时通知对方当事人。任何一方不符合法律的规定或保险合同约定,擅自解除保险合同的,应当承担相应的违约责任及其他法律责任。

2)保险合同的期满终止

期满终止是保险合同终止的最普遍的原因。保险期限是保险人承担保险责任的起止时限。如果在保险期限内发生了保险事故,保险人按照合同约定赔偿了保险金额的一部分,保险合同期满时,保险合同的权利义务关系终止;如果在保险期限内没有发生保险事故,保险人没有赔付,保险合同载明的期限届满时,保险合同自然终止。一般而言,只要超过了保险合同规定的责任期限,保险合同就终止,保险人就不再承担保险责任。

3)保险合同的履约终止

保险合同是保险双方当事人约定在一定的保险事故发生时,保险人承担赔偿或给付保险金责任的合同。因此,保险合同约定的保险事故发生,保险人履行完赔偿或者给付保险金责任后,无论保险期限是否届满,保险合同即告终止。

四、保险合同的争议处理

1. 保险合同争议处理的方式

保险合同争议的处理主要采取协商、仲裁和诉讼的方式。

1)协商

协商一般是指主体间就共同关心的事项和利益进行协调和取得谅解的方式。

在经济合同中,协商是合同双方当事人在自愿互谅的基础上,按照法律规定和合同约定,进行协调和商议的方式。

当保险双方发生争议时,首先应该通过协商方式进行解决。在协商下,双方各自做出一定的让步,在共同能够接受的结果下达成和解的协议。协商是解决保险合同争端的一种好的方式。通过协商方式处理保险合同争议,具有简便、易行的特点,可以节约仲裁或诉讼费用,有助于化解保险双方的矛盾,进一步增进保险双方的了解、信任与合作。

2)仲裁

仲裁也称"公断",是指当事人双方在某一问题上争执不决时,自愿地由第三者(一般为依法设立的仲裁机构的仲裁员)居中调解,做出裁决的方式。在古罗马时代就已经出现了以仲裁方式解决商品买卖中争议的做法。1697年英国颁布了世界上第一部仲裁法。19世纪,世界各国纷纷制定了有关仲裁的法律,将仲裁作为解决民商事争议的方式,并以法律的形式固定下来。20世纪之后,仲裁已成为世界各国公认的解决民商事争议的最有效的手段之一。仲裁裁决与法院判决一样,对当事人具有法律约束力。

按照《仲裁法》的规定,平等主体的公民、法人和其他组织之间发生的合同纠纷和其他财产权益纠纷,可以仲裁;当事人双方采用仲裁方式解决纠纷,应当自愿达成仲裁协议,没有仲裁协议,一方申请仲裁的,仲裁委员会不予受理;仲裁不实行地域管辖和级别管辖;仲裁实行一裁终局的制度,裁决做出后当事人就同一纠纷再申请仲裁或向人民法院起诉的,仲裁委员会或者人民法院不予受理。

3)诉讼

诉讼是指法院、检察机关以及民事、刑事案件的当事人,依照法定程序处理案件时所进行的活动。在诉讼过程中,司法机关、当事人和其他诉讼参与人都依法具有各自特定的诉讼地位,各自享有法定的诉讼权利,履行一定的诉讼义务。

在保险双方当事人发生保险合同纠纷时,可以通过诉讼方式寻求法律上的保护。人民法院应以事实为依据、以法律为准绳,独立、客观、公正地行使宪法赋予的审判权,维护保险双方当事人的合法权益。按照《中华人民共和国民事诉讼法》第二十六条的规定,"因保险合同纠纷提起诉讼,通常由被告所在地或者保险标的物所在地人民法院管辖。"

在我国现行的保险合同条款中,一般明确约定:发生争议时,由保险双方当事人协商解决;协商不成的,提交合同中约定的仲裁委员会仲裁或者依法向人民法院提起诉讼。

2. 保险合同的条款解释原则

保险合同订立后，可能因种种原因使保险双方当事人及关系人，对保险合同条款的内容有不同的理解以致双方发生争议。在争议的情况下，一般由当事人双方协商解决，若协商不能达成一致，则应通过仲裁机关或者法院做出裁决或判决。为保证裁决或判决的客观和公正，需要依照法律的规定或行业习惯确定一定的条款解释原则。保险合同的条款解释原则，可以概括为以下三点。

1）文义解释

文义解释就是指对合同条款的文字应按照其通常的含义并结合上下文来解释；同一个合同中出现的同一个文句，前后的解释应当相同；条款中出现的专业术语，应按照其所属行业的通常含义进行解释。在保险合同中，对一般条文的解释，应该按照该文字通常的含义并结合合同的整体内容来解释；对保险专业术语、法律术语及其他专业术语，可以依据保险法及相关的法律、法规或行业惯例等进行解释。

2）意图解释

意图解释就是指解释保险合同条款应遵循签约当时双方当事人的真实意图，以当时的客观情况为出发点来进行解释。保险合同的条款是保险双方当事人意思表示一致而确立的，因此，解释时应充分尊重双方当事人订立合同时的真实意图。在双方对合同条款有歧义而又无法运用文义解释原则时，应通过分析背景材料等方式，对签约当时双方当事人的真实意图进行逻辑上的推断。

3）解释应有利于被保险人和受益人

由于保险合同一般是由保险人事先拟定的，是附合合同，保险合同条款主要是格式条款，在订立保险合同时，投保人往往只能表示接受或不接受，使保险人在条文的拟定上处于主动地位，而被保险人则居于被动地位，而且，保险条款的专业性较强，有些保险专业术语一般人难以理解，因此，对保险条款有两种或两种以上的解释时，应当做出不利于提供格式条款一方的解释，即解释应有利于被保险人和受益人。对此，《保险法》第三十条作了明确的法律规定："采用保险人提供的格式条款订立的保险合同，保险人与投保人、被保险人或者受益人对合同条款有争议的，应当按照通常理解予以解释。对合同条款有两种以上解释的，人民法院或者仲裁机构应当做出有利于被保险人和受益人的解释。"

第二节　工程机械保险合同

一、工程机械保险方案设计

1. 选择合适的险种

1）机械保险选择的基本原则

投保前应充分了解自身的风险特征，并结合自身的风险承受能力及经济承受能力来选择险种，只有合适自己需求的险种组合才是最好的。

（1）主险必保，附加险按需购买

工程机械设备险这个主险一定要保，这是工程机械一旦出险后，机械的损失能够得到赔偿的基本保证。另外,只有购买了主险,才能购买工程机械设备附加险。

附加险要按需购买,根据工程机械不同的种类、新旧程度、施工范围、操作人员、管理情况等因素,综合考虑适合自己的附加险,按需购买。

(2)机械保险最好采用足额投保方式

若采用不足额投保,当标的全部损失时则按保险金额补偿,而当标的部分损失时则按比例责任方式补偿。即:

$$补偿金额 = 保险金额 \div 保险价值 \times 损失额$$

因此,对新机而言,机械无论是发生全损还是部分损失均得不到足够的保障。而对于旧机而言,由于大多数的机损事故中只是部分损失,而机械发生部分损失时也得不到保障,除非机械发生全损事故。

(3)机械保险不要超额投保

按照《保险法》第五十五条规定,保险金额不得超过保险价值,超过保险价值的,超过的部分无效。有些机主,新机购置价是30万元却偏要投保35万元的保险,认为多花钱就能多赔付。其实,即使投保人超额投保也不会得到额外的利益,

(4)千万不要重复投保

有些投保人自以为多投几份保险,就可以使被保险机械多几份赔款。按照《保险法》第五十六条规定:重复保险的保险金额总和超过保险价值的,各保险人的赔偿金额的总和不得超过保险价值。除合同另有约定外,各保险人按照其保险金额与保险金额总和的比例承担赔偿责任。

因此,即使投保人重复投保也不会得到超额赔偿。无论是交强险还是商业险,该原则都是适用的。

2)常见的险种组合方案

(1)基本保障型

方案:只投保主险。

特点:只能对投保机械提供最基本保险,保费最便宜。

适用对象:经济实力不太强或短期资金不宽裕的机主。这部分机主一般认识到事故后修机费用较高,愿意为自己的机械寻求基本保障,但又不愿意多花钱寻求更全面的保障。

(2)经济保障型

方案:投保主险+附加第三者责任险+不计免赔特约险。

特点:投保最必要、最有价值的险种。

适用对象:有一定经济实力和机械使用经验的机主,是个人精打细算的最佳选择。保费不高但包含了比较实用的不计免赔特约险。

(3)全面保障型

方案:投保主险+所有附加险+不计免赔特约险。

特点:这种方案对于经济实力较为雄厚的个人或公司而言已非常全面;险种多保障全面但保费高,某些险种出险概率非常小。

适用对象:经济条件好的个人或企业事业单位用机。

2. 机械保险投保渠道选择

1)机械保险投保渠道选择

(1)投保渠道

①专业代理机构。

专业代理机构是指主营业务为代卖保险公司的保险产品的保险代理公司。

②通过兼业代理。

兼业代理是指受保险人委托,在从事自身业务的同时,指定专人为保险人代办保险业务的单位。

③通过经纪人投保。

经纪人是指基于投保人的利益,为投保人和保险人订立保险合间,提供中介服务并依法收取佣金的保险经纪公司。

④柜台(上门)投保。

柜台投保是指投保人亲自到保险公司的对外营业窗口投保。

⑤电话投保。

电话投保是指通过拨打保险公司的服务电话进行投保。

⑥网上投保。

网上投保是指客户在保险公司设立的专用网站(电子商务平台)上发送投保申请,保险公司在收到申请后电话联系客户进行确认的一种投保方式。

(2)投保渠道比较

①专业代理。

优点:专业代理公司一般提供多家保险公司的保险产品,可为客户提供较多的产品设计方案;服务积极,能上门办理手续;出险理赔时有人帮助。

缺点:投保成本高;保险代理公司选择不当会有风险。

注意事项:我国目前的保险市场较为庞杂,专业代理公司的竞争也较为激烈,客户通过专业代理公司购买保险时,一定要仔细挑选可靠的公司,并要验看许可证、代理合同、代理人资格证书。

②兼业代理(以工程机械 4S 店为例)。

优点:保险及理赔可以在一起办;有 4S 店做后盾,不管是代理理赔的便捷性,还是维修质置、配件质量,都能得到保障。

缺点:由于兼业代理机构代卖保险产品属于副业,所以不够专业;选择性小,保费不一定便宜;选择不当时会有风险。

注意事项:应选择实力强,品牌好的工程机械经销商;代理商高度推荐的保单,可能是对代理商佣金最高的保单,但不一定是最适合客户的保单:如果是新机投保,考虑到理赔和维修时的便捷性,除非客户在保险公司有熟人,最好还是在经销商那里购买。

③通过经纪人投保

优缺点与专业代理较接近,但经纪人在中国保险市场还处于初级阶段,而且较少涉及机械保险领域。

④柜台(上门)投保

优点:因保单不会有假,所以投保最可靠;因节约了保险公司的经营成本,所以保险费便宜。

缺点:需要投保人自行办理,手续烦琐。

⑤电话投保

优点:保费便宜。因为电话投保省去了营销中间环节,把保险公司支付给中间人或中介机构的佣金直接让利给机主,所以对商业险而言,通过电话营销方式,可根据不同机型、机龄,有不同程度的优惠;因有专人接听电话,解答各种问题并协助办理投保手续,且保单送上门,所以安全、方便、省事,一举多得。

缺点:不太容易和保险公司谈判;因不是直接沟通,所以有误导可能。

⑥网上投保

优点:目前最方便、快捷的投保方式;保单送上门。

缺点:客户必须对保险险种较为熟悉;对于不经常使用网络的客户来讲,可能不太方便。

2)机械保险投保保险公司选择

(1)选择保险公司应考虑的因素

①要有合法资格且经营机械保险业务。

②信誉及口碑良好。

③服务网络是否全国化。当在异地出险时,只有在全国各地建立了服务网站的保险公司才能实现全国通赔(就地理赔),这样可省去客户的不少麻烦。

④机械保险产品的"性价比"。客户应比较保险公司产品之间的差异,找出能针对自身风险的保险产品,从而达到在最省钱的状态下获得最有用、最安全的保障。尽管保监会有最高限价 7 折的规定,但实际的费率和无赔款优待方面的规定在各保险公司之间仍存在差异。

⑤增值和个性化服务。例如,有的保险公司有拖机救援服务、代送燃油服务、代驾服务等;有的保险公司还建立了保险会员俱乐部,为机主提供全方位的服务;又比如北京一些地区性保险公司推出了全天候出单服务,全年 365 天,投保机险的客户均可以拿到正式保单。

(2)如何选择保险公司

衡量一个保险公司的好坏牵涉很多因素,不仅要看其资本实力是否雄厚,更要看其服务水平的品质,而且要看是否适合自己的判断标准。

①根据自身的风险特点,机主自行选择投保项目;

②查阅各公司的险种,并仔细阅读条款,分清其保障范围;

③根据实际保障范围和最终保险公司的价格进行对比,并结合所提供的服务质量,初步选定保险公司。

④根据自身的特点,结合保险公司推出的个性化服务,最终确定适合自身要求的保险公司。

二、工程机械保险合同的订立

1. 工程机械保险合同订立的程序

工程机械保险合同是投保人与保险人为稳定保险权利与义务关系的协议。机械保险合同的订立应当遵循公平互利、双方自愿、协商一致的原则，不得损害社会公共利益。除法律、行政法规规定必须保险的以外，保险公司和其他单位不得强制与他人订立保险合同。

工程机械保险合同的订立和其他商业合同一样，采取要约与承诺的方式订立。在初次订立机械保险合同的过程中，通常由投保人提出要约申请，投保人的要约必须采取书面形式，即填写保险投保单，投保人填写投保单是机械保险合同订立的一个必须程序。保险人在接到投保人的要约申请后，如果赞同则签发正式的保险合同。如果保险人对投保人的要约不是完全赞同，而是有修改、部分或者有条件地接受，则不能认为是承诺，而是拒绝原要约，提出新的要约，这时候的要约人是保险人，承诺人则是投保人。由此可见，机械保险合同的订立有时候要经历一个甚至几个要约和承诺的循环才能够完成。

2. 机械保险合同订立的当事人

1）投保人

（1）投保人的资格条件

投保人又称要保人，是对保险标的具有可保利益，向保险人申请订立保险合同，并负有缴付保险费义务的人。

投保人必须具备以下基本条件：

①具有缴费能力，愿意承担并能够支付保险费。

②18 周岁以上，具有完全的民事权利能力和行为能力的自然人或法人。无民事行为能力或限制行为能力的人签订的机械保险合同无效。

③投保地为其户口所在地。

④非本地户口，但在投保所在地工作，有稳定收入和固定住所，必要时能提供相关证明。相关证明指身份证、户籍证明、当地暂住证、劳动用工合同，工商营业执照等。

⑤对保险机械具有保险利益（可保利益）。必要时能够提供相关保险利益关系证明。

（2）保险利益

保险利益是指投保人对保险标的具有的法律上承认的与投保人或被保险人具有利害关系的经济利益。财产保险的投保人在投保和索赔时都要有保险利益。机械保险合同必须建立在投保人或被保险人对保险机械具有保险利益的基础上。

机械保险的保险利益来源于以下几个方面：

①所有关系。机械的所有人对该机械具有保险利益，机械的所有人可以作为投保人和被保险人。

②租赁关系。机械的承租人对租赁的机械在租赁期内具有保险利益，在租赁期内可以作为投保人和被保险人。

③雇佣关系。受雇佣的人对其使用的机械具有保险利益，可以作为投保人和被保险人。

④委托关系。机械运输人对所承运的机械具有保险利益，可以作为投保人和被保险人。

⑤借贷关系。如果机械作为抵押物或担保物，债权人对该机具有保险利益，可以作为投保人和被保险人。

(3)投保人投保时需要携带的证件

投保人购买机械保险时,务必带好以下所需证件:

①道路驾驶证,道路驾驶证必须在有效期内。

②道路行驶证。道路行驶证必须在有效期内。

③续保机械,需带上年度保单正本(交强险)。

④新保机械,需带齐机械合格证及购机发票。

⑤本人的身份证复印件。

⑥如果是单位法人,还需带营业执照复印件。

2)保险人

保险人又称承保人,是指与投保人订立保险合同,在保险事故发生时,对被保险人或受益人承担赔偿损失或给付保险金责任的保险公司。

3. 机械保险投保单的填写

1)机械保险投保单填写的一般规则

投保单内容是保险合同的重要组成部分。如果投保人填写的投保单不符合要求,保险公司将该投保单做退单处理。因此,投保人在填写投保单之前有必要知道保险公司投保单的一些填写规则。

(1)投保单须使用黑色钢笔或黑色签字笔填写。

(2)投保单填写一律用简体字,不得使用繁体字和变体字。

(3)投保单要求保持整洁,不得随意折叠、涂改和使用修改液,否则视为无效,需要更换投保单。

(4)投保单填写时应字迹清晰、字体工整、字与字之间保持一定间距。内容要求填写完整、不能有空项,不可遗漏、不能涂改。如有更改,应让投保人或被保险人在更改处签字盖章。

投保人认真填写好投保单并确认无误后,在投保人签章处签章。

2)机械保险投保单填写的具体规则

(1)初次登记年月

机械的初次登记年月用来确定机龄。初次登记年月是理赔时确定保险机械实际价值的重要依据。初次登记年月应按照机械行驶证上的“登记日期”填写。

(2)机械购置价

机械购置价是确定机械保险金额的重要依据。机械保险是足额保险。机械的购置价包括裸机价格和购买机械所缴纳的机械购置税。

(3)机械使用性质

机械的使用性质与保险费挂钩,所以投保人要仔细填写。如果投保人的机械作业区域发生改变,则被保险人要通知保险公司,办理保险合同内容的变更,否则,在发生保险事故时,容易遭到保险公司的拒赔。

(4)保险费

①工程机械设备保险费。

②工程机械设备保险附加险保险费。

(5)特别约定条款

特别约定条款往往是保险合同成立、生效或者保险公司承担赔偿责任的前提条件。但是通常,被保险人在拿到保险单之后,不大会留意保险单中的特别约定条款,因此,由特别约定条款引起的保险纠纷也很多。

3)投保人在保险公司承保前变更投保单的处理

投保人在公司同意承保前要求变更投保要约的(不得变更投保人、被保险人。如变更投保人、被保险人的做撤单处理,退单退费,重新进单),根据情况分别做如下处理:

(1)如变更投保险种、投保金额,须重填投保单,同时在新填投保单上注明原投保单号(客户忘记的,接单人员可协助查询)。

(2)其他情况,投保人填写《保险要约内容补充更正申请书》,并签名确认,涉及被保险人权益的(受益人的指定)需要被保险人签名确认。

4.机械合同的生效、变更与解除

1)机械保险合同的生效

(1)机械保险合同的生效条件

保险合同是否生效,取决于合同是否符合法律规定的签订合同的条件,具体包括保险合同的主体资格、合同内容的合法性、当事人意思表示真实,以及合同双方约定的其他生效条件等。

①主体资格。

机械保险合同的主体主要是保险合同的当事人,即投保人、被保险人或保险人。

②合同内容合法。

保险合同条款必须符合法律规定,这是保险合同生效的基本条件。

作为保险标的机械必须是合法的,不能是非法所得。

其保险金额必须合法。机械保险的保险金额不能超过机械本身价值,超过部分无效。

③保险人与投保人的意思表示一致。

机械保险合同的订立必须建立在当事人自愿的基础之上,且双方如实履行了告知义务。

④机械保险合同生效的其他条件。

如果保险合同是附条件生效,则保险合同只有在该条件满足后才生效。

(2)机械保险合同生效的时间

机械保险合同的生效时间是保险人开始履行保险责任的时间。我国的机械保险合同期限为一年。我国保险法规定:“保险合同成立后,投保人按约定缴纳了保险费后,保险人按照约定的时间开始承担保险责任,保险合同开始生效。”

缴纳保险费是投保人的义务。虽然投保人办理了保险手续,但是我国投保人没有按照约定如数缴纳保险费,机械保险合同也没有法律效力,即使被保险人发生了事故,保险人也有理由拒绝承担赔偿责任。

机械保险合同的具体生效时间是机械保险合同的一个重要内容。我国保险实务中普遍实行“次日零点起保”,如机械保险合同 2014 年 2 月 1 日承保,2014 年 2 月 2 日零点起保。

2)机械保险合同的变更

机械保险合同的变更是指在保险合同期满之前,当事人根据情况的变化,依照法律规定的条件和程序,对保险合同的某些条款内容进行修改或补充。

机械保险合同一般是一年期的合同,在保险合同的有效期限内,投保人、被保险人或机械的情况难免发生一些变化,因而投保人或被保险人有变更保险合同的要求。

我国保险法规定,保险合同的变更须经合同双方协商同意,依照法律规定的条件和程序,采取书面的形式。变更的内容由保险人原保险单上批注或附贴批单,或者投保人与保险人订立书面的变更协议。

(1)机械保险合同的变更形式

机械保险合同的变更必须采用书面的形式,由合同双方协商一致。可以采用保险人事先准备好的附加条款,或者由保险人在原保险单上批注或者附贴批单,也可以由投保人和保险人双方就保险合同的变更问题签订专门的书面协议书。

保险合同经过变更后,变更部分的内容取代了原合同中被变更的内容,变更内容与原合同中未变更的内容构成了一个新的完整合同,合同双方当事人以变更后的合同履行各自的权利和义务。

(2)机械保险合同的变更内容

①机械保险合同主体的变更。

机械保险合同主体的变更包括保险人的变更和被保险人的变更。当保险人发生破产倒闭、分立或合并时,被保险人可以要求变更保险人。在合同有效期内,被保险机械发生转让、转卖或赠送时,该机械保险合同是否有效取决于被保险人申请批改的情况,如果被保险人提出申请批改,保险人经过审核,签发批单同意,则原机械保险合继续有效,如果被保险人没有申请批改,则原机械保险合同失效。

②机械保险合同内容的变更。

机械保险合同的变更除了主体的变更情况外,更多的情况是机械保险合同内容的变更,主要包括以下事项:

- 保险金额的变更,如保险金额的增加或减少。
- 险种的变更。如增加或减少投保某种附加险等。
- 保险机械作业区域的变更。保险机械危险程度的增加或减少。
- 保险期限的变更。
- 机械种类或厂牌型号变更。

(3)机械保险合同的变更流程

机械保险合同上面载明:“在保险期限内,如果被保险人要变更机械保险合同的相关内容,则被保险人应当事先书面通知保险人并办理申请批改手续,否则,本保险合同无效。”机械保险合同变更采取书面的形式。

3)机械保险合同的解除与终止

(1)机械保险合同的解除

机械保险合同的解除是指保险合同生效后,在有效期满之前,合同一方当事人根据法律规定或当事人双方的约定行使解除权,从而提前结束合同效力的法律行为。

投保人或被保险人可以在保险责任开始前和保险责任开始后提出提前解除合。被保险人在保险责任开始后要求解除保险合同的,如果已经发生了保险事故,应该在保险人赔偿之日起30天内提出,

①投保人解除保险合同的条件。

在保险实务中,投保人可就以下原因提出解除保险合同。

a. 保险标的灭失;

b. 保险合同中约定的保险事故不会发生;

c. 保险标的的价值减少;

d. 保险标的危险程度明显减少甚至消失。

我国保险法规定:投保人解除保险合同的,合同效力自解除之日起失效。

保险责任开始前,投保人要求解除合同的,应当向保险人支付手续费,保险人应当退还投保人所缴纳的保险费。保险责任开始后,投保人要求解除合同的,保险人可以收取自保险责任开始之日起至合同解除之日期间的保险费,剩余部分保险费保险人应该退还给投保人。

②保险人解除保险合同的条件。

我国保险法规定:"除本法另有规定或者保险合同另有约定外,保险合同成立后,保险人不得解除保险合同。"由此可见,与投保人相比,法律对保险人行使合同解除的限制相对多一些,并对保险人解除保险合同应具备的法定条件做了规定。我国商业险保险合同除了合同中另有约定外,保险人可以依据以下法定条件行使合同的解除权。

在保险合同的有效期内,被保险人以欺诈等非法手段故意制造保险事故骗取保险赔偿时,保险人可以解除合同。投保人故意隐瞒事实,不履行如实告知义务的,保险人对于保险合同解除前发生的保险事故,不承担赔偿责任,但要退还被保险人所缴纳的保险费。根据合同的规定,发生了保险人有权解除合同的情况。

(2)机械保险合同的终止

机械保险合同的终止,即机械保险合同双方权利义务的灭失。机械保险合同终止有以下几种情况。

①自然终止。

自然终止即机械保险合同的期限届满,保险人承担的责任终止。自然终止是保险合同终止最普遍、最基本的原因。

②解除终止。

因解除终止的合同从解除合同的书面通知送达对方当事人时开始无效。机械保险合同双方解除合同的情况在前面已经阐述过了。

③义务履行终止。

当保险人的赔偿金额达到保险金额时,保险人的保险责任终止,保险合同终止。

④协议终止。

机械保险合同有效期内,合同双方当事人协商一致后提前终止合同。机械所有权发生改变后,被保险人可以提出中途终止保险合同。

第三节 工程机械保险承保

一、工程机械保险承保流程

工程机械保险是通过业务承保、收取保费、建立保险基金进行的。保险公司雄厚的保险基金的建立,给付能力的加强,有赖于高质量的业务承保。因此,业务承保是工程机械保险经营中的首要问题。这里所说的业务承保其实是一个广义的概念,它包括业务争取(展业)、业务选择(即核保)、做出承保决策及缮制保险单、收取保险费的全过程。

工程机械投保是投保人向保险人表达缔结保险合同意愿的过程;而工程机械承保是指投保人提出投保要求,保险人经审核认为符合承保条件,即同意接受投保人申请,承担保单合同规定的保险责任的行为。投保与承保均是投保人与保险人双方签订保险合同的过程,是保险业务得以进行的基础。

1. 工程机械承保工作流程

工程机械承保的流程具体包括以下步骤:

(1)保险展业人员向投保人介绍条款、履行明确说明义务。

(2)协助投保人计算保险费、制定保险方案。

(3)提醒投保人履行如实告知义务。

(4)投保人填写投保单。

(5)保险展业人员验车、验证、确保保险标的真实性。

(6)将投保信息录入业务系统(系统产生投保单号),复核后利用网络提交核保人员核保。

(7)核保人员根据公司核保规定,并通过网络将核保意见反馈给承保公司,核保通过时,业务人员收取保费、出具保险单,需要送单的由送单人员递送保险单及相关单证。

(8)承保完成后,进行数据处理和客服人员进行客户回访。

工程机械承保工作流程如图 3-1 所示。

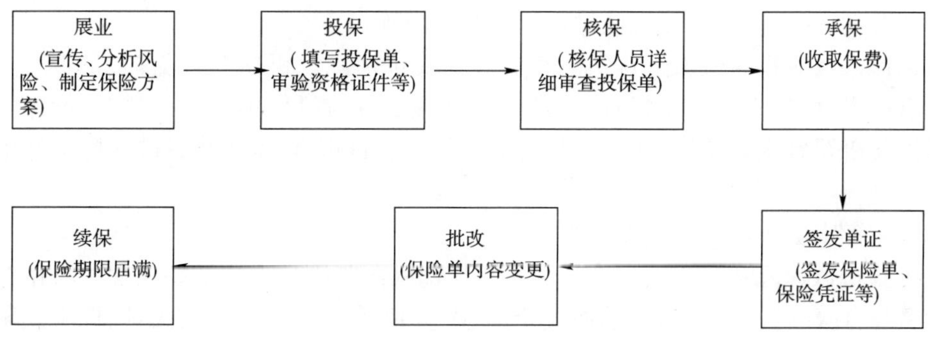

图 3-1 工程机械承保工作流程

2. 承保环节的核心工作

1)业务人员初核

(1)验证

展业人员结合投保机械的有关证明,进行详细审核。

①检查投保人的身份证明,投保人称谓与其签章是否一致。如果投保人称谓与投保机械的所有者标明不符,投保人需要提供其对投保机械拥有可保利益的书面证明。

②检验投保机械的购买合同是否与保险标的相符,投保机械是否合格。核实投保机械的合法性,确定其使用区域。检验机械的铭牌号码是否与该机械的购买合同一致等。

(2)查验机械设备

根据投保单、投保单附表和机械购买合同,对投保机械进行实际查验。

①确定机械是否受损,是否有安全操作说明事项等。

②机械本身的铭牌号码、机械型号等是否与投保单一致。

③机械的操作安全性与可靠性是否符合操作要求,查看操作台显示数据是否正常。

④检查机械的实际运转的技术状况。

根据检验结果,确定投保机械的新旧成数。

(3)录入投保信息,提交核保

展业人员拿回投保单之后,将投保信息录入计算机系统,并交核保人员进行审核。

2)业务处理中心核保

核保是指保险人在承保前,对保险标的的各种风险情况加以审核与评估,从而决定是否承保、承保条件与承保费率的过程。因此,核保也称为风险选择,目的在于通过评估和划分不同客户反映不同风险程度,将保险公司的实际风险事故发生率维持在精算预计的范围以内,从而规避风险,保证保险公司稳健经营。

(1)审核投保申请

①核保人员审查投保单所填写的各项内容是否完整、清楚、正确。

②审核投保人。结合投保机械的有关证明,进行证件审核。检查投保人的身份证明,投保人称谓与其签章是否一致。如果投保人称谓与投保机械的所有者标明不符,投保人需要提供其对投保机械拥有可保利益书面证明。

③审核投保标的。检验投保机械的购买合同(发票)是否与保险标的相符,投保机械是否合格,核实投保机械的合法性。查验投保单信息,检验机械的投保单标的是否与该机械的购买合同一致,确定投保机械设备的使用区域等。

④核保人员对投保机械进行实际查验。主要包括确定机械是否受损,是否有安全操作说明事项等;机械本身的铭牌号码、机械型号等是否与投保单一致;机械的操作安全性与可靠性是否符合操作要求,查看操作台显示数据是否正常;检查机械的实际运转的技术状况。

(2)核定保险费率及核算保险费

①工程机械保险基本险费率表和工程机械保险附加险费率表适用于保险期限为一年的保险费率计算,但投保标的如果通过贷款、融资租赁等信用方式购买,则保险期限与信用期限一致。

②投保时,保险期限不足一年的按短期月费率计收保险费,保险期限不足一个月按整月计算。

③根据核定的保险费率和所投机械的保险金额,按照所投保险公司的有关规定,确定投保机械的保险费。

(3)核保控制

核保工作原则上采取两级核保体制。

本级核保主要工作包括以下内容。

①审核保险单是否按照规定内容与要求填写,有无错漏,审核保险价值与保险金额是否合理。对不符合要求的,退给业务人员,指导投保人进行相应的更正。

②审核业务人员或代理人是否验证和查验机械,是否按照要求向投保人履行了告知义务,对特别约定的事项是否在特约栏内注明。

③审核费率标准和计收保险费是否正确。

④对于高保额和投保盗抢险的机械设备,审核有关证件、实际情况是否与投保单填写一致,是否按照规定存档。

⑤对高发事故和风险集中的投保单位提出限制性承保条件。

⑥对费率表中没有列名的机械设备,视风险情况提出厘定费率的意见。

⑦审核其他相关情况。

本级核保完毕后,核保人应在投保单上签署意见。对超出本级核保权限的,应上报上级公司核保。

上级核保主要工作包括以下内容:

①根据掌握的情况考虑可否接受投保人投保。

②接受投保的险种、保险金额、赔偿限额是否需要限制与调整。

③是否需要增加特别约定。

④协议投保的内容是否准确、完善,是否符合保险监管部门的有关规定。

上级公司核保完毕后,应签署明确的意见并返回请示公司。

核保工作结束后,核保人在投保单上签署意见并将投保单转交业务人员。对于同意承保的,业务内勤根据投保单缮制保险单证。

3)签发单证

(1)缮制保险单

业务内勤人员接到投保单及其附表以后,根据核保人员签署的意见,即可开展缮制保险单工作。保险单原则上应由计算机出具,暂无计算机设备而只能由手工出具的营业单位,必须得到上级公司的书面同意。采用计算机制单的,需将投保单有关内容输入保险单对应栏目内,录入完毕检查无误后,打印出保险单。保险单必须是保监会统一监制的保险单,保险单上的印制流水号码即为保险单号码。将投保单的有关内容填写在保险单对应栏内,要求字迹清晰、单面整洁。如有涂改,涂改处必须有制单人签章,但涂改不能超过3处。制单完毕后,制单人应在"制单"处签章。

此外,缮制保险单时应注意以下事项:

①双方协商并在投保单上填写的特别约定内容应完整地载明到保险单对应栏目内,如果核保有新的意见应该根据核保意见修改或增加。

②特约条款和附加条款应印在或加贴在保险单正本背面,加贴的条款应加盖骑缝章。缮制时应注意:责任免除、被保险人义务和免赔等规定的印刷字体应与其他内容的字体不同,以提醒被保险人注意阅读。

③保险单缮制完成后，制单人应将保险单、投保单及其附表一起送复核人员复核。

(2)复核保险单

复核人员接到保险单、投保单及其附表后，应认真对照复核。复核无误后，复核人员在保险单“复核”处签章。

(3)收取保费

收费人员经复核保险单无误后，向投保人核收保险费，并在保险单“会计”处和保险费收据的“收款人”处签章，在保险费收据上加盖财务专用章。只有被保险人按照约定缴纳了保险费，该保险单才能产生效力。

(4)签发保险单证

投保人缴纳保险费后，展业人员必须在保险单上注明公司名称、详细地址、邮政编码及联系电话，加盖保险公司业务专用章。签发单证时，交由被保险人收执保存的单证有保险单正本、保险费收据(客户留存联〉等。

(5)保险单证的清分与归档

对投保单及其附表、保险单及其附表、保险费收据应由业务人员清理归类。

投保单的附表要加贴在投保单的背面，保险单及其附表需要加盖骑缝章。清分时，应按照送达的部门清分。

业务部门留存的单证包括：保险单副本、投保单及其附表、保险费收据(业务留存联)。

财务部门留存的单证包括：保险单副本、保险费收据(会计留存联)。

留存的单证应由专人保管并及时整理、装订、归档。每套承保单证应按照保费收据、保险单副本、投保单及其附表、其他材料的顺序整理，按照保险单流水号码顺序装订成册，并在规定时间内移交档案部门归档。

3. 核保的作用与运作

在承保过程中，保险人对投保人的投保申请进行审核，就保险标的的各种风险情况进行审核和评估，以确定是否接受投保人的投保申请，与之签订保险合同的过程，即为核保。核保是承保工作中最主要的环节，是保险公司作有效的客户筛选，使保险公司的经营达到最大安全、最低成本和最佳服务的过程。因此要求核保工作要从保险公司的经营原则出发，对欲加入保险的个体进行分类、筛选，并各自赋予其适当的条件，使危险达到均一(同质化)，以维护保险的公平性。

1)核保的作用

(1)防止逆选择，排除经营中的道德风险

在保险公司的经营过程中始终存在信息问题，即信息的不完整、不精确和不对称。尽管最大诚信原则要求投保人在投保时应履行充分告知的义务。但是，事实上始终存在信息的不完整和不精确的问题。保险市场信息不对称问题，可能导致投保人或被保险人的道德风险和逆向选择，给保险公司经营带来巨大的潜在的风险。保险公司建立核保制度，由资深人员运用专业技术和经验对投保标的进行风险评估，通过风险评估可以最大限度地解决信息不对称的问题，排除道德风险，防止逆向选择。

(2)确保业务质量，实现经营稳定

保险公司是经营风险的特殊行业，其经营状况关系到社会的稳定。保险公司要实现经营的稳定，关键的一个环节就是控制承保业务的质量。但是，随着国内保险市场供应主体的增多，保险市场竞争日益激烈，保险公司在不断扩大业务的同时，经营风险也不断扩大。其主要表现为：一是为了扩展业务而急剧扩充业务人员，这些新的工作人员业务素质有限，无法认识和控制承保质量；二是保险公司为了扩大保险市场占有率，稳定与保户的业务关系，放松了拓展业务方面的管理；三是保险公司为了拓展新的业务领域，开发了一些不成熟的新险种，签署了一些未经过详细论证的保险协议，增加了风险因素。保险公司应通过建立核保制度，将展业与承保相对分离，实行专业化管理，严格把好承保关。

(3)扩大保险业务规模，与国际管理接轨

目前，国外的保险中介机构正在逐步进入中国保险市场；同时，我国保险的中介力量也在不断壮大，现已成为推动保险业务的重要力量。在看到保险中介组织对于扩大业务的积极作用的间时，也应注意到其可能带来的负面影响。由于保险中介组织经营目的和价值取向的差异以及人员的良莠不齐，保险公司在充分利用保险中介机构进行业务开展的同时，也应对保险中介组织业务加强管理，核保制度是对中介业务质量控制的重要手段，是建立和完善保险中介市场的必要前提条件。

(4)实现经营目标，确保持续发展

在市场经济条件下，企业发展的首要条件是对市场进行分析，并在此基础上确定企业的经营方针和策略，包括对企业的市场定位和选择特定的业务和客户群。同样，在我国保险市场的发展过程中，保险公司要在市场上争取和赢得主动，就必须确定自己的市场营销方针的政策，包括选择特定的业务和客户作为自己发展的主要对象，确定对各类风险承保的程度，制订承保业务的原则、条款、费率等。而这些市场营销方针和政策实现的主要手段是核保制度，通过核保制度发挥其对风险选择和控制的功能，从而保险公司能够有效地实现既定的目标，并保持业务的持续发展。

2)核保的运作

(1)核保的方式

核保的具体方式应根据公司的组织结构和经营情况进行选择和确定，通常可以将核保分为标准业务核保和非标准业务核保，计算机智能核保和人工核保，集中核保和远程核保，事先核保和事后核保等。各保险公司往往并非采用某一确定的核保方式，而是结合投保业务的特点将多种核保方式交叉使用，充分发挥不同方式的特点和优越性。

①标准业务核保和非标准业务核保。

标准业务是指常规风险的工程机械保险业务，这类风险的特点是基于符合工程机械保险险种设计所规定的风险情况，按照核保手册能够对其进行核保。非标准业务是指风险具有较大特殊性的业务，这种特殊性的主要体现为高风险、风险特殊、保险金额巨大等需有效控制的业务，而核保手册对于这类业务没有明确规定。

非标准业务无法完全依据公司有关的核保规定进行核保，须由核保人运用保险的基本原理，相关法律、法规和自己的经验，通过研究分析来解决，必要时核保人应当向上级核保部门进行请示或组织专家进行论证。

工程机械保险业务中的非标准业务主要有：

a. 保险价值浮动超过核保手册规定的范围；

b. 特殊机型业务；

c. 特殊作业区域业务；

d. 价值巨大机械设备的盗抢险业务；

e. 统保协议；

f. 代理协议。

②计算机智能核保和人工核保。

计算机智能核保指利用计算机，运用特定的程序进行核保工作，这种方法可以减少人员的工作量，提高劳动效率及计算精度，但是计算机不能完全代替人工，因此，还需要与人工核保的方式相结合。

③集中核保和远程核保。

集中核保是一种趋势，可以有效地解决统一标准和业务规范问题，实现技术和经验最大限度的利用。

远程核保是建立区域性的核保中心，利用互联网技术，集中区域内的核保专家对辖区内的所有业务进行集中核保。这种核保方式较以往任何一种核保方式均具有不可比拟的优势，不仅可以利用核保中心人员技术的优势，还可以利用中心庞大的数据库，实现资源的共享。同时，远程核保还有利于对经营过程中的管理疏漏，甚至道德风险实行有效地防范。

④事先核保和事后核保。

事先核保是核保人员在接受承保之前对标的的风险进行评估和分析，决定是否接受承保。

事后核保是在决定承保之后再对标的的风险进行评估和分析，主要是针对标的金额较小、风险较低、承保业务技术比较简单的业务。这些业务往往是由一些偏远的经营机构或者代理机构承办，保险公司从人力和经济的角度难以做到事先核保的，可以采用事后核保的方式。因此，事后核保是对未进行事先核保的一种补救措施。

(2)核保人员的等级和权限

目前一般分三个等级，根据核保人员的不同等级，授予不同的权限。

一级核保人主要负责审核特殊风险业务，包括巨额价值机械的核保、特殊机型业务的核保、机械团队业务的核保，以及下级核保人员无力核保的业务。同时，还应及时解决其管辖范围内出现的有关核保技术方面的问题。

二级核保人主要负责审核非标准业务，即在核保手册中没有明确指示核保条件的业务，如保险金额、赔偿限额及免赔额等有特殊要求的业务。

三级核保人主要负责对常规业务的核保，即按照核保手册的有关规定对投保单的各个要素进行形式上的审核，也称投保单审核。

(3)核保的基本流程

核保工作一般是由保险展业人员、保险代理人或者保险经纪人在展业的过程中先进行初步审核，然后将初步接受的业务交由专业核保人员根据各级核保权限进行审核，超过本级核保权限的，报上级公司核保，进而决定是否承保、承保条件以及保险费率。

二、工程机械保险费率

1. 保险费率的构成

保险费简称保费，是投保人参加保险时交付给保险人的费用，是保险人向被保险人提供保险服务的价值反映，一般于保险责任开始时收取，且通常在保险合同中做出明确规定。保险费率由纯保险费率和附加费率两部分组成。

纯保险费率是指用来建立保险补偿或给付保险金的费率，也叫基本费率。被用于补偿经济损失，用于将来赔付和其他用途的准备金。附加费率是用于保险人支付或给付保险补偿金之外的费用的补偿，如保险公司的工资、管理费、中介费、税金、利润等，附加费率是保险费率中不可缺少的构成要素。

2. 工程机械保险费率的确定原则

根据保险价格理论，厘定保险费率的科学方法是依据不同保险对象的客观环境和主观条件形成的危险度，采用非寿险精算的方法进行确定费率的。但是，非寿险精算是一个纯技术的范畴，在实际经营过程中，非寿险精算仅仅是提供一个确定费率的基本依据和方法，而保险人确定工程机械保险费率还应当遵循一些基本的原则。

1）公平合理原则

公平合理原则的核心是确保每一个被保险人的保费负担基本上反映保险标的的危险程度。这种公平合理的原则应在两个层面加以体现。

（1）体现在保险人和被保险人之间

在保险人和被保险人之间体现公平合理的原则，是指保险人的总体收费应当符合保险价格确定的基本原则，尤其是在附加费率部分，不应让被保险人负担保险人不合理的经营成本和利润。

（2）体现在不同的被保险人之间

在被保险人之间体现公平合理的原则，是指不同被保险人的保险标的的危险程度可能存在较大的差异，保险人对不同的被保险人收取的保险费应当反映这种差异。保险人不但要根据工程机械使用用途、机械型号的不同划分不同机械的保险费率档次，还要体现同样的机械在不同地区、不同时间和不同主体使用上所具有的风险差异性。

由于工程机械保险存在一定的特殊性，要实现绝对的公平合理是不可能的，所以，公平合理只能是相对的，保险人在确定费率的过程中应该注意体现一种公平合理的倾向，力求实现费率确定的相对公平合理。

2）相对稳定原则

相对稳定原则是指保险费率厘定之后，应当在相当长的一段时间内保持稳定，不能轻易地变动。经常变动的费率势必增加保险公司的业务工作量，导致经营成本上升。同时也会给投保人带来很多不便，投保人需要不断适应新的费率，从而会影响机械保险业务的开展。

要实现保险费率确定相对稳定的原则，在确定保险费率时就应充分考虑各种可能影响费率的因素，建立科学的费率体系，更重要的是应对未来的趋势做出科学的预测，确保费率的适度超前，从而实现费率的相对稳定。

费率的确定具有一定的稳定性，而稳定性是相对的，一旦经营的外部环境发生较大的变化，保险费率就必须进行相应的调整，以符合公平合理的原则。

3）保证偿付原则

保证偿付原则的核心是确保保险人具有充分的偿付能力。工程机械保险的最基本的功能是损失补偿，而损失补偿功能是通过建立机械保险基金来实现的。工程机械保险基金主要由开业资金和保险费两部分构成。保险费是保险标的的损失偿付的基本资金，是机械投保人为获得保险人的保险补偿而支付的费用。

因此，厘定的保险费率应保证保险公司具有相应的偿付能力，这是由保险基本功能决定的。保险费率过低，直接影响保险基金的实际规模，势必削弱保险公司的偿付能力，从而影响对被保险人的实际保障。

保证偿付能力是保险费率确定的关键原则，保险公司是否具有足够的偿付能力，不仅仅影响到保险业的经营秩序和稳定，同时也对广大的被保险人，乃至整个社会产生直接的影响。

4）促进防损原则

防灾防损是工程机械保险的一项重要功能，其内涵是保险公司在经营过程中应协调某一风险群体的利益，积极推动和参与针对这一风险群体的预防灾害和损失的活动，减少或者避免不必要的灾害事故的发生，这样不仅可以减少保险公司的赔付金额和减少被保险人的损失，更重要的是可以保护社会财富，稳定企业经营，安定人民生活，促进社会经济发展。为此，保险人在厘定保险费率的过程中应将防灾防损的费用列入成本，并将这部分费用用于防灾防损工作，在工程机械保险业务中防灾防损功能显得尤为重要。

3. 工程机械保险费率确定模式

在市场经济条件下，保险人都希望保费设计得更精确、更合理。在不断地统计和分析研究中，人们发现影响工程机械保险索赔频率和索赔幅度的危险因子很多，而且影响的程度也各不相同。每一台机械设备的风险程度是由其自身风险因子综合影响的结果，因此，科学的方法是通过全面综合地考虑这些风险因子后确定费率。

通常保险人在经营机械保险的过程中将风险因子分为两类：一是与机械相关的风险因子，主要包括机械的型号、使用情况和使用区域等；二是与操作人员相关的风险因子，主要包括操作人员的性格、年龄、经验、身体状况等。由此工程机械保险的费率模式基本上可以划分为两大类，即从机械设备费率模式和从操作人员费率模式。

1）从机械设备费率模式

从机械设备费率模式是以被保险机械的相关风险因子作为确定保险费率主要依据的费率确定模式。目前，我国工程机械保险费率的确定以该模式为主。

现行工程机械保险费率体系中影响费率的主要风险因子是机械设备的类型、使用年限、业务类型和作业区域等。

从机械设备费率模式具有体系简单，易于操作的特点，但其缺点比较明显。因为工程机械的运行过程是“人—机械—环境”相互结合的过程，三方因素共同产生影响，交互发生作用，而且人的因素是导致机械风险的核心因素。片面地强调机械自身的风险因素，忽视了“人”的作用，将影响费率厘定的科学性，使通过费率对风险进行识别，进而对风险进行防范和控制的作用难以实现。

2）从操作人员费率模式

从操作人员费率模式是指在确定保险费率的过程中以被保险机械设备驾驶操作人员的风险因子作为确定保险费率主要依据的模式。从操作人员费率具有更加科学和合理的特点。因此，当前多家保险公司已经逐渐开始采用“从机械设备费率模式”与“从操作人员费率模式”兼顾使用的复合费率模式。

4. 工程机械保险费率表

以某财产保险股份有限公司所制定的工程机械各险种费率为例介绍。

1）机械设备分类说明

A类：挖掘机、钻机、塔吊、压桩机（用于高风险施工环境）等，使用风险相对较高；

B类：推土机、装载机、叉车、拖泵、压路机、摊铺机等，水平施工为主，使用风险相对较低。

上述未提及的机械设备，根据实际使用风险确定分类。

2）工程机械设备保险费率

工程机械设备保险费率见表3-1。

工程机械设备保险费率　　表3-1

机械设备类别	A类	B类
工程机械设备险	0.35%～0.45%	0.25%～0.35%

3）工程机械附加基准费率

工程机械附加基准费率见表3-2。

工程机械附加基准费率　　表3-2

机械设备类别	A类	B类
附加碰撞、倾覆保险	0.55%～0.9%	0.45%～0.8%
附加自燃损失保险	0.1%～0.3%	0.1%～0.3%
附加第三者责任保险	0.8%～2.0%	0.5%～1.6%
附加全机盗抢保险	0.1%～0.6%	0.1%～0.6%
附加工程机械操作人员责任保险	0.2%～0.6%	0.15%～0.5%

4）设备使用年限调整系数

设备使用年限调整系数见表3-3。

设备使用年限调整系数　　表3-3

使用年限	调整系数
5年以内	0.9%～1.3%
5年以上	2.0%以上

5）风险管理调整系数

根据操作人员的素质和技术水平、被保险人的风险管理水平和业务类型、作业区域等因素进行风险调整，调整系数的范围为0.7%～2.5%。

6）经验/预期赔付率调整系数

经验/预期赔付率调整系数见表3-4。

经验/预期赔付率调整系数　　表3-4

经验/预期赔付率	调　整　系　数
(0,20%]	0.50～0.65
(20%,40%]	0.65～0.80
(40%,60%]	0.80～1.00
(60%,80%]	1.00～1.40
80%以上	1.40以上

7）免赔额（率）

（1）工程机械设备保险免赔设定有两种，一是绝对免赔率10%或绝对免赔额1500元，以高者为准；二是绝对免赔率20%。可择其一。

（2）当免赔额（率）不同于上述标准时，应根据风险的变化适当调整基准费率。

（3）上述免赔额（率）适用于主险和附加碰撞地、倾覆保险。

8）其他说明

在费率表中，凡涉及分段的陈述都按照"含起点不含终点"的原则来解释。

例如，"5年以内"不包含5年；"80%以上"包含80%。

第四节　工程机械保险合同管理

一、工程机械保险续保

1. 工程机械保险续保

续保是指保险期满后，投保人在同一保险人处重新办理工程机械保险事宜。工程机械保险业务中有比较大的比例是续保业务，做好续保工作对巩固保险业务来源非常重要。

在工程机械保险实务中，续保业务一般在原保险期到期前一个月开始办理，保险业务人员可视情况需要通过上门、电话、信件等方式向投保人或被保险人及时发出续保通知，提醒投保人或被保险人及时办理续保手续。为了防止续保开始至原保险单到期期间发生保险责任事故，在续保通知书内应注明："出单前，被保险机械设备如有保险责任事故发生的，应重新计算保险费；全年无保险事故发生的，享受无赔款优待。"

2. 工程机械保险无赔款优待

无赔款优待是指保险机械设备在上一保险期限内未发生赔款，在下一年续保时可以享受减收保险费的优惠待遇。主要是为了鼓励被保险人及其操作人员严格遵守安全操作规章和相关法律、法规，认真履行防灾减损义务，避免和减少保险事故的发生。

工程机械保险条款规定：保险机械设备所投保的险种，在上一保险年度或连续的保险年度内无赔款，续保时可享受无赔款奖励，奖励标准及方法以投保时经保险监督机构批准的费率及规章为准。

1)无赔款优待的条款

工程机械保险的被保险人要享受无赔款优待,就必须符合以下条件:

(1)保险期限必须满一年;

(2)保险期限内无赔款;

(3)保险期限届满前办理续保,续保的险种与上一年投保的险种相同。

但有以下任何情况之一的除外:

(1)如果机械设备同时投保机械设备险及其他附加险,只要任意险种发生赔偿,被保险人续保时就不能享受无赔款优待。

(2)被保险机械设备未按规定续保。

(3)保险机械设备发生保险事故,续保时案件未决,被保险人不能享受无赔款优待。但事故处理后,保险人无赔款责任,则退还无赔款优待应减收的保险费。

(4)一年期限内,发生所有权转移的保险机械设备,续保时不享受无赔款优待。

(5)上年度投保而未续保的险种和本年度新投保的险种,均不享受无赔款优待。

2)无赔款优待金额的计算

无赔款优待的金额为本年度续保险种应交保险费的10%,而且不论机械设备连续几年无事故,无赔款优待的额度不变。

无赔款优待金额的计算是以保险标的的数量为依据,即一台机械设备无论投保什么险种,都只能享受一次无赔款优待。若投保人的被保险机械设备不止一台,则无赔款优待分别按机械设备计算。针对续保时的实际情况,在计算无赔款优待金额时应注意以下问题:

(1)续保险种与投保金额与上一年度完全相同,无赔款优待即以本年度应缴纳的保险费为计算基础。

(2)如果续保险种与投保金额与上一年度不完全相同,无赔款优待则以险种相同部分应缴纳的保险费为计算基础。

(3)如果续保的险种与上一年险种相同,投保金额不同,无赔款优待则以本年度保险金额对应的应交保险费为计算基础。

二、工程机构保险合同变更

1. 工程机械保险过户

保险过户即变更被保险人。当工程机械设备所有人发生变化时,就需要办理机械保险过户手续以确定新的被保险人。

(1)机械保险过户申请书,注明保险单号码、机械铭牌号码、新旧机主的姓名及过户原因,并签字或盖章。

(2)须提供相关过户证明,留存复印件。

(3)若被保险人风险没有变化,则保险人出具一张变更被保险人的批单,批单上写明被保险人的变化情况。

(4)批改申请书和正文批文增加:“从机械设备办理过户手续之日起至在我司办理保险合同批改之日期间发生的保险事故,保险人不予承担保险责任”,申请人签章确认。

(5)保险过户的日期注明从办理之日起生效。

2.工程机械保险批改

在保险单签发以后,因保险单需要进行修改或增删时,所签发的一种书面证明称为批单。

1)批改事项

保险机械在保险有效期内发生转卖、转让、赠送他人,变更使用区域,增加危险程度,调整保险金额或每次事故最高赔偿金额,增加或减少投保机械,终止保险责任等,都需要申请办理批改单证,填写批改申请书送保险公司。保险公司审核同意后,出具批改单给投保人。投保人应将其贴于保险单正本背面,同时批改变动保险单上的内容,并在变动处加盖保险业务人员的业务专用章。

同时,一般机械保险单上也会注明:“本保险单所载事项如有变更,被保险人应立即向本公司办理批改手续,否则,如有任何意外事故发生,本公司不负赔偿责任。”

批改事项一般有如下几点:

(1)投保人或被保险人变更;

(2)保险金额或保险责任的调整;

(3)保险种类增减或变更;

(4)保险区域变更;

(5)保险费变更;

(6)保险期限变更。

2)办理批改

办理批改时,批单上主要有如下内容:

(1)保险单号码。录入原保险单号码。

(2)批单号码。以年度为周期进行连续编号。

(3)被保险人。应与原保单一致。

(4)批文。按规定的格式填写,其内容通常包括变更的要求、变更前的内容、变更后的内容、增减保险费的情况、增减保险费的计算公式、增减保险费的具体金额、变更起始时间等以及明确除本变更外原合同的其他内容不变。

涉及保险费需要增收或退还手续的,应由经办人员填写保险费收据,一式三联,随批单一起送财务部门核收或退还保险费。变更申请、批单、保险费收据等有关单、证的清分和归档与保险单、证的清分和归档的方法以及要求相同。

3.工程机械保险退保

退保是指投保人在保险合同成立后,要求解除保险合同的事宜。保险公司在接到解除合同的书面申请之日起,接受退保申请,保险责任终止。

1)退保的常见原因

(1)机械设备报废、全部灭失;

(2)机械设备的全部购买款项已经付清;

(3)机械设备转让他人;

(4)重复保险,为同一台机械设备投保了两份相同的保险;

(5)对保险公司不满,想更换保险公司。

2)办理退保的机械设备的条件

(1)机械设备的保险单必须在有效期内;

(2)在保险单有效期内,该机械设备没有向保险公司报案或索赔的可以退保。从保险公司得到过赔偿的机械设备不能退保;仅向保险公司报案而未得到赔偿的机械也不能退保。

退保时要向保险公司递交退保申请书,说明退保的原因和从什么时间开始退保,签字或盖章,交给保险公司的业务管理部门。保险公司业务管理部门对退保申请进行审核后,出具退保批单,批单上注明退保时间及应退保费金额,同时收回机械设备保险单。然后退保人持退保批单和身份证,到保险公司的财务部门领取应退给的保险费。

保险公司计算应退保费是用投保时实缴的保险费金额,减去保险已生效的时间内保险公司应收取的保费,剩下的余额就是应退的保险费。

3)退保时被保险人应提供的证件

(1)退保申请书。写明退保原因和时间,退保人签字或盖章。

(2)保险单原件(正本)。若保险单丢失,则需事先补办。

(3)保险费发票。一般需要原件。

(4)被保险人的身份证明。

第四章　工程机械保险理赔实务

学习目标

1. 了解工程机械保险理赔的意义、特点和原则；
2. 熟悉工程机械保险的理赔业务流程；
3. 掌握工程机械保险理赔查勘的方法和要求；
4. 掌握工程机械保险理赔损失鉴定的原则与方法。

第一节　工程机械保险理赔概述

一、保险理赔的概念及原则

保险理赔是保险经营的重要环节。保险理赔是指保险人在保险标的发生风险事故导致损害后，依据保险合同或有关法律法规，对被保险人提出的索赔请求进行赔偿处理的过程。保险理赔是保险法律制度中十分重要的一环，是保险人履行其义务的主要形式。

保险人在处理理赔案件时，遵循以保险合同为依据，遵守国际惯例和有关国际公约。但被保险人发生的损害，有的是属于保险风险引起的，有的则是属于非保险风险引起的，即使被保险人的损害是由保险风险引起的，但因多种因素和条件的制约，被保险人的损害不一定等于保险人的赔偿额和给付额。因此，保险理赔应遵循下列原则，以保证保险合同双方行使权利与履行义务。

1. 重合同、守信用

重合同、守信用是保险在理赔过程中应遵循的首要原则。保险理赔是保险人对保险合同履行义务的具体体现。在保险合同中，明确规定了保险人与被保险人的权利与义务，保险合同双方当事人都应恪守合同约定，保证合同顺利实施。对于保险人来说，在处理各种赔案时，应严格按照保险合同的条款规定受理赔案，确定损失。计算赔偿金额时，应提供充足的证据。

2.遵循近因原则

由于案发原因错综复杂,被保险人提出的索赔案件也是形形色色。因此,对于一些损害原因极为复杂的索赔案件,保险人除了按照合同的条款规定处理赔案外,还应该遵循近因原则,作为判断保险人是否承担赔付责任的依据。

3.主动、迅速、准确、合理

"主动、迅速",即要求保险人在处理赔案时积极主动,不拖延并及时深入事故现场进行查勘,及时理算损失金额,对属于保险责任范围内的灾害事故所造成的损失,应迅速做出赔偿。"准确、合理",即要求保险人在审理赔案时,分清责任,合理定损,准确履行赔偿义务。对不属于保险责任的案件,应当及时向被保险人发出拒赔通知书,并说明不予赔付的理由。

二、工程机械保险理赔的含义与特点

1.工程机械保险理赔的含义及意义

工程机械保险理赔是指保险人依据工程机械保险合同的约定,对被保险人提出的给付赔偿金的请求进行处理的行为和过程。工程机械保险理赔工作是保险政策和保险职能的具体体现,是保险人执行保险合同,履行保险人义务,承担损失补偿责任的实现形式。

理赔是保险人依据保险合同履行保险责任、被保险人享受保险权益的实现形式。因此,保险理赔涉及投保人(或被保险人)和保险人的各自利益,做好理赔工作对双方都有积极意义。

1)保险理赔对投保人(或被保险人)的意义

保险理赔对投保人(或被保险人)来说,能及时恢复其生产或安定其生活。因为工程机械保险的基本职能是损失补偿,当被保险机械设备发生事故后,被保险人就会因产生损失向保险人索赔,保险人则根据合同对被保险人的损失予以补偿,从而实现对被保险人生产和生活的保障。

2)保险理赔对保险人的意义

首先,工程机械保险理赔可以发现和检验承保业务质量。例如,通过赔付额度或赔付率等指标,保险人可以发现保险费率、保险金额的确定是否合理,防灾减损工作是否有效,从而进一步改进保险企业的经营管理水平,以提高其经济效益。

其次,是保险公司向社会各界宣传企业形象、推广公共关系的窗口。理赔工作作为保险产品售后服务环节,其理赔人员的服务态度是否主动热情、真诚周到,服务质量是否令人满意,将直接影响保险公司在公众心目中的形象,进而影响潜在的投保人是否愿意购买机械保险。同时,这也将影响公众对保险公司其他财产保险的接受程度。因此,保险理赔对社会公众正确认识保险、接受保险至关重要。

3)识别保险欺诈

保险欺诈的最终目的是获得赔偿,该目的只有通过理赔才能实现。理赔人员通过加强查勘、定损和核赔等工作环节,可有效识别保险欺诈,为保险公司减少经济损失。

2.工程机械保险理赔的特点

工程机械保险与其他保险不同,其理赔工作也具有显著的特点。理赔人员必须对这些特点有一个清醒和系统的认识,了解和掌握这些特点是做好工程机械理赔工作的前提和关键。

1)工程机械作业时间长且作业环境差

工程机械作为一种工程生产资料,是工程建设不可缺少的重要设备,这就导致工程机械发生事故的时间不确定,发生事故的地点较为偏僻和危险,所面临的风险难以全面预测。保险公司必须拥有全天候的报案受理机制和庞大而高效的查勘定损网络来支持其理赔服务,做到随时随地都能接受报案并予以及时处理。

2)损失频率高且损失幅度大

工程机械由于作业时间长,作业环境恶劣,发生事故的频率较高;而且,工程机械的造价非常高,零配件比较昂贵,一旦发生事故所产生的损失就会比较严重。保险公司在经营过程中需要投入的精力和费用较大,这就要求对每个案件均应做到准确合理赔偿,不能因为事故赔款数额大就惜赔,积少成多将失去保户的信任,对保险公司产生不利影响。

3)道德风险普遍

欺诈现象是工程机械保险管理的一大难题。这与工程机械投保人法制观念不强、保险信息不对称、保险条款不完善、相关法律环境不健全等有关,给了一些不法之徒可乘之机。同时,保险公司对条款的说明不到位,投保人对保险欺诈的错误认识或认识不足也是导致道德风险出现的较为普遍的原因。

4)与工程机械销售和维修企业联系密切

目前在工程机械销售中,如果用户通过融资租赁或是银行按揭等信用方式购买设备,那么购买保险是通过信用审查的必要条件。一般情况下由工程机械的销售(租赁)企业为用户代买保险,且保险期限与融资期限一致。也就是说用户在购机过程中一般也同时随设备购买一份保险,保险费通常由客户在缴纳购机款的同时一并支付。另一方面,工程机械保险对设备损失的赔偿方式多以维修为主,所以,机械维修企业在理赔环节也扮演着重要角色。大多被保险人认为保险公司与机械销售、维修企业有相关协议,一旦因为理赔出现纠纷,会直接认为保险公司的服务质量有问题。

5)被保险人逐渐增多

随着工程机械市场的日益火爆,工程机械的所有人尤其是通过信用方式购买机械设备的被保险人逐渐增多。由于众多被保险人文化、知识、修养等差异较大,以及对保险、事故处理、设备维修等方面知识较为匮乏,使得众多被保险人购买保险具有较大的被动性。另外,由于利益驱动,使得查勘定损和理赔人员在理赔过程中与之交流存在一些困难。因此,要求保险人对每个案件都要提供较高的服务质量,不仅是技术上的,还包括条款解释、业务咨询等方面。

三、工程机构保险理赔的原则

工程机械理赔工作涉及面广,情况比较复杂。在赔偿处理过程中,特别是在工程机械事故进行查勘工作过程中,必须提出应有的要求和坚持一定的原则。

1. 树立为保户服务的指导思想

树立服务意识是保险人在整个理赔工作过程中应该始终贯穿的主导思想,要坚持"客户就是上帝”、“服务至上”的基本原则。当发生工程机械保险事故后,保险人要急被保险人之所急,迅速赶赴事故现场,千方百计避免扩大损失,尽量减轻因灾害事故造成的影响,及时安排损失财产的修复,并保证基本恢复其原有性状,使之尽快发挥经济效益。

另外,要简化程序,及时处理赔案,支付赔款,以保证被保险人生产、经营进行和人民生活的安定。

2. 坚持实事求是,贯彻“主动、迅速、准确、合理”八字方针

要结合具体案情,在现场查勘、损失财产修复定损以及赔案处理等方面,在尊重客观事实的基础上,具体问题具体分析,严格按条款办事。“主动、迅速、准确、合理”是保险理赔人员在长期的工作实践中总结出的经验,是保证理赔工作优质服务的最基本要求。

“主动”,就是要求保险理赔人员积极主动地受理出险案件,进行案件的调查了解和现场查勘,掌握出险情况,进行事故分析,确定保险责任。

“迅速”,就是要求保险理赔人员办理赔案要快,不拖沓,使被保险人及时得到赔付。

“准确”,就是要求保险理赔人员对出险案件从查勘、核损、定责到赔款计算等,都力求准确无误,不发生错赔、滥赔现象。

“合理”,就是要求保险理赔人员根据保险合同的规定,本着实事求是的原则,分清责任,合理定损,合情合理地处理赔案。

理赔工作的“八字”方针是辩证的统一体,不可偏废。如果片面追求速度,不深入调查了解,不对具体情况作具体分析,盲目结论,或者计算不准确,草率处理,则可能会发生错案,甚至引起法律诉讼纠纷。当然,如果只追求准确、合理,忽视速度,不讲工作效率,赔案久拖不决,则会造成极坏的社会影响,损害保险公司的形象。总的要求是从实际出发,为保户着想,既要讲速度,又要讲质量。

3. 重合同、守信用、依法办事

保险人同被保险人之间的权责关系,是通过保险合同建立起来的。保险人和被保险人的权利和义务,在保险合同中均有明确规定。在具体理赔工作中,理赔人员要严格按照保险合同中的约定处理好每一桩赔案。保险人在评估保险事故的损失时,既不夸大,也不缩小;在赔款理算时严格按照保险合同条款和赔款的标准及规定执行;拒赔部分要讲事实、重证据。要依法、依约理赔,坚持重合同、守信用,只有这样才能树立保险的信誉,扩大保险的积极影响。综上所述,可将理赔工作概括为“四不”原则,即不错赔,不滥赔,不惜赔,不假赔。

四、工程机械保险理赔程序

工程机械保险理赔工作一般都要经过报案受理、现场查勘、确定保险责任、立案、定损、核损、赔款理算、核赔、结案处理、理赔案件归档、支付赔款等过程。

理赔流程中各环节的主要工作及特点如下:

(1)接受报案是指保险人接受被保险人关于事故的报案,并对相关事项做出安排。

(2)现场查勘是指运用科学的方法和现代技术手段,对保险事故现场进行实地勘察和查询,将事故现场、事故原因等内容完整而准确地记录下来的工作过程。这是查明保险事故真相的重要手段,是分析事故原因和认定事故责任的基本依据。

(3)确定保险事故责任是指理赔人员根据现场查勘记录和有关证明材料,依据保险条款的有关规定,全面分析主客观原因,确定事故是否属于保险责任范围。这是保险人对被保险人的事故损失是否给予赔偿的依据。

(4)立案是指对符合保险赔偿的案件,业务人员在机械保险业务处理系统中进行正式确立,并对其统一编号和管理。这是保险人对案件进行有效管理的必要手段。

(5)定损、核损是指理赔人员根据现场查勘情况,认真检查受损机械设备、受损财产和人员受伤情况,确定损失项目和金额,并取得公司核损人员或医疗审核人员的许可,这是确保保险事故损失数额的必需环节。

(6)赔款理算是指保险公司按照法律和保险合同规定,根据保险事故的定损、核损结果,核定和计算应向被保险人赔付金额的过程。这决定保险人向被保险人赔偿数额的多少与准确性。

(7)缮制赔款计算书是指制作赔款理算过程与结果的文件。

(8)核赔是指在保险公司授权范围内独立负责理赔核查工作的人员,按照保险条款及公司内部有关规章制度对赔案进行审核的工作。这是保证保险人进行准确合理赔偿的关键环节,能够有效控制理赔风险。

(9)结案处理是指业务人员根据核赔的审批金额,向被保险人支付赔款后,对理赔的单据进行清分并对理赔案卷进行整理的工作。这是理赔案件处理的收尾环节。

(10)支付赔款是指业务人员根据核赔的审批金额,通知被保险人凭有效身份证明领取赔款。这是体现保险损失补偿职能的环节。

对于由第三者引起的保险事故,当保险人向被保险人赔款后,可以获得向第三者追偿的权利,而被保险人应协助保险人追偿。

第二节　工程机械保险理赔业务流程

一、报案受理

出险报案是被保险人必须履行的义务。报案是指被保险人在发生事故之后以各种方式通知保险人,要求保险人进行事故处理的行为。报案也可以由被保险人的代理人或经纪人报案。

报案受理是指被保险人发生保险事故必须及时向保险公司报案,保险公司应受理报案,并将事故情况登记备案。

根据合同规定,投保人、被保险人或者受益人在保险事故发生后,必须及时通知保险人,否则有关权利人应承担由于通知迟延致使保险人增加的查勘、检验等各项费用。报案是被保险人(或其权益相关人)向保险公司提请索赔申请的第一步,也是索赔申请成功与否必需的一步,报案受理是保险人受理申请的关键。

目前,各保险公司大都建立了后援服务中心,开通了24小时全国统一服务热线,提供包括报案、投诉、建议、咨询等服务。各保险公司的保险条款都有对被保险人报案时限的规定,在不存在不可抗力的情况下,一般要求出险后48小时内报案。

需要指出的是，保险公司报案受理的行为并不构成理赔的依据。

1. 接报案的形式

通常被保险人可以通过电话、上门、传真等方式向保险人的理赔部门进行报案，目前以电话报案方式为主。

(1)电话报案。电话报案是指客户直接拨打投保公司客服电话进行报案，这是目前最普遍最便捷的报案方式。

(2)上门报案。上门报案是指客户亲自到保险公司报案。由于电话报案的普及，此种情况目前已经不经常出现了。

(3)业务员转达报案。随着业务员服务理念的不断提升，在客户发生保险事故后，业务员可以在慰问客户时了解客户出险情况，在得到客户认可后代为向公司报案。

2. 报案受理的内容

保险人在接到客户报案时，应做好以下几项工作。

(1)确认客户的身份，了解客户保单信息及保障范围。

(2)了解出险机械设备情况，确认案件经过并详细记录。

(3)对可能存在的风险点进行相关信息的合适确认，并做好记录。

(4)对客户进行必要的理赔服务提醒。

3. 报案受理流程

保险人接受被保险人报案后，需要开展询问案情、查询与核对承保信息、调度安排查勘人员等工作。

受理报案工作流程主要是进行报案记录。报案记录工作主要有以下几项内容：询问案情；查询出险机械设备承保及理赔情况；生成对应的报案记录；确定案件类型。

1)询问案情

报案人信息主要询问以下几项信息。

(1)报案人姓名，联系电话等(为防止机械修理企业背着客户制造现场，查勘时必须核实报案人身份，同时与投保人联系，向其通报情况)。

(2)保险机械设备的有关信息。

保险单号码、被保险人姓名、身份证号码、厂牌型号、铭牌号码等。

(3)出险信息。

出险时间、出险地点、出险原因、驾驶(操作)人员姓名、事故经过和事故涉及的损失等。

其中，事故涉及的损失按“本机损失”、“本机操作人员伤亡”、“第三者人员伤亡”、“第三者其他财产损失”和“其他”的分类方式进行询问。

2)查询承保信息

根据报案人提供的保险单号码、机型、铭牌号码等关键信息，查询出险机械的承保情况和批改情况。特别注意承保险别、保险期限以及是否通过可选免赔额特约条款约定免赔额。

无承保记录的，按无保单报案处理。

3)查询历史出险、赔付信息

查询出现机械设备的本年度出险、报案信息，核实是否存在重复报案。

对两次事故出险时间相近的案件,如对连续两起以上事故的出现时间在10天以内的案件,应认真进行核查,并将有关情况通知查勘人员进一步调查。

4)生成报案记录

根据出险机械设备的承保情况生成报案记录,报案记录与保险单号一一对应。

5)指导填写有关单证,说明后续理赔安排

接报案人员在登记报案信息后,应向被保险人说明索赔程序以及注意事项。

(1)若接报案人员在现场接受报案,应向被保险人提供"出险报案表"和"索赔申请书",并指导其据实详细填写。

(2)若被保险人非现场报案,应在查勘现场时请被保险人及时填写"出险报案表"和"索赔申请书",并指导其据实详细填写。

4.报案注意事项

报案人在报案时,应简洁明了地描述事故发生的时间、地点和情况,尽量不要主观推断事故的原因。例如描述一起碰撞事故,报案人应该说"我在某地点施工过程中,发生意外碰撞"而非"我刚才刹车没刹住撞上了,可能是因为我没有加刹车油的缘故",须知在报案电话中使用的语言不当,很可能是造成最终拒赔的原因,故而准确地描述保险事故非常重要。

二、现场查勘

现场查勘是对事故现场进行实地、仔细、深入地调查,是理赔工作的重要环节,是保险案件赔付的基础。现场查勘工作质量的好坏,直接影响保险合同双方当事人的利益。

通过现场查勘采集与事故有关的物证,为保险责任认定准备证据。查明出险原因,掌握第一手资料,取得处理赔案的依据。

查勘工作是保险理赔承上启下的重要环节,是确定保险责任的关键步骤,是开展核损工作的主要依据,也是保险公司控制风险的前沿阵地。

在实际工作中,一些客户在出现保险事故后,会首先通知机械销售公司,因此工程机械保险现场查勘可能还会有工程机械销售公司专业的销售或售后服务人员参与。掌握现场查勘技术、掌握必要的现场查勘判断与分析方面的有关知识非常必要。

1.现场查勘的目的

现场查勘是证据收集的重要手段,是准确立案、查明原因、认定责任的依据,也是保险赔付、案件诉讼的重要依据。因此,现场查勘在事故处理过程中具有非常重要的意义。

1)查明真实的出险时间和地点

核查真实的出险时间是为了防止投保前已发生的车损事件被纳入保险责任范围,致使保险人的利益受到损害。特别需要注意的是,对于出险时间在保险单有效期开始后一周的案件,需要特别核实真实的出险时间。同时,对于保险单快到期的事故也要认真核查。

核查真实的出险地点是为了依法按保险合同条款进行保险理赔工作的需要。

2)查明事故的真实性

通过客观、细致的现场查勘,证明案件是否为普通单纯的保险事故,是否为骗保而伪造事故,以确定事故的真实性。

3)确定被保的机械设备在事故中的责任

通过对现场周围环境、设施条件的查勘,可以了解视距、视野、地形、地物等对事故发生的客观影响;对事故经过进行分析调查,查明事故的主要情节和违反安全操作规程的因素,分析标的设备在事故中所承担的责任。

4)确定事故的保险责任

通过现场的各种痕迹物证,对当事人和证明人的询问和调查,对事故经过进行分析调查,查明事故发生的主要情节,结合保险条款和相关法规,确定事故是否属于保险责任范围。

5)确认事故的损失

通过对受损机械的现场查勘,分析损失形成的原因,确定该起事故中造成的标的机械及第三者的损失范围。通过对第三者受损财物的清点统计,确定受损财物的受损情况,为核定损失提供基础资料,损失较小者可以现场确定事故损失。

现场查勘除了必须取得完整、真实、准确的第一手资料,为定责、定损、核赔提供可靠依据以外,同时需注意发现危险因素,提出施救方案,参加施救工作,减少和杜绝财产损失的继续扩大。此外,认真调查,快速取证,去伪存真,对防范道德风险能起到必要作用。

2. 现场查勘的要求

1)及时迅速

现场查勘是一项时间性很强的工作。要抓住案发不久、痕迹比较清晰、证据未遭破坏、证明人记忆犹新的特点,取得证据。反之,到达不及时,就可能由于人为和自然的原因,使现场遭到破坏,给查勘工作带来困难。所以,事故发生后查勘人员要用最快的速度赶到现场。

2)客观全面

在现场查勘过程中,一定要坚持客观、科学的态度,要遵守职业道德。在实际中可能出现完全相反的查勘结论,要尽力防止和避免出现错误的查勘结果。

3)细致完备

现场查勘是事故处理程序的基础工作。现场查勘一定要做到细致完备、有序,查勘过程中,不仅要注意发现那些明显的痕迹证物,而且,特别要注意发现那些与案件有关的不明显的痕迹证物。切忌走马观花、粗枝大叶的工作作风,以免由于一些意想不到的过失使事故变成复杂化,使事故处理陷于困境。

4)遵守法定程序

在现场查勘过程中,要严格遵守相关查勘规定。要爱护公私财物,尊重被询问、访问人的权利,尊重当地群众的风俗习惯,注意社会影响。

3. 现场查勘人员的要求

现场查勘工作关系到确认本次事故是否属于保险事故、保险人是否应该立案等。查勘工作未做好,整个理赔工作就会很被动,后面的工作甚至无法进行,所以现场查勘工作是保险理赔工作的重中之重。由于现场查勘中包含众多保险知识和工程机械知识,并且查勘人员又是外出独立工作,所以对现场查勘人员有下列要求:

1)良好的职业道德

查勘工作的特点是与保险双方当事人的经济利益直接相关,而它又具有相对的独立性和技术性,从而使查勘人员具有较大的自主空间。在我国现阶段来说,社会诚信度还不是很高,一些不良的修理厂、被保险人会对查勘人员实施各种方式的利诱,希望虚构、谎报或高报损失,以获得不正当利益。因而要求查勘人员具有较高的职业道德水平。首先,应加强思想教育工作,使查勘人员树立起建立在人格尊严基础上的职业道德观念。其次,应当加强内部管理,建立和完善管理制度,形成相互监督和制约的机制。再次,应采用定期或不定期审计和检查方式,对查勘人员进行验证和评价,经常走访修理厂和被保险人,对被保险人进行问卷调查以了解其工作情况。同时,加强法制建设。加强对查勘人员的法制教育,使其树立守法经营的观念。加大执法力度,对于违反法律的应予以严厉处分,以维护法律的尊严,起到应有的震慑和教育作用。最后,应实施查勘定损人员准入制度,使查勘人员收入与劳动和技术输出相适应。

2)娴熟的专业技术

查勘人员需要具备的专业技术主要包括:工程机械构造和修理工艺知识、工程机械保险的相关知识、与事故有关的法规及处理办法等。这些都是作为一个查勘人员分析事故原因、分清事故责任、确定保险责任范围和确定损失所必需的知识。

3)丰富的实践经验

丰富的实践经验有助于查勘人员准确地判断损失原因,科学而合理地确定修理方案。另一方案,在事故的处理过程中,丰富的实践经验对于施救方案的确定和残值的处理也会起到重要的作用。同时,具有丰富的实践经验对于识别和防止日益突出的道德风险和保险欺诈有着十分重要的作用。

4)灵活的处理能力

尽管查勘人员是以事实为依据,以保险合同及相关法律法规为准绳的原则和立场开展工作,但是,有时各个关系方由于利益和角度的不同,往往产生意见分歧,甚至冲突,而焦点大都集中表现在查勘人员的工作上。所以,查勘人员应当在尊重事实、尊重保险合同的大前提下,灵活地处理保险纠纷,尽量使保险双方在“求大同,存小异”的基础上对保险事故形成统一的认识,使案件得到顺利的处理。

4.现场查勘的工作内容

现场查勘工作一般从接到报案中心调度派工开始,查勘员做好查勘准备,立即与当事人联系并赶赴现场,抵达现场做好记录准备,核实当事人相关证件,对现场进行详细查勘,并进行现场拍照,分析事故原因,编写查勘报告,整理单证,最后上报案件资料。

1)接受调度

(1)查勘人员接到调度任务时,首先应立刻记录下出险地点、客户姓名、联系电话、机械型号及报案号,并了解该案简单事故经过等案件相关信息。然后在规定时间内与客户电话联系,了解事故详细地点及简单经过,告知客户预计到达现场的时间,对客户做初步的事故处理指导。

(2)查勘人员如果正在另一事故现场勘查过程中,正在处理的事故现场在短时间内能处理完毕,并预计能够按时或稍晚些时候可以赶到下一个事故现场的,查勘人员应向客户说明情况，安抚客户情绪，消除客户的急躁心态，最好能够给予客户一些保护现场、减少损失的提醒事项，让客户心中有数，并把情况向调度中心反馈。如果另一事故现场在短时间内不能处理完毕并预计不能够按时赶到下一事故现场的，查勘人员应及时与调度中心进行沟通，取得调度中心支持，另行调度。

(3)查勘人员在赶赴现场时遇到道路严重堵塞、停滞不前或查勘机发生故障不能前往等特殊情况，导致不能按时到达事故地点时，应立即向调度中心反馈，取得客服中心的支持，另行调度，并向客户说明。

(4)查勘人员接案后无法联系客户或经联系客户所掌握的案件信息与报案信息有严重出入的情况，应即刻反馈调度中心进行核实。

2)现场查勘的准备工作

在赶赴现场之前，查勘人员必须携带必要的查勘工具和救护用具，准备好查勘单证及相关资料。需要准备的用品及用具如下：

(1)查勘设备

查勘设备包括相机、录音笔、手机等，重大案件需携带摄像机；相应的电池及备用电池，确保电量充足够用，携带充电器；测量使用的钢卷尺、皮尺等；记录用的签字笔、书写板、三角板、印泥、名片、事故现场所在地地图等；夜间查勘需准备手电筒；雨雪天查勘需准备雨伞、雨衣、胶鞋、手套等。

(2)常用药具

为防备发生意外情况的不时之需，可常备创可贴、跌打损伤药膏、碘酒、风油精、正气水、药棉、纱布、绷带等常用药具。

(3)单证资料

现场查勘报告单、定损单、索赔指导书、出险通知书、索赔申请书、索赔指引、赔款收据、事故处理书和其他委托单位要求在现场派发或收集的资料。

(4)检查查勘用车

出发前，应仔细检查开赴现场的车辆车况。检查外观是否完好，胎压是否正常：公里数及油量是否与“车辆使用登记表”记录情况相符；车上工具(转向盘锁、备胎、工具箱、警示牌、反光背心、物品箱、安全锤等)是否齐全可用；检查行驶证及油卡(油量不充足时，油卡能否加油)、驾驶证是否携带；启动车辆并测试其转向性、制动性、启动性是否正常等。

3)现场分类

根据现场的完整真实程度可以分为以下几种情况。

(1)原始现场：指事故发生以后，在现场的工程机械和遗留下来的一切物体、痕迹仍保持着事故发生的原始状况没有变动和破坏的现场，常被称为第一现场。

(2)变动现场：指事故发生后，改变了现场原始状态的一部分、大部分或全部面貌的现场，也称第二现场、非第一现场。变动原因通常有：抢救伤者、保护不善、自然影响、特殊情况等。

(3)恢复原始现场：在保险查勘中，时常碰到被保险人或保险事故当事人对现场查勘要求不甚了解，以至于对一些单方事故未保存原始现场。然后，保险人为了规避道德风险，通常要求被保险人或当事人提供原始现场，从而出现了恢复原始现场。即被保险人或当事人为了证明保险事故的真实性，而将保险机械恢复到保险事故发生时的“原始”状况。

(4)仿造现场：指与事故有关或被唆使的人员有意改变现场的工程机械、物体、痕迹或其他物品的原始状态，甚至对某个部位进行拆卸和破坏，企图达到逃脱罪责或嫁祸于人的目的的行为。

4)保险案件调查所涉及的证据类型

(1)书证：是指以文字、符号、图表等记载或表达的内容来证明案件事实的证据。

(2)物证：即实物证据，指能够证明案件真实情况的实物和物质痕迹。

(3)证人证言：证人就其所感知的案件情况向司法或执法机关所做的陈述。

(4)当事人陈述：诉讼当事人就案件事实向人民法院所做的陈述。

(5)视听资料：利用图像、音响及电脑等储存反映的数据资料等来证明案件事实的一种法定证据形式。

(6)鉴定结论：专业部门和鉴定机构对案件专门性问题所进行的鉴定。

(7)勘验笔录：指人民法院为了查明案件的事实，指派查勘人员对案件争议有关的现场、物品或物体进行查验、拍照、测量，并将查验的情况与结果制成笔录。

5)现场查勘工作

查勘人员到达事故现场后，应先将查勘车辆停放在不影响通行的安全位置，携带好查勘工具下车，立即进行现场查勘工作。

查验相关信息可以简要概括为“机械”、“单证”、“人员”和“区域”。

(1)机械

①主要查验事故机械是否属于承保标的。通过比较事故现场的机械类型、型号与保险单承保的机械类型、型号是否相同，以便查验出险机械是否为保险公司所承保的机械标的。

②查看该保险标的是否有改装、加装的情况，几乎所有的工程机械保险条款都规定，在保险期限内，保险标的改装、加装导致保险车辆危险程度增加的，应当及时书面通知保险人。否则，因保险车辆危险程度增加而发生的保险事故，保险人不承担赔偿责任。因此，如有改装、加装的情况，需确定是否有保险合同事先约定或事后补充的内容。

(2)单证

①验证保险单。主要查验承保事故机械的保险单是否为本公司所出，保险单的承保时间是否到期，保险单上注明的保险标的是否与事故机械的信息一致，保险单是否有涂改痕迹等。

②验证操作证。目前，我国工程机械行业各类机型并没有统一的操作证，但保险公司对挖掘机一类的主流机型的操作证都有要求，目的是为了控制保险责任风险，确保持证施工。但各保险公司对哪种类型操作证的认可也没有统一标准，查勘人员要根据保险公司对操作证的规定验证事故机械的操作员是否有操作证，注意操作证是否与操作员一致，是否在有效期内。

(3)人员

①核验操作员。核查操作员的姓名、证号，确定是否是被保险人允许的操作员；确定

是否是保单上约定的操作员；确定操作员准操作机械与标的是否相符；确定操作员性别、年龄、领证年限，为保险公司做好各类操作员出险率的统计工作，为保险公司重新修订费率提供原始数据。

②核实人员伤亡情况。如事故导致人员伤亡，要迅速组织参与救援，核实伤亡人员的身份、数量和基本伤亡情况，并做好详细记录。

(4)区域

主要查验事故机械所在地。保险公司出具的保单中一般会载明承保的工程机械地址为限定区域(例如某省份、某地市、某具体区域)，查勘人员要按照保险单约定的内容查验事故机械的出险地是否属于保险公司的承保区域，如果被保险人的机器设备跨出该限定区域施工，是否及时通知保险公司并办理批单，否则，保险公司可以不承担保险责任。

6)现场取证工作

现场查勘的确证过程，实际上是查清损失原因和损失情况的过程。查勘人员现场取证还可以通过"问"、"看"、"摄"、"思"等方式开展。

(1)问

查勘人员到达事发现场之后，应当向事人和目击者询问事故的相关情况。

①出险时间。应该仔细询问当事人的陈述，如有人员伤亡、盗抢情况的，还应仔细核对公安部门的证明与当事人的陈述时间是否一致。对于有疑问细节，要详细了解机械的启动时间、作业时长、作业区域、伤者住院治疗时间等情况。如果发现确有不一致的情况，要及时向公安部门核实或者向其他当事人、目击者了解情况。对于接近保险起讫期出险的案件，应特别慎重，认真查实，谨防虚假事故或故意事故的出现。

②出险地点。确定出险地点的目的是为了确定出险机械是否超出了保单所列明的作业区域，是否属于在责任免除地(如经营性修理场所)发生的损失。

③出险原因和经过。原则上要求操作员填写，操作员本人不能填写的，也可要求被保险人或相关当事人填写。将出险经过、原因与相关部门(如公安、消防等部门)出具的认定书作对比，应基本一致，或主要关键内容一致。所谓主要关键内容，即与保险责任相关的内容。如有误，应找当事人和相关部门核实不一致的原因。如果当事人填写的出险经过和原因与事实不符，原则上就应以事实为依据，以相关部门的证明为依据。在保险事故的原因认定时，造成损失的原因必须是"近因"。

④处理机关。了解是否有相关部门介入本次事故调查，以此为核对事故证明提供原始凭证。

⑤财产损失情况。主要包括保险机械损失情况、第三者财产损失情况。仔细确定财产的损失部件和损失程度，应当注意各项损失是否与本次事故具有因果关系，不是由于本次事故造成的财务损失不属于保险责任范围。如事故导致较大的第三者财产损失，建议转财产定损人员评定。

⑥人员伤亡情况。查勘人员伤亡情况时，首先要明确本机伤亡人员的相关信息：姓名、性别、年龄、与被保险人之间的关系、受伤人员的受伤程度。其次要明确第三者伤亡的相关信息：姓名、性别、年龄、受伤人员的受伤程度。这些信息将为医疗核损人员查勘、核损时提供有力的原始依据。

⑦施救情况。对事故尚未控制或保险机械及人员尚处在危险之中,应采取积极的施救主、保护措施。工程机械施救费用相对较高,比如在山区作业时,倾覆翻入山沟的施救费用。查勘人员应该在施救结束后及时了解施救费用的实际发生额度,并查明是否属于保险责任的承担范围,但救人等必要费用应由保险公司承担。

查勘人员提问前应首先熟悉现场的基本情况,并对询问和访问的内容做出全面考虑。对于比较复杂的重大事故,应先制定访问提纲,明确访问重点。

(2)看

查勘人员来到事发现场后,要自己观察机械及周围情况,仔细发现能够查明事故原因的痕迹或现象。

①观察操作员。是否存在神色慌张,叙述矛盾,前后不一致等情况,是否存在掩盖某些事实的迹象,是否存在称报的操作员并非实际操作员的可能。

②观察受损机械。机械状况是否符合正常操作的要求,机械所在位置是否在事故发生后被人为更改过。如果发生侧翻、倾覆,要观察侧翻、倾覆的痕迹和损失情况,是否符合报案人的叙述过程。如果发生火灾,要寻找起火部位,观察烧损情况,初步界定机械是否属于自燃。如果发生水损,要观察事发地是否会造成已经发生了的损失,发动机等要害部位是否进水,是否属于保险责任。

③观察作业环境。保险机械实施作业的环境,如土质松软、地基塌陷、建筑物坍塌、视野狭窄等是否可以造成已经发生了损失的保险事故。是否属于意外情况、不可抗力等排除保险责任的情况。

(3)摄

为了如实反映事故现场的真实情况,需要保留相应的证据,以备定损研究和事后核审所用,现场查勘人员应当十分注重通过摄影记录损失情况。因为,现场拍摄的照片不仅是赔款案件的第一手资料,而且也是查勘报告的旁证材料,应予以充分的重视,防止出现技术失误。

现场拍摄内容如下。

①方位照片:现场方位照要求能够反映出事故现场的方位及周围环境的关系。为明确显示现场的方位,通常会采用远距离俯视拍摄,可以采用高架梯或借助附近楼房,以表现全场概况。

②概貌照片:现场概貌照应能够反映出现场范围的大小,现场物体的种类和数量,事故形态和事故损害的后果情况。与方位照相比,仅限于事故现场的机械设备和物,范围比较小。一般从中远距离采用平视角度拍摄。

③中心照片:在近距离拍摄事故现场中心、重要局部、痕迹位置及相关物体之间的关系,目的是将现场主要物体和重点部位的特征表现出来。

④细目照片:使用近距离拍摄事故现场机械、环境、物体痕迹及相关物体的特征。如发动机号、铭牌号码;事故机械与其他物体接触面、人员伤亡血迹、机械故障遗留痕迹、其他受损物体痕迹等。拍摄现场细目照时,可以根据现场拍摄条件及要求移动被摄物体,以达到理想拍摄效果。

摄影一般要求如下。

①要求拍摄第一现场的全景照片、痕迹照片、物证照片和特定照片。

②要求拍摄能够反映机械号码与损失部分的全景照片，拍摄能够反映局部损失的特写照片。

③拍摄照片是固定、记录事故证据的重要资料，照片的内容应与现场事故记录相关内容一致。

④要求客观，真实、全面反映拍摄对象。

⑤要求照片不得有艺术夸张，尽量使用标准镜头，应影像清晰、层次分明、反差适中。

⑥痕迹摄像时可以在旁边放置卷尺反映痕迹尺寸关系。

现场拍摄的照片类型如下。

①前景照：一般为前45°角拍摄反映机械的前面和侧面等基本情况。

②后景照：一般为后45°角拍摄反映机械的后侧和侧面等基本情况。

③远景照：要反映出事故的全貌。包括事故的地理环境、机械的相对位置等。

④局部照：主要反映机械的受损部位等详细情况。

⑤特写照：反映受损部位最真实的照片，以及受损机械的操作证照、铭牌号码等。

(4)思

查勘人员对于自己所看到、听到、拍摄到、观察到的各种现象，要进行认真的分析，通过各种现象的相互佐证，运用自己的专业知识，分析出眼前事故的真实原因，尤其特别注意保险起讫期的标的机械事故。

7)现场查勘报告撰写

(1)现场查勘报告的内容和要点

①《现场查勘报告》中应写明标的机械的情况，包括发动机号码、机型、铭牌号码、作业区域、承保情况等。

②《现场查勘报告》中应写明标的机械出险操作员的情况，包括操作证颁发机构、联系电话、与被保险人的关系等。

③《现场查勘报告》中应写明出险的时间、地点、原因和经过。

④《现场查勘报告》中应写明查勘的人员、时间、地点和经过。

⑤《现场查勘报告》中应按险别分别记录损失项目和预计损失金额，损失的项目要齐全，预计损失金额尽量趋于准确，特殊情况要做说明。对受损部位做大体的描述，对损坏的零配件明细做详细的记录。对事故中伤亡的人员，主要记录姓名、性别、年龄、所在医院、伤情等；对事故中受损的财产，要记录名称、类型、数量，重量等。

⑥《现场查勘报告》中成写明事故是否属实，事故损失是否属于保险责任范围，标的机械在事故中所负的责任。

⑦缮制《现场查勘报告》时，要求内容翔实、字迹清晰，并需公估人和相关当事人签字。

(2)现场查勘报告撰写流程

现场查勘报告填写主要包括：填写事故原因及经过、填写标的机械信息、查勘结论、签字。

表4-1为现场查勘报告填写示例。

现场查勘报告示例　　表4-1

事故经过栏标准填写： 据操作员××所述，于××××年××月××日××时，在××地方，因××原因造成标的机械发生侧翻事故。标的机械受损情况，第三者受损情况。接下来写需要注明的部分，在最底下写：请您在24小时内在××定损点先定损后维修。
查勘结论栏标准填写： 经我组查勘移动现场（第一现场、恢复现场），标的机械因××原因发生侧翻造成机损事故属实，痕迹吻合、高度一致，属于保险责任范围。

①填写事故经过及原因。

在事情的经过及原因栏根据当事人的描述进行填写，事故经过的描述要体现出时间、地点、任务、出险原因、损失部位等要素，填写完毕后要求当事人签字确认事实。

②填写标的机械信息。

填写标的机械的被保险人和操作人员姓名、性别、年龄，发动机号码、机型、铭牌号码，保险单号、报案号等。

③查勘结论。

要求查勘报告明了、简洁、真实。

④签字。

根据查勘报告表上相应的位置由被保险人或指定人、查勘员等签字确认。

8）现场查勘信息反馈

查勘员现场查勘完毕后，将现场查勘结果反馈给调度中心。调度中心向被保险人询问查勘人员的工作情况及对查勘的意见。对于被保险人提出的意见或建议，调度中心根据情况需要查勘员说明的或补充的信息等应及时反馈给查勘员。具体工作过程如下。

（1）查勘员赶赴现场后向调度中心及时反馈信息，查勘员在现场查勘事故机械完毕后，需要与调度中心反馈现场查勘情况及查勘结论。

（2）调度中心根据查勘原则的及时性、准确性、合理性向被保险人询问现场查勘员对案件处理的情况。

（3）根据被保险人反馈的信息，对现场查勘员进行评价，提高现场查勘工作效率与工作质量。

9）案件资料移交

案件资料上传是现场查勘工作中的最后一个步骤，是反映现场查勘工作质量的一个环节，也是体现保险公司整体水平及个人业务能力的一个重要方面。查勘员按案件大小、难易程度等根据保险公司的现场信息上传时间要求，将现场采集到的信息录入公司系统、递交原始资料。具体工作过程如下。

（1）录入案件相关查勘信息，在系统相应表格填写查勘结论或说明。

（2）上传案件资料要及时，查勘完毕后必须将当天的案件整理完整。

（3）整理上传照片要清晰、完整、顺序一致。

10）确定保险责任

经过整理分析获取的查勘资料，包括查勘记录及附表、查勘照片和询问笔录，以及操作证照片等,结合保险机械的查勘信息、承保信息及历史赔案信息,判断保险责任。经查勘人员核实,属于保险责任范围的,应进一步确定被保险人在事故中所承担的责任,以及有无向第三者追偿问题。同时,还应注意了解保险机械有无在其他公司重复保险的情况,对重复报案、无效报案、明显不属于保险责任的报案,应按不予立案或拒绝赔偿案件处理。

确定保险责任后,还需初步确定事故损失金额,并估算保险损失金额。事故损失金额是指事故所涉及的全部损失金额,包括保险责任部分损失和非保险责任部分损失。保险损失金额是指在事故损失金额基础上,简单地根据保险条款和保险原则剔除非保险责任部分损失后的金额。

对不属于保险责任的,应对事故现场、机械、涉及的第三者财产和人身伤亡情况进行认真的记录、取证、拍照等,以便作为拒赔材料存档,同时向被保险人递交拒赔通知书。

11)立案

立案是指经初步查验和分析判断,对属于保险责任范围内的事故进行登记予以受理的过程。查勘定损人员应根据现场查勘记录和有关证明材料,依照保险条款的有关规定,全面分析主、客观原因,确定保险事故是否属于保险责任范围,并及时决定是否立案。

(1)对于经过现场查勘,认定在保险有效期内,且属于保险责任范围的案件,应进行立案登记,正式确立案件,统一编号并对其进行程序化的管理。立案登记项目依据“出险报案表”和“事故现场查勘记录”中的有关内容认真、准确、详实地填写。

(2)对于经过现场查勘,认定不属于保险责任范围的案件,按不予立案或拒赔案件处理,并在“出险报案表”和“保险报案、立案登记簿”上签注“因××原因拒赔”,同时向被保险人送达“拒赔通知书”,并做出必要的解释。

三、鉴定损失

保险事故定损是一项技术性很强的工作。定损包括对保险事故所造成的损失情况进行现场和专业的调查和查勘,对损失的项目和程度进行客观和专业的描述和记录,对损失价值进行确定的过程,其中包括机械损失、其他财产损失、施救费用、残值处理和人身伤亡费用等的确定。

现场查勘结束后,查勘人员应会同被保险人一起进行机械损失的确定,制作定损单。如果涉及第三者财产损失,还包括会同第三者损失方进行定损。

1. 定损的原则

1)修复为主的原则

对于经修复可继续使用的部件,应坚持尽量修复的原则,不要随意更换新的零部件;能局部修复的不能扩大到整体修理;能更换零部件的不更换总成。

2)拆解定损原则

对损失较大或不经拆解不能最终确定损失的案件,应在拆解后再出具全部损失核定报告。需拆解定损的机械,定损员应全程跟踪机械的拆检,并记录换件项目、待检项目和修理项目。同时,应注意妥善保管修换零配件和待检零配件。

3)配件及工时定价原则

修复费用通常由配件费和工时费两部分组成。工时费由修复过程中需要消耗的时间和工时确定。配件费是指必须更换的配件的购买费用。配件及工时的定价，原则上按照机械承修地（一般为工程机械4S店），购置其适用配件的最低价格为标准，其上限不得超过公司报价系统内规定的配件价格。

4）重新核定损失原则

未经保险人同意，被保险人擅自对事故机械进行修复或擅自对第三者进行赔付的，保险人有权对损失进行重新核定，因被保险人原因导致损失无法确定的部分，保险人不承担赔偿责任。

5）增补定损原则

受损机械原则上采取一次定损。如在修复中发现确属定损遗漏的项目，需要增加修理的，在修复或更换前，由被保险人立即通知保险人进行二次定损。增补后如损失金额超过定损人员或机构权限的，应履行逐级核定程序，经核实审批后，可追加修理项目和修理费用。增补定损项目时，应注意区分零部件损坏是在抄检过程中、保管过程中、施救过程中发生的，还是保险事故发生时造成的损失。由于承修方在修理时造成的损失扩大部分，不予做增项处理。

定损的一般流程如图4-1所示。

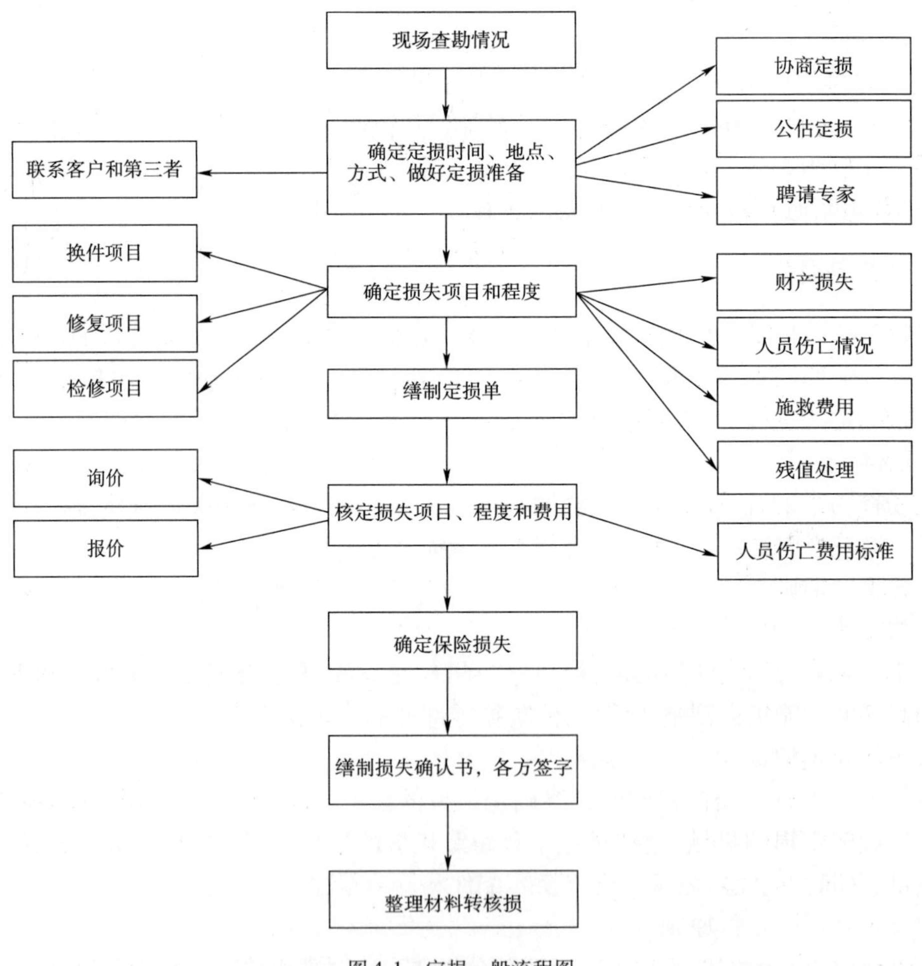

图4-1 定损一般流程图

2. 定损的方法

1）协商定损

协商定损是由保险人、被保险人以及第三方协商确定保险事故造成的损失费用的过程。

2）公估定损

公估定损是由专业的公估机构负责对保险事故造成的损失进行确定的过程，保险公司根据公估机构的检验报告进行赔款理算。这种由没有利益关系的第三方负责定损核损工作的模式能更好地体现保险合同公平的特点，避免了合同双方的争议和纠纷。

3）专家定损

对于个别技术性、专业性要求极高的案件，可聘请专家进行定损，以保证全面、客观、准确地确定保险事故造成的损失费用，维护合同双方的合法权益。

目前，在工程机械保险实务中，通常采用的是协商定损的方式。同时，公估定损也是较为常见的定损核损方式。

3. 确定损失项目和程度

1）确定事故机械的损失

（1）损失确定的流程

事故损失的确定，需按照条款规定，会同被保险人共同协商修复方式、修复价格，并取得双方认可。对认可后的结果，需缮制定损报告。定损报告由事故各方当事人共同签字确认。其具体流程如下：

①保险公司一般派两名定损员一起参与机械定损，或直接委派公估机构定损。

②根据现场查勘记录，认真检查受损机械，找出本次事故造成的损伤部位，并由此判断和确定可能间接引起其他部位的损伤。最后，确定出损失部位、损失项目、损失程度，并对损坏的零部件由表及里进行逐项登记，同时进行修复与更换的分类。修理项目须列明各项目工时费，换件项目需明确零件价格，零件价格需通过询价、报价程序确定。

③对更换的零部件属于本级公司询价、报价范围的，要将换件项目清单交报价员审核，报价员根据标准价或参考价核定所更换的配件价格；对属于上级公司规定的报价机型和询价范围的，应及时上报，向上级公司询价。上级公司对询价金额低于或等于自己报价的进行核准；对询价金额高于自己报价的，应重新报价。

④根据对机械损伤的鉴定和核价结果，确定事故机械损失金额，然后送核损人员审核。

⑤通过核损后，缮制机械损失情况确认书，保险双方签字，一式两份，保险人和被保险人各执一份。

⑥对损失金额较大，双方协商难以定损的，或受损机械技术要求高，定损人员由于不熟悉该机型导致难以确定损失的，可聘请专家参与定损。

⑦受损机械原则上应一次定损。对较大的机械事故，需拆解定损的，保险公司或公估公司一般会以其合作的工程机械 4S 店确定拆解点为准。

⑧定损完毕后，由被保险人购买机械或保险人推荐的工程机械 4S 店进行修理。一般工程机械 4S 店都实行代垫付制度，由工程机械 4S 店向保险人索赔，而被保险人只要将相

关资料留给工程机械4S店即可。

(2)确认损失的责任范围

①应区分本次事故和非本次事故造成的损失。一般可根据事故部位的痕迹进行判断。本次事故的碰撞部位一般有新鲜的漆皮脱落痕迹、金属刮痕;非本次事故一般有锈迹。

②应区分事故损失和本机自然老化损失。保险事故损失由保险人负责赔偿,而本机自然老化损失如机械故障、轮胎自爆、履带锈裂、机械臂裂纹,以及零部件的朽旧、变形、锈蚀、老化等,保险人不承担赔偿责任。但如果因本机自然老化导致事故并已构成倾覆、侧翻、碰撞等保险责任的,保险人只对事故损失部分承担责任。

③应区分因可保风险导致的事故损失和因产品质量或维修质量问题而引发的事故损失。碰撞、倾覆、侧翻、落水、自燃等可保风险造成的机械损失,保险人负责赔偿,而由工程机械或零配件的产品质量或维修质量引发的机械损毁,应由生产厂家、配件供应厂家、工程机械销售或维修公司负责赔偿。工程机械质量是否合格,保险人可委托工程机械的司法鉴定部门进行鉴定。

④应区分过失行为引发的事故损失和故意行为引发的事故损失。过失行为属于心理风险,属于保险责任范围;故意行为属于道德风险,属于不可保风险范围。损失确定时,可以根据当事人及目击者的描述、事故机械的实际损失、事故损失痕迹等信息进行综合判断。

⑤对没有投保新增设备损失险的机械,应区分保险机械标准配置和新增设备。未投保的新增设备损失不在保险责任范围。

⑥保险赔偿只对工程机械确定为事故损失的部位进行尽量修复。如被保险人或第三者提出扩大修理范围,或本应修理而要求更换的,超出部分的费用应由其自行承担,并在合同中明确注明。

⑦受损机械未经保险人同意而自行送修,造成事故损失范围模糊的,保险人有权重新核定修理费用或拒绝赔偿。重新核定时,应对照现场查勘记录,逐项核对修理费用,剔除扩大修理的费用或其他不合理项目和费用。

⑧对于更换零配件的损失范围,应为换件价格扣除损坏件的残值。损坏件的残值应合理作价,如果被保险人不愿接受,保险人应将残件收回。

⑨事故机械修复费用组成:

事故机械的维修费用主要由三部分构成,即修理工时费、零配件费和其他费用。

其中,定额工时是指实际维修作业项目核定的结算工时数。工时单价是指在生产过程中,单位小时的收费标准。目前,我国工程机械维修行业尚无统一的工时费指导标准,工程机械维修公司一般都有各自的《维修标准工时手册》作为工时费的确定依据。

工时费种类一般包括发动机、电器系统、液压系统以及工作装置的保养、发运、检查判断、施救等项目。

$$工时费 = \sum 定额工时 \times 工时单价$$

2)确定人员伤亡费用

如投保人投保了第三者责任险或工程机械保险附加了相关涉及人员伤亡的条款,理赔人员应按照有关事故处理的法律、法规规定，以及保险合同的约定赔偿。人员伤亡赔偿项目包括：医疗费、护理费、误工费、交通费、住宿费、住院伙食补助费、必要的营养费、残疾辅助器具费、残疾赔偿金、后续治疗费、丧葬费、死亡赔偿金、被抚养人生活费和精神损害抚慰金等。

(1)医疗费

根据医疗机构出具的医疗费、住院费等收款凭据，结合病历和诊断证明等相关证据确定。如果赔偿义务人对治疗的必要性和合理性有异议，则应当承担相应的举证责任。

医疗费的赔偿数额，按照一审法庭辩论终结前实际发生的数额确定。器官功能恢复训练所必要的康复费、适当的整容费以及其他后续治疗费，赔偿权利人可以待实际发生后另行调解或起诉。但根据医疗证明或鉴定结果确定必然发生的费用，可与已发生的医疗费一并赔偿。

核定要点为：

①要求受害人提供其受伤治疗相应的治疗清单或处方，病历、诊断证明和医药费用发票原件，发票时间与病历证明记载时间应相符，发票上的姓名应为受害人本人。

②相关治疗和用药与本次事故之间有因果关系，针对既往病的治疗和用药，保险公司不承担赔偿责任。

③医疗费的赔偿标准可根据国务院卫生主管部门组织制定的交通事故人员创伤临床诊疗指南和国家基本医疗保险标准确定，按上述标准仍不能确定的，可申请司法鉴定。

④无医院证明自购药品、医疗用具的费用不予赔偿。

⑤转院应经原医疗机构同意且存在正当理由，否则，由此增加的费用不予赔偿。

(2)护理费

根据护理人员的收入状况和护理人数、护理期限确定。

护理人员有收入的，参照误工费的规定计算；护理人员没有收入或者雇佣护工，参照当地护工从事同等级别护理的劳务报酬标准计算。护理人员原则上为一人，但医疗机构或者鉴定机构有明确意见的，可以参照确定合理人员人数。护理期限应计算至受害人恢复生活自理能力时止。受害人因残疾不能恢复生活自理能力的，可以根据其年龄、健康状况等因素确定合理的护理期限，但最长不超过 20 年。受害人定残后的护理，应根据其护理依赖程度并结合配制残疾辅助器具的情况确定护理级别。

核定要点为：

①护理的必要性、护理期限、护理人数都应有医疗机构或鉴定机构的明确意见，住院期间不能认定为当然的护理期限。

②护理人员有收入但收入没有减少的，不赔，护理人员没有收入的，按规定赔。

③护理人员申报收入减少的，应出具相关劳动收入减少的证明。

④伤残评定前的护理，根据实际护理时间按标准 100% 计算护理费。伤残评定后，按护理级别赔偿护理费，一级护理的护理费按 100% 计算，二级按 90% 计算，其他的依此类推。

(3)误工费

根据受害人的误工时间和收入状况确定。误工时间根据受害人接受治疗的医疗机构出具的证明确定。受害人因伤致残持续误工的，误工时间可以计算至定残日前一天。受害人有固定收入的，误工费按照实际减少的收入计算。受害人无固定收入的，按照其最近三年的平均收入计算；受害人不能举证证明其最近三年的平均收入状况的，可以参照受诉法院所在地相同或相近行业上一年度职工的平均工资计算。

核定要点为：

①定残后无须再支付误工费，只需支付残疾赔偿金。

②受害人无劳动能力且无劳动收入的，不予赔偿误工费。

③只赔偿受害人本人的误工费，对护理人员的误工费不予赔偿。对护理人员只赔偿护理费。

④只承担受害人实际减少的收入，而不是受害人的固定收入。

(4)交通费

根据受害人及其必要的陪护人员因就医或者转院治疗实际发生的费用计算。交通费应当以正式票据为凭，且有关凭据应当与就医地点、时间、人数和次数相符合。

(5)住宿费

受害人确有必要到外地治疗，因客观原因不能住院，受害人本人及其陪护人员实际发生的住宿费用，其合理部分应予赔偿。住宿费凭住宿发票计算赔款。

(6)住院伙食补助费

可参照当地国家机关一般工作人员的出差伙食补助标准确定。

(7)必要的营养费

根据受害人伤残情况参照医疗机构的意见确定。医疗机构没有出具意见的，营养费不予认可。医疗机构出具意见的，应明确需要增加营养的必要性及期限，营养费的赔偿标准，由法院酌情裁决。

(8)残疾辅助器具费

按照普通适用器具的合理费用标准计算。伤情有特殊需要的，可以参照辅助器具配置机构的意见确定相应的合理费用标准。辅助器具的更换周期和赔偿期限参照配制机构的意见确定。

(9)残疾赔偿金

根据受害人丧失劳动能力程度或者伤残等级，按照受诉法院所在地上一年度城镇居民人均可支配收入或农村居民人均纯收入标准，自定残之日起按20年计算。但60周岁以上的，年龄每增加一岁减少一年；75周岁以上的，按5年计算。

受害人因伤致残但实际收入没有减少，或者伤残等级较轻但造成职业妨碍，严重影响其劳动就业的，可对残疾赔偿金相应调整。

核定要点为：

①此项目赔偿的不是受害人收入的减少，而是劳动能力的丧失，伤残等级是衡量劳动能力丧失程度的一个标准。

②如果没有作丧失劳动能力程度鉴定的，可选择伤残等级作为计算标准，计算残疾赔偿金时，需乘以伤残等级比例，一级乘100%，二级乘90%，其他的依此类推。

③对于受害人因伤残但实际收入没有减少（包括本来就没有劳动收入）的，残疾赔偿

金应适当调低。

④伤残评定明显不合理的,可向法院申请重新评定。

⑤多处伤残者以最重的等级作为赔偿的主要依据,每增加一处伤残,则增加一定的赔偿比例,增加赔偿的比例之和不超过10%,伤残赔偿指数总和不超过100%。

(10)后续治疗费

可待实际发生后予以赔偿。但根据医疗证明或鉴定结论确定必然发生的费用,可与已经发生的医疗费一并赔偿。

核定要点为:

①对于后期治疗方案及治疗费用,如果受害人只能提供医生估算的证明,不予认可。

②后续治疗费不包括心理治疗费、美容费。

③对过高后续治疗费、康复费等费用的必要性和合理性有异议的,申请司法鉴定。

(11)丧葬费

按受诉法院所在地上一年度职工月平均工资标准,以六个月总额计算。

(12)死亡赔偿费

按照受诉法院所在地上一年度城镇居民人均可支配收入或者农村居民人均纯收入标准,按20年计算。但60周岁以上的,年龄每增加一岁减少一年;75周岁以上的,按5年计算。赔偿权利人需提供法医的尸检证明(未尸检者除外)、死亡证明(公安机关出具或是医院出具)、死者户口证明(确定死者属于城镇居民或者农村居民、确定死者的真实年龄,特别是60岁以上的人员)。

(13)被抚养人生活费

根据抚养人丧失劳动能力程度,按照受诉法院所在地上一年度城镇居民人均消费性支出和农村居民人均年生活消费支出标准计算。

被抚养人为未成年人的,计算至18周岁;被扶养人无劳动能力又无其他生活来源的,按20年计算。但60周岁以上的,年龄每增加一岁减少一年;75周岁以上的,按5年计算。被抚养人是指受害人依法应当承担抚养义务的未成年人或丧失劳动能力又无其他生活来源的成年近亲属。被抚养人还有其他抚养人的,赔偿义务人只赔偿受害人依法应当负担的部分。被抚养人有数人的,年赔偿总额累计不超过上一年城镇居民人均消费性支出额或者农村居民人均年生活消费支出额。

(14)精神损害抚慰金

受害人或死者近亲属遭受精神损害,赔偿权利人向人民法院请求赔偿精神损害抚慰金的,适用《最高人民法院关于确定民事侵权精神损害赔偿责任若干问题的解释》予以确定,原则上应当一次性给付。精神损害抚慰金的请求权,不得让与或者继承。交通事故责任强制保险在死亡伤残责任限额内,最后赔付精神损害抚慰金。商业第三者责任险不负责赔偿精神损害抚慰金。

(15)补充

①赔偿权利人举证证明其住所地或经常居住地城镇居民人均可支配收入或者农村居民人均纯收入高于受诉法院所在地标准的,残疾赔偿金或者死亡赔偿金以及被抚养人生活费可以按照其住所地或经常居住地的相关标准计算。

②超过确定的护理期限、辅助器具费给付年限或残疾赔偿金给付年限,赔偿权利人向人民法院起诉请求继续给付护理费、辅助器具费或残疾赔偿金的,人民法院应予受理。赔偿权利人确需继续护理、配置辅助器具,或者没有劳动能力和生活来源的,人民法院应当判令赔偿义务人继续给付相关费用5～10年。

3)确定非机械财产的损失

保险事故除了能导致机械的损伤外,还有可能导致第三者的财产损伤和承担货物的损失,从而构成第三者责任险、货物责任险的赔偿责任。

第三者财产损失包括第三者机械所载货物、道路、道路安全设施、房屋建筑、电力和水利设施、道旁树木花卉及道旁农田庄稼等。无论是第三者货物,还是被保险机械的货物,种类繁多,不胜枚举。可见,机械事故中造成的非机械财产损失涉及范围较大,所以其定损的标准、技术以及掌握尺度相对机械来讲要难得多。但总体来说,保险人应核对事故现场直接造成的现有财产的实际损毁,依据保险合同的规定予以赔偿。

确定时可与被害人协商,协商不成可申请仲裁或诉讼。但间接损失、第三者无理索要及处罚性质的赔偿不予负责,因此,保险人的实际定损费用与被保险人实际赔付第三者的费用或货物的实际损失额度往往有差距,这就需要定损人员做好被保险人的解释与说服工作。具体应注意以下几个方面:

(1)损失修复原则

第三者财产和货物的恢复以修复为主。无法修复和无修复价值的财产可采取更换的办法处理。更换时应注意品名、数量、制造日期和主要功能等。对于能更换零配件的,不更换部件;能更换部件的,不更换总成件。

(2)确定物损数量

事故中常见的财产损失有普通公路路产、高速公路路产、供电通信设施、城市与道路绿化等。

相关财产的品名和数量可参照当地物价部门列明的常见品名和配置数量。受损财物的数量确定还必须注意其计算方法的科学性、合理性。

(3)损失金额的确定

①简单财产损失应会同被保险人一起根据财产价值和损失程度确定损失金额,必要时请生产厂家进行鉴定。

②对受损财产中技术性强、定损价格较高、难度较大的物品,如较难掌握赔偿标准可聘请技术监督部门或专业维修部门鉴定,严禁盲目定价。

③对于出险时,市场已不生产销售的财产,可按客户原始配置发票数额为依据,客户不能提供发票的,可根据原产品的主要功能和特性,按照当前市场上同类型产品推算确定。

④其他物资查勘定损。

市政和道路交通设施:如广告牌、电灯杆、防护栏、隔离桩、绿化树等,在定损中按损坏物产的制作费用及当地市政、路政、交通部门的赔偿标准核定。但应注意该类财产损失的特别之处,即市场部门和道路维护部门对肇事者索要的赔偿往往有处罚性质及间接损失的赔偿。因此,在定损核损过程中,理赔人员应区分第三者索赔中哪些为直接损失,哪些属于间接费用,哪些属于罚款性质。

房屋建筑:先了解房屋结构、材料和损失状况,然后确定维修方案,最后请当地数家建筑施工单位对损坏部分及维修方案进行预算招标,确定最低修复费用。

道路农田庄稼:在青苗期按青苗费用加上一定的补贴即可,成熟期的庄稼可按当地同类农作物平均产量测算定损。

家畜、牲畜:牲畜受伤以治疗为主,受伤后失去使用价值或者死亡的,凭畜牧部门证明或协商折价赔偿。

货物及其他货品:应根据不同的物品分别定损,对一些精密仪器、家电、高档物品等应核实具体的数量、规格及生产厂,可向市场或生产厂了解物品价格;对易变质、易腐烂的(如食品、水果类等)物品在征得保险公司有关领导同意后,应尽快现场变价处理;另外,对于货物还应取得运单、装箱单、发票,核对装载货物情况,防止虚报损失。同时应注意,根据保险条款,定损人员只需对损坏的货物进行数量清点,并分类确定其受损程度,而对诈骗、盗窃、丢失、走失、哄抢等造成的货物损失不负责赔偿。

⑤根据条款规定,损失残值应协商折价折归被保险人,并由被保险人进行处理。

⑥定损金额以出险时保险财产的实际价值为限。

(4)维修方案的确定

根据损失项目、数量、维修项目和维修工时及工程造价确定维修方案,对于损失较大的事故或定损技术要求较高的事故,可委托专业人员确定维修方案。

4)确定施救费用

施救费用是指当保险标的遭遇保险责任范围内的灾害事故时,被保险人或其代理人,雇佣人员等为防止损失的扩大,采取措施抢救保险标的而支出的必要、合理的费用。必要、合理的费用是指施救行为支出的费用是直接、必要的,并符合国家有关政策规定。

(1)施救费用的确定原则

施救费用确定要严格依照条款规定,并按以下原则处理:

①责任范围内的灾害事故为前提;

②以减少保险财产的损失为目的;

③以保险事故发生时支出的费用为界限;

④以费用支出是否"必要"、"合理"为标准。

施救费用必须是抢救保险标的而支出的必要、合理的费用;否则,保险人不负责赔偿。施救、保护费用与修理费用应当分别理算。当施救、保护费用与修理费用相加,估计已达到或超过保险机械的实际价值时,可按推定全损予以赔偿。机械损失险的施救费是一个单独的保险金额,但第三者责任险的施救费用不是一个单独的责任限额。第三者责任险的施救费用与第三者损失金额相加不得超过第三者责任险的责任限额。施救费应根据事故责任及相对应险种的有关规定扣减相应的免赔率。重大或特殊案件的施救费用应委托专业施救单位出具相关施救方案及费用计算清单。只对保险机械的救护费用负责。

(2)常见施救费用的分析

①被保险人使用他人(非专业消防单位)的消防设备,施救保险机械所消耗的费用及设备损失可以赔偿。

②保险机械出险后，雇用吊车和其他机械进行抢救的费用，以及将出险机械托运到修理厂的运输费用，在当地物价部门颁布的收费标准内负责赔偿。

③发生洪水灾害时，为了防止保险财产损失，采取紧急措施如堵口、排洪等所消耗的物资和费用，可予以负责。

④抢救保险财产到最近安全场所的临时堆存、摊晒等各种费用，以及临时搭盖简易货棚的工时费，可以负责，但危险状态解除后如不及时搬回，延期存放的费用不予负责。

⑤因施救保险财产造成施救工具的损坏、灭失或直接用于施救的物质消耗，可以负责。但不包括各种器材装备的折旧费，也不包括公安消防队扑救火灾时损坏、灭失的消防器材及消耗的燃料、灭火剂等。

⑥发生火灾时，公安消防队扑救火灾所发生的费用，不予负责。

⑦灾后，为施救、保护、整理保险财产而清除其本身及周围淤泥的合理费用可酌情负责。但为清除存放保险财产的机间、建筑物、仓库内外淤泥的费用，以及为便于交通和环境卫生而清除淤泥的费用，不予负责。

⑧出险单位员工参加施救、整理工作，属应尽的义务，其工资一般不应负责，但因施救而发生的加班费、餐费，施救、整理工作中发生临时雇用人员的工资，可以负责。

⑨在抢救过程中，因抢救而损坏他人的财产，如果应由被保险人承担赔偿责任的，可酌情予以赔偿。但在抢救时，抢救人员个人物品的丢失，不予赔偿。

⑩抢救机械在托运受损保险机械中发生意外事故造成的损失和费用支出的，如果机械是被保险人自己或他人义务来抢救的，应予赔偿；如果该抢救机械是有偿服务的，则不予赔偿。

⑪保险机械出险后，被保险人赶赴肇事现场处理所支出的费用，不予负责。

⑫保险机械为进口机或特种机，发生保险责任范围的事故后，当地确实不能修理，经保险公司同意去外地修理的移送费，可予负责，并在定损单上注明送修地点和金额。但护送机械者的工资和差旅费，不予负责。

(3)施救情况记录

①事故机械及其他财产需要施救的，应记录被施救财产的名称、数量、重量、价值、施救方式和施救路程。

②被施救财产已经施救的，应在查勘记录中记录已发生的施救费用。

③保险标的与其他财产一同施救的，应与被保险人说明施救费的分摊原则并在查勘记录中注明。

(4)常见的不合理施救

在对机械进行施救时，对于不合理的施救费用，保险人不予负责。常见不合理施救有：

①对倾覆机械在吊装时未对机身合理保护的，致机身大面积损伤的。

②对倾覆机械在吊装过程中未合理固定，造成二次倾覆的。

③在分解施救过程中拆卸不当，造成机械零部件损坏或丢失的。

④对拖移机械未进行检查，造成拖移过程中机械损坏扩大，如转向失灵却硬拖硬磨造成轮胎的损坏。

5)损余物资的残值处理

当碰撞造成被评估机械损失较大时,都必须对被评估机械的修复价值进行评定,当被评估机械达到全损或推定全损时,则被评估机械已无修复价值。当修复价值已达到或超过其现值(实际价值),则被评估机械为推定全损。

损余物资是指机械保险项下的保险标的、第三者机械或非机械财产的全部或部分遭受损失且已经保险公司按合同规定予以赔偿,赔偿后的损失物仍有一定价值的物资。

残值处理是指保险公司根据保险合同履行了赔偿并取得对受损标的所有权后,对尚存一部分经济价值的受损标的进行的处理。机险的损余物资包括:更换后仍具一定价值的机械部件、成套销售零配件的未使用部分、推定全损机械的未损坏部分及第三者的财产等。

按照保险合同规定,损余物资的处理需经双方协商,合理确定其剩余价值(残值)。残值确定后,一般采取折归被保险人并冲减损失金额的方式。当残值折归被保险人并扣减损失金额的处理方式与被保险人协商不成时,需将残值物品全部收回。

4. 缮制损失确认书

使用保险公司内部系统"事故机械定损系统",确定损失金额,打印出《保险机械损失情况确认书》。一式两份,经过公司专职人员核准,请被保险人签字认可,保险人和被保险人各执一份。

四、核定损失

核定损失简称核损,是指由核损人员对保险事故中涉及的机械损失和其他损失的定损情况进行复核,目的是提高定损质量,保证定损的准确性、标准性和统一性。"核"即审核、核实、核定,"损"即损失大小、额度、金额。就工程机械保险理赔查勘核损而言,即就事故的性质、事故中机械、物件损失及人员伤亡的情况进行审核,一方面确认事故是否属于保险责任,另一方面确认保险责任范围内事故造成的损失的金额大小、多少。

审核查勘定损报告及相关资料,负责事故的真实性、保险责任和事故损失的正确性、准确性。调查处理疑难案件、重大案件、人伤案件的工作;核损情况的统计和分析工作,及时掌握查勘定损人员处理赔案的质量和时效以及工作技能。

核损是保险公司赔案处理质量管控的重要环节,对于提升理赔品质,提高业务人员专业技能,加强保险公司理赔专业化建设都具有极为重要的意义。

核损一般流程如图4-2所示。

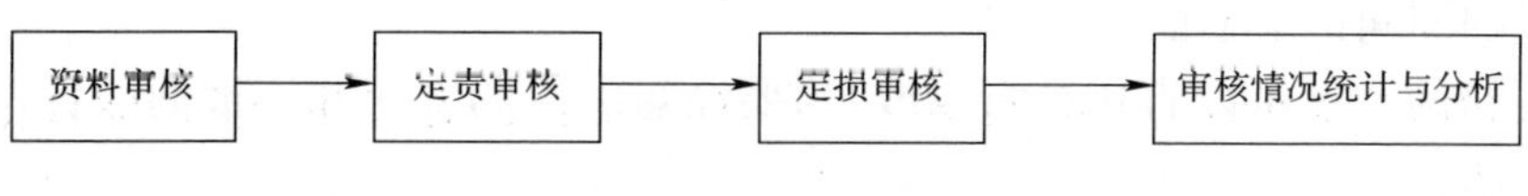

图4-2　核损的一般流程

1. 资料审核

资料审核的具体内容包括审核被保险人提供的单证照片是否齐全、真实性;审核查勘定损照片是否符合现场查勘拍摄规范与要求;审核查勘定损报告填写是否符合规范与要求,审核完成后资料不齐、存在疑难问题的案件及时反馈给查勘定损岗位。

1)审核收集到的被保险人一方单证

(1)单证数量与种类的审核

被保险人按照案件性质需提供相关单证,保险人应与被保险人办理单证的交接手续,一般案件必需的单证有:标的机械保险单/保险卡、道路行驶机械行驶证、驾驶(操作)人员驾驶证(操作)证、标的所有人身份证等。

(2)单证真实性审核

在机械保险案件的资料收集中,存在着大量作为理算依据的各种证明文件,这些证明文件的真伪将直接影响赔偿金的给付。目前主要是伪造和涂改单证,使这些证明文件有利于其自身利益。通常可以从单证的清晰度、防伪标志等几个方面进行真实性审核。被保险人单证审核中常见问题有:缺少保险单、无操作证。

2)审核现场询问记录是否规范

一般的小案件理赔人员就案件有关情况进行调查、了解时,通常将内容记录在现场查勘报告表中,但是对重大、复杂或有疑问的案件,不仅要询问当事人,还要走访有关现场见证人或知情人,弄清真相,做好询问记录,记好询问日期和被询问人地址,并由被询问人签字确认,必要时刻据此对案件作进一步深入调查或作为保险纠纷处理的法律依据。在对询问记录进行审核时要特别注意以下几点:

(1)询问要素是否具备

①被询问者与本案的关系(当事标的操作员/目击证人/机主/被保险人本人等);

②被询问者与被保险人的关系(本人/夫妻/朋友/兄弟/同事/上下级等);

③若被询问者非当事操作员,需确认其因何原因使用机械;

④若被询问者系当事操作员,当事操作员非被保险人本人,需联系被保险人面谈并确认操作员是否是在被保险人允许的情况下使用标的机械;

⑤案件发生的过程叙述,包括案件前和案件后;

⑥其他涉及问题。

(2)《询问记录》的格式是否符合要求

①格式主要分两部分:第一部分为格式栏信息填写,第二部分为询问的内容;

②信息填写要按照格式栏内容详尽填写;

③格式栏中的所有信息全部由询问者填写;

④询问栏中被询问者姓名及被询问者身份证件号码,要请被询问者签章或按上手印;

⑤询问的内容是以问答的方式进行,分行进行书写,每问之间不要空行,所以要求使用横线格式的询问记录单证;

⑥对写错的记录可以直接进行涂改,但要注意涂改的方式并请被询问者在涂改处签章或加按手印;

⑦尽量做到一问一答;

⑧前文被询问者描述不清或不够详尽的,被询问者在询问没有结束时都可以做补充说明,只需要加问、答即可;

⑨结束询问记录的内容书写后,请让被询问者审阅,若其无异议,则请其亲笔在询问记录正文书写确认询问记录内容并表示无异议的语句。

现场询问记录审核常见问题有:遗忘被询问者与本案的关系;遗忘被询问者与被保险人的关系;当被询问者系非当事操作员,遗忘确认其因何原因使用机械;涂改处没有签章或加按手印。

3)审核查勘定损照片是否规范

(1)照片基本要求

①照片必须是清晰的彩色照片;

②照片有准确的拍摄日期;

③照片上传尺寸规格符合公司要求。

(2)照片内容要求

现场照片的拍摄要遵循从宏观到微观、从远渐近的原则,既要有反映事故现场全貌的照片,又要有反映损失具体情况的影像。同时为了体现查勘人员的工作逻辑性以及核损核价核赔人员审阅案件的顺畅,现场照片的拍摄还必须有序可遵,有章可循。

①现场照片:有全景照片、方位照片、中心(重点)照片、痕迹照片、损失细目照片。

②机械身份照片:铭牌照片。铭牌号码是机械的身份代码,是验证机械的重要依据,因此也是每一起事故照片的必要组成部分,铭牌号码必须清晰可见。

③单证照片:无论是在事故现场还是非现场,都必须对事故中涉及的单证进行勘验。在每起事故中都会涉及的单证有:保险单、操作证、身份证;根据事故的性质可能还会要有的单证是:事故责任认定书、物价评估单、医疗票据、过路过桥费发票等。单证的拍摄实际上就是查验的过程。先将事故中所涉及的单证集中拍照,体现单证是在同一时间查验,然后分门别类拍照。

④定损照片。定损照片主要是反映机械损失的详细情况,包括需要修复的部位、需要更换的部件等。为损失的拟定提供依据,更重要的是对事故经过真实性的确认与取证,即证实是或者不是,证实真实或者虚假。

(3)照相合理排序要求

系统内上传的照片应该按照现场方位、概貌、重点部位、铭牌号、证件、损失项目,从远到近、从整体到局部的顺序排列。

查勘定损照片审核项目常见问题:照片无日期或日期格式不规范、无受损部位照、拍摄角度及拍摄顺序混乱;现场及定损时不拍外观整体照片,易与当事方发生不必要的争议。

4)审核现场查勘报告

(1)基本要求

①单证不能留空格(未填写项全部用斜线划掉);

②字迹工整,不涂改,不出框;

③经办人员签名,字迹清晰且易于辨认;

④被保险人或操作员签名字迹清晰且易于辨认。

(2)内容要求

①铭牌号等基本信息正确无误;

②出险时间与查勘时间具体到“分钟”;

③三者信息填写齐全,有三者联系电话;

④地点填写应详细、具体、真实;

⑤出险原因具体、清晰;事故经过的描述包括时间、地点、人物、出险原因、出险点、损失部位等要素;

⑥查勘意见言简意赅,翔实反映事实并清楚地表达查勘结论。

2. 定责审核

定责审核主要根据保险条款、相关法规、现场资料、被保险人,三者等相关资料,对案件进行全面、系统的保险责任审核。对资料不完善、不准确的应及时通知相关人员补充,对疑难、复杂案件应及时与相关部门沟通并向上级汇报。

1)保险利益的审核

(1)根据保险利益原则,在签订保险合同时或履行保险合同过程中,投保人和被投保人对保险标的必须具有保险利益,否则保险合同无效。即被保险人对保险标的无保险利益,则被保险人无权获得赔偿,保险公司无须对该事故承担保险责任。

(2)核损中保险利益审核应该从以下几个方面进行。

①机主与被保险人是否相符。如果机主与被保险人为同一人,则符合保险利益原则,反之对此案件提出拒赔。

②被保险人与索赔人是否相符。根据保险合同,只有被保险人才拥有保险金的请求权,如果被保险人与索赔人相符,则此项要求符合,反之索赔人无权要求赔偿,对此案件提出拒赔。

2)出险机械的审核

(1)根据保险合同,出险机械必须是保险标的,同时机械的使用性质方面不存在违反如实告知义务,否则拒赔。

(2)核对保险机械机型、铭牌号码与保险单(或批单)是否相符。出险时使用区域与保单所载明的是否相符,如果不相符,保险公司可以对此案件拒赔,并要求解除合同。

3)机械操作员的审核

(1)根据保险合同,出险事故操作员必须是合法操作员,否则该事故属于保险免责范围。审核关注点:无国家相关部门核发的有效操作证或操作证有效期已届满;操作的被保险机械与操作证载明的准操作机型不符;依照法律法规不允许操作被保险机械的其他情况。该内容的审核应该结合操作人操作证进行,关注姓名、操作证核发机关、准操作机型、初次领证时间及注意检验操作证是否有效。

(2)是否是被保险人或其允许的操作人。如果不是,此案件做拒赔处理。

4)案发时间的审核

(1)案发时间的审核重点在于是否在保险期间内,是否在敏感事件段。有时投保人会忘记自己的保险期间,如果存在这一种情况,保险公司按照合同会拒绝赔偿。如果案件的发生时间处于敏感时间段,在审核时要特别注意可能存在保险欺诈案件。如案件发生在保险刚刚开始时,有可能是带险投保;如果案件发生在保险即将结束时,有可能存在故意制造保险事故。

(2)案件时间的审核必须结合现场查勘报告进行,如果查勘报告上没有明确的事发时间的记录,或者查勘报告上存在涂改现象,则此案件应该特别关注,谨防被保险人的道德风险行为,以及查勘人员参与骗保的行为。

5)出险原因的审核

(1)机械事故现场形形色色,出险原因各有不同,作为保险现场查勘人员必须在事故发生的众多原因中找出事故发生的最直接、最有效、起主导作用或支配作用的原因,即近因。如果近因属于被保风险,保险人应负赔偿责任;如果近因属于除外风险或未保风险,则保险人不负赔偿责任。近因原因是决断风险事故与保险标的损失之间因果关系,从而确定保险赔偿责任的一项基本原则。长期以来,它是保险实务中处理赔案时所遵循的重要原则之一。

(2)事故出险原因的审核必须结合现场查勘报告、现场询问记录、现场照片来进行。

6)事故责任划分的审核

事故责任划分关系到保险公司是否需要对此次事故负赔偿责任,以及对此次事故负赔偿金额的多少。如果是损失小且无人伤的案件,通常由保险公司查勘人员进行责任的划分。这时事故责任划分的审核必须结合现场查勘报告、现场询问记录、现场照片来进行;如果事故损失较大,责任由公安机关进行划分,则需要对公安机关出具的事故责任认定书进行审核。

7)上传资料与查勘信息对应性审核

由于核损过程中的定责审核全部根据上传的资料进行,如果资料所反映的现场状况和机损情况不能合理对应查勘各项信息,就会影响综合判断,得不出正确的核损定责结论。所以审核工作的大部分是对上传的资料进行规范性、真实性、有效性审核,而且必须要包括对上传资料与查勘信息对应性的审核,即把所有的单证与查勘定损人员,在系统内上传的信息进行对应性审核。此工作项目的意义在于确保上传资料的可信度。

项目审核中的常见问题:定责停留表面现象,诸多疑问案件未有深究,定损随意性较大,有人为故意,查勘技能欠缺或责任心缺失。

3. 定损审核

结合本地区机械维修行业维修工作标准、配件价格、品牌及系统提供的资料等情况,对经定责审核确认属于保险责任范围内的事故损失进行损失金额核损。重大案件的审核应报送上级主管部门审批。有物损、人伤的案件应及时与相关部门联系,协同做好审核工作。

1)审核机械损失项目和程度

对投保新机出厂时机械标准配置以外新增加的设备要进行区分,并分别确定损失项目和金额。损失严重的应将机械解体后再确认损失项目,对估损金额超过本机处理权限的,应及时报上级公司协助定损。

2)审核损失费用

(1)人员伤亡费用的复核

对于医疗费根据国家基本医疗保险的标准,结合保险条款的约定进行复核。对于误工费、护理费、住院伙食补助费、营养费、残疾赔偿费、残疾辅助器具费、丧葬费、死亡补偿费、被抚养人生活费、交通费、住宿费、被保险人依照法院判决或者调解承担的精神损害抚慰金等根据《最高人民法院关于审理人身损害赔偿案件若干问题的解释》的规定进行复核。

①残疾赔偿金、丧葬费，死亡补偿费，被抚养人生活费、交通费、住宿费等赔偿项目按照事故发生地的标准进行计算。

②残疾赔偿金、死亡补偿费、被抚养人生活费等赔偿项目按照当事人是城镇居民或农村居民区别计算。

③对被保险人所提供的有关单证的真实性应进行重点审核。

(2)其他财产损失的复核

对其他财产损失项目、数量、损失单价及维修方案的合理性和造价要进行审核。

(3)施救费用的复核

重点复核保险机械出险后，雇佣吊车和其他机械进行抢救的费用，以及将出险机械拖运到维修厂的运输费用是否在当地物价部门颁布的收费标准之内。非承保财产的施救费用是否被删除。

(4)残值的复核

一般情况下，残值折扣归被保险人的，重点对残值作价金额要进行复核。核损人员按照上述各项逐项核定完毕后，对核准初定损清单的，签署核准意见并将定损单传至相关定损人员，对需要修订或改变初定损清单的，将相关要求和修订意见传至相关定损人员。定损人员根据核损意见与被保险人签订损失情况确认书。

3)案件处理

(1)对审核通过的赔案处理：得出核损后损失计算金额，出具金额意见；移交下一环节未决案卷管理岗，未决管理岗及时进行系统录入。

(2)对审核未通过的赔案处理：直接退回查勘人员，说明退案的原因，指导或协助查勘员按要求完成案件的回勘或复勘工作，并在《退案登记表》中登记。对于核损金额低于原报损金额的，必须明确差额原因，明确回复案件的上报人员，原则上由外勤人员与相关维修单位或当事人进行协商解决，必要时可以考虑更换同类别的机械维修单位。对于重大案件、疑难案件、人伤、物损案件及时反馈上级或相关部门，做好沟通与协商工作。

五、赔款理算

赔款理算是保险公司按照法律和保险合同的有关规定，根据保险事故的实际情况，核定和计算应向保险人赔付金额的过程。

赔款理算工作具体可分为单证审核、赔款计算、缮制赔款计算书三个步骤。

1. 单证审核

1)单证收集

在进行理算工作之前，应先进行相关单证的收集。单证的收集主要是要求被保险人在向保险人提出索赔申请的同时提供支持其索赔请求的有关单证。保险公司理赔人员根据被保险人提供的有关单证进行理算。

理赔人员依照保险合同约定，认为有关单证不完整的，应当通知被保险人补充提供相关单证。但理赔人员应当尽可能一次性提出要求提供的单证种类，避免出现多次/反复要求提供单证，从而延长理赔时限，影响保险服务质量。各类保险案件所要求提供的单证主要包括：

(1)案件要求的基本单证

①出险通知书（或索赔申请书）；

②公安交通管理部门或法院等机构出具的事故证明、有关法律文书（判决书、调解书、裁定书、裁决书等）；

③相关事故证明文件，如气象证明、消防证明和一次性定损协议书等；

④检验/查勘报告；

⑤事故机械定损单，零配件报价单；

⑥保险单抄件；

⑦操作证复印件；

⑧支付凭证，包括：修理费发票、零配件发票、施救费发票、查勘费发票和向第三者支付赔偿金的收据。

(2)各类保险案件所要求提供的其他单证

①索赔申请书，保险单正本，事故处理部门出具的事故证明，法院、仲裁机构出具的裁定书、裁决书，调解书、判决书、仲裁书，被保险人自行协商处理交通事故的协议书，机械行驶证复印件，肇事操作人操作证和被保险人身份证明等。

②涉及机械损失的还需提供机械损失情况确认书及修理项目清单和零部件更换项目清单、机械修理的正式发票、修理材料清单和结算清单等。

③涉及其他财产损失的还需要提供财产损失确认书，设备总体造价及其损失程度证明，设备恢复的工程预算，财产损失清单，购置、修复受损财产的有关费用单据等。

④涉及人员伤亡还需提供医院诊断证明，出院通知书，需要护理人员证明，医疗费报销凭证、处方、治疗用药明细单据，伤、残、亡人员的误工证明及收入情况证明，法院伤残鉴定书，死亡证明，被扶养人的证明材料，派出所出具的受害者家庭情况证明，户籍证明，丧失劳动能力证明，交通费、住宿费报销凭证，参加事故处理人员工资证明及向第三方支付赔偿费用的付款凭证等。主要凭证如下：第三方受害者病历；休息或者继续治疗的证明或转院证明；医疗费发票以及院外购买药品的发票；死亡证明；有关部门出具的残疾鉴定证明材料；死亡和伤残人员户籍所在地政府部门出具的抚养人员情况证明；由于误工造成收入减少证明等。

⑤涉及机械盗抢案件的还需要提供机械行驶证（原件）、公安刑侦部门出具的盗抢案件立案证明、机械购置费（税）凭证、机械登记证书、机械停驶手续证明、机械来历凭证、全套机械钥匙等。被保险人按照要求提供理赔所需的单证（具体如下）之后，保险人应与被保险人办理单证的交接手续，并对被保险人提供的有关单证进行审核，包括：公安部门（出险地县级以上刑事侦查部门）出具的机械失窃的侦破证明；机械管理部门出具的保险机械已报停证明及登报遗失声明；机械购置费凭证；机械钥匙；机械权益转让书。

⑥保险单证正本、保险卡。

2)单证的审核

单证的审核包括形式审核和实质审核两步。

(1)形式审核

形式审核是指理赔人员对被保险人提供的有关单、证在形式上的符合性进行审核,确定这些证明文件是否符合保险合同及理赔实务的要求。

(2)实质审核

实质审核是指理赔人员对被保险人提供的有关单、证的内容进行审核,包括判断单、证的真实性、合法性和合理性。

真实性审核是对单、证真伪的判定;合法性审核是对单、证出具部门的行政行为是否基于客观事实,是否依法证明。资料不完整的,及时通知被保险人补充提供有关单、证。审核无误的,应根据保险事故的实际情况结合保险条款的有关规定按照险种分别计算应向被保险人实际支付的赔款数额。

2. 赔款理算

赔款理算是保险公司按照法律和保险合同的有关规定,根据保险事故的实际情况,核定和计算应向被保险人赔付金额的过程。

1)损失确定

损失确定的关键是确定赔偿标准,即对于损失按照何种标准进行赔偿。对于机械保险事故导致的部分损失、全部损失和推定全部损失,赔偿标准有所不同。

(1)部分损失

部分损失的赔偿标准是按照重置价值进行赔偿。从修理工艺的角度看,不可能把机械恢复到出险前的状况。如果采用比例赔付的方式,则存在实际操作上的困难,同时也不利于切实维护被保险人的利益。所以,对于部分损失按照重置方式进行赔偿是合理的。

(2)全部损失

全部损失的赔偿标准应采用补偿的方式,即按照出险时机械的实际价值进行赔偿,因为如果按照重置价值进行赔偿,极易诱发道德风险,所以补偿方式对于整个社会的公共利益而言是利大于弊的。

(3)推定全部损失

推定全损是指受损机械损坏严重,难以修复且修复费用已经超过甚至远远超过机械出险时的实际价值,为确定合理的赔偿方案及控制赔偿金额,保险公司往往会与被保险人协商,推定保险机械全部损失,按照出险时的保险机械的实际价值进行赔偿。

2)工程机械设备险的赔款理算

(1)全部损失

$$\text{赔款}=(\text{出险时保险机械的实际价值或保险金额}-\text{残值})\times\text{事故责任比例}\times(1-\text{免赔率之和})$$

(2)部分损失。

$$\text{赔款}=(\text{实际修复费用}-\text{残值})\times(\text{保险金额}\div\text{投保时新机购置价})\times\text{事故责任比例}\times(1-\text{免赔率之和})$$

【例】机械设备 A 投保了工程机械设备险,在保险期限内与另一机械设备 B 发生碰撞事故。机械设备 A 的新机购置价为 50 万元,投保金额 45 万元,出险时实际价值为 40 万元,操作人员承担主要责任,责任比例为 80%,依据条款规定自行承担 20% 的免赔率,同时由于第三次出险，增加10%免赔率，机械设备A的修理费用为5万元，残值300元。试计算机械设备A的机械设备险赔款是多少？

赔款=(实际修复费用5万元－残值300元)×(保险金额45万元÷投保时新机购置价50万元)×事故责任比例80%×〔1－免赔率之和(20%＋10%)〕=25048.8元

3)商业第三者责任险的赔款理算

商业保险款计算，按照条款要求应先扣除事故当事方保险公司赔付的交强险赔款，然后在商业险项下进行赔偿。基本计算公式：

商业第三者责任险中被保险人按事故责任比例应承担的赔偿金额=(第三者总损失本－本机交强险赔偿金额－残值)×事故责任比例

当应承担的赔偿金额高于责任限额时：

赔款=责任限额×(1－免赔率之和)

当应承担的赔偿金额低于或等于责任限额时：

赔款=应承担的赔偿金额×(1－免赔率之和)

第三者责任险赔款计算应注意的几点：

(1)对不属于保险合同中规定的赔偿项目被保险人已自行承诺或支付的费用，保险人不予承担。

(2)法院判决被保险人应当赔偿第三者的金额，但不属于保险合同中规定的赔偿项目，如精神损害抚慰金等保险人不予承担。

(3)保险人对第三者责任事故赔偿后，对受害第三者的任何赔偿费用的增加不再负责。

【例】一投保交强险和商业第三者责任险的机械发生交通事故，在事故中负次要责任，承担30%的损失，依据条款规定承担20%的免赔率。第三者责任险责任限额为10万元。此次事故第三方损失为20万元，其中财产损失4万元，医疗费用4万元，死亡伤残费用12万元。试计算商业第三者责任险的赔款是多少？

当被保险机械在道路交通事故中有责任时，交强险赔款限额为死亡伤残赔偿11万元；医疗费用赔偿限额1万元；财产损失赔偿限额2千元；案例中第三方各项损失均高于相应限额，故交强险先行赔付12.2万元赔款。

商业第三者责任险中被保险人按事故责任比例应承担的赔偿金额=(事故第三方损失20万元－交强险赔款12.2万元)×事故责任比例30%×(1－免赔率20%)=18720元

4)全机盗抢险的赔款理算

(1)全部损失

赔款=保险金额×(1－免赔额之和)

实际价值不得超过保险金额，若超过保险金额，代入保险金额进行计算。

(2)部分损失

赔款=实际修理费用－残值

赔款金额不得超过此险种保险金额。

盗抢险中被保险人索赔时未能提供机械行驶证、机械登记证书、机械来历凭证、机械购置完税证明(机械购置附加缴费证明)或免税证明等原则,每缺少一项,增加1%免赔率。

5)自燃损失险

由投保人与保险人在保险机械的实际价值内协商确定,保险人在保险单该项目所载明的保险金额内,按保险机械的实际损失赔偿。

(1)全部损失:

$$赔款=(保险金额-残值)\times(1-20\%)$$

(2)部分损失:

$$赔款=(实际修理费用-残值)\times(1-20\%)$$

(3)施救费用不超过保险金额为限,其计算方式为:

$$赔款=实际施救费用\times(保险财产价值\div实际施救财产总价值)\times(1-20\%)$$

6)不计免赔特约条款

赔款=为一次赔款中已承保且出现的各险种免赔额之和

下列应由被保险人自行承担的免赔金额,保险人不负责赔偿:

(1)机械损失保险中应当由第三方负责赔偿而确实无法找到第三方的;

(2)因违反安全装载规定加扣的;

(3)同一保险年度内多次出险,每次加扣的;

(4)对于机械保险合同中约定操作员的,保险事故发生时,由非约定操作人员操作机而加扣的;

(5)附加盗抢险或附加火灾、爆炸、自燃损失险或附加自燃损失险种规定的。

3.缮制赔款计算书

计算完赔款后,要缮制赔款计算书,这是支付赔款的正式凭证。

(1)赔款计算书应该分险别项目计算,并列明计算公式。赔款计算应尽量用计算机出单,应做到项目齐全、计算准确。手工缮制的,应确保字迹工整、清晰,不得涂改。

(2)赔款计算书编制一式四份,一份附赔案卷内,一份作财务支付赔款凭证,一份交付给被保险人,一份贴在保险单副本上。

(3)赔款计算书缮制完成之后,理赔人员应在经办人栏内签章,然后将赔款计算书连同其他单证一起交给指定的审核人员。业务负责人审核无误后,在赔款计算书上签署意见和日期,然后送交核赔人员。

六、审核赔案

审核赔案简称核赔,是指在授权范围内独立负责理赔工作质量的人员,按照保险条款和保险公司有关规章制度对赔案进行审核的过程。即对理赔过程中的定责、定损、理算等环节可能出现的偏差和风险,通过一定制度加以控制和防范。核赔的核心是体现权限管理和过程控制,核赔是对整个赔案处理过程所进行的控制,是保险公司控制业务风险的最后关口。

1.核赔的基本原则

(1)禁止单人查勘、单人定损。

(2)严格执行合同条款,准确计算赔款。

(3)坚持复核和逐级上报制度。

(4)迅速、准确、合理核赔。

2. 核赔的主要内容

核赔不是简单地完成对单证的审核,重要的是对整个赔案的处理过程进行管控,并且能够不断总结经验、数据,对核赔险种提出切实的意见和建议。

1)审核单证

(1)审核确认被保险人按规定提供的单、证及材料是否齐全有效,有无涂改、伪造,是否严格按照单、证填写规范认真、准确、全面地填写;

(2)审核经办人员是否规范填写与赔案有关的单、证;

(3)审核签章是否齐全。

2)核定保险责任

(1)核定被保险人与索赔人是否相符,操作员是否为保险合同约定的操作员;

(2)核定出险机械的厂牌型号、牌照号码、发动机号、机架号保险单、证是否相符;

(3)核定出险原因是否属于保险责任范围;

(4)核定出险时间是否在保险期限内;

(5)核定事故责任划分是否准确合理;

(6)核定赔偿责任是否与承保险别相符;

(7)核定是否超过索赔期限。

3)核定机械损失及赔款

(1)核定机械定损项目、损失程度是否准确、合理;

(2)核定更换零部件是否按规定进行了询报价,定损项目与报价项目是否一致;

(3)核定部件部分赔款金额是否与报价金额相符;

(4)核定残值确定是否合理。

4)核定人员伤亡费用及赔款

(1)核定伤亡人员数、伤残程度是否与调查情况和证明相符;

(2)核定人员伤亡费用是否合理;

(3)核定被抚养人口、年龄是否真实,生活费计算是否合理、准确。

5)核定其他财产损失及赔款

根据照片和被保险人提供的有关货物、财产的原始发票等有关单、证,核定其他财产损失金额和赔款计算是否合理、准确。

6)核定施救费用

根据案情和施救费用的有关规定,核定施救费用单、证是否有效,金额确定是否合理。

7)审核赔款计算

(1)审核残值是否扣除;

(2)审核免赔率使用是否正确;

(3)审核赔款计算是否正确。

如果上级公司对下一级进行核赔,应侧重审核;普通赔案的责任认定和计算的准确性;有争议赔案的旁证资料是否齐全有效;诉讼赔案的证明材料是否有效;保险公司的理由是否成立、充分；拒赔案件是否有充分证据和理由等。

结案时“工程机械保险赔款计算书”上赔款的金额必须是最终审批金额。在完善各种核赔和审批手续后，方可签发“工程机械保险赔款通知书”通知被保险人。

3. 核赔的退回处理

核赔人按照审核要求进行赔案审核，重点审核相关环节是否按照要求进行案件的处理，结合各环节的案件处理信息和承担情况综合考虑，给出最终赔付意见。对于无异议的案件核赔人核赔同意，案件将自动结案转入支付环节；如果核赔人对案件有异议应退回前端相应环节责任人进行进一步的处理。当核赔退回的问题得到完全处理后再发送核赔审核，核赔确认处理无误后方可审赔通过，案件结案。核赔退回时应对问题说明清楚。

常见的退回问题及处理方式见表4-2。

表4-2

常见问题类型示例	相关责任人	退回用语示例	回复用语示例
单证不全	缮制人员	缺××单证	××单证已补
理算错误	理算人员	××险种计算错误	计算错误已修改
标的信息不全	查勘定损人员	缺发动机号	××已上传
损失项目异议	核损人员	××更换不合理	××已删除，做修复处理
项目价格异议	核损人员	××价格偏高	价格已修改
事故真实性异议	核损或查勘人员	事故真实性异议，请调查	事故已调查，调查报告已上传
保险责任异议	立案人员	驾驶(操作)证年审不合格，不属于保险责任	案件已拒赔

七、理赔结案

1. 结案处理

在赔案经过分级审批通过之后，业务人员应制作“机械保险领取赔款通知书”并通知被保险人，同时通知会计部门支付客户赔款。当保险人与被保险人达成有关赔偿或给付保险金额的协议后十日内，应履行赔偿或给付义务。保险合同对保险金额及赔偿或给付期限有特别约定的除外。如果保险人未及时履行赔偿或给付保险金义务的，就构成一种违约行为，按照规定应当承担相应的责任，即“除支付保险金外，应当赔偿被保险人或受益人因此受到的损失”。这里的“损失”一般指保险金的利息损失。

支付客户赔款主要包括：通知被保险人领取赔款、支付赔款等工作内容。

1)通知被保险人领取赔款

按分级权限审批后，工作人员根据赔案审批表中的审批金额填写《工程机械保险领取赔款通知书》，同时产生赔案编号，并填写在赔款计算书上，反映在赔案案卷中，打印《工程机械保险领取赔款通知书》；同时通知会计部门支付赔款。

2)支付赔款

(1)在保险单正、副本上加盖“×年×月×日出险,赔款已付”的签章。

(2)保户领取赔款后,按赔案编号填写工程机械保险已决赔案登记簿。

(3)在工程机械保险报案、立案登记簿中注明赔案编号、赔案日期,作为续保时进行费率浮动的依据。

3)未决赔案的处理

未决案是指截止规定的统计时间,已经完成估损、立案,尚未结案的赔款案件,或被保险人尚未领取赔款的案件。处理原则是:定期进行案件跟踪,对可以 结案的案件,须敦促被保险人备齐索赔材料,赔偿结案;对尚不能结案的案件,应认真核对、调整估损金额;对超过时限,被保险人不提供手续或找不到被保险人的未决赔案,按照“注销案件”处理。

2. 理赔案卷管理

理赔案卷管理主要包括单证清分、案卷整理装订、案卷登记保管、案卷借阅等。

1)理赔案卷管理主要工作

(1)保险单证经清分、整理与分类后组成理赔案卷,理赔案卷须一案一卷整理、装订、登记、保管与借阅。赔款案卷要做到单证齐全、编排有序、目录清楚、装订整齐,照片及原始单据一律粘贴整齐并附说明。

(2)理赔案卷按分级审批、分级留存并按档案管理规定进行保管。

2)理赔案卷管理注意事项

(1)机险业务档案卷内的排列顺序应遵循的原则是承保单证应按承保工作顺序依次排列,理赔案卷应按照赔卷皮内目录内容进行排列。

(2)承保单证、赔付案卷的需按要求装订。

①承保单证、赔付案卷中均采用“三孔一线”的装订方法,孔间距为6.5cm,承保单证一律在卷上侧统一装订,赔付案卷一律在卷左侧统一装订,对于承保和理赔中需要附贴的单证,如保费收据、赔案数据和各种医疗费收据、修理费发票等一律粘贴在“工程机械保险(单证)粘贴表”上,粘贴整齐、美观、方便使用。

②对于承保单证一律按编号排序整齐,每50份装订为一卷,赔付案卷要填写卷内目录和备考线,装订完毕后打印自然流水号,以防卷内形式不一的单证、照片等重要原始材料遗失,对于卷内不规范的形式不一的单证(如照片、锯齿发票等)除一律粘贴在统一规格的粘贴表上之外,还应加盖清晰的骑缝章,并在粘贴表的“并张单证”中注明粘贴张数。

(3)卷内承保、理赔案卷的外形尺寸分别以承保副本和机械保险(单证)粘贴表的大小为标准,卷皮可使用统一的“机险业务档案卷皮”加封,并装盒保存。

(4)承保单证及赔付案卷卷皮上应列明如下内容。承保的卷皮上应列明的内容为:机构名称、险种、年度、保单起止号和保险期限;赔付案卷皮应注明的内容为:机构名称、险种、赔案年度、赔案起止号和保管期限。

(5)档案管理要求。业务原始材料应由具体经办人提供,按顺序排列整齐,然后交档案管理人员,档案管理人员按上述要求统一建档,保管案卷人员应以保证卷内各种文件,单证 的系统性、完整性和真实性为原则,当年结案的案卷归入所属业务年度,跨年度的赔案归人当年的理赔案卷。

(6)业务档案的利用工作。

业务档案的利用工作既要积极主动,又必须坚持严格的查阅制度,查阅时要填具调阅登记簿,由档案管理人员亲自调档案并协助查阅人查阅。

(7)承保及理赔档案的销毁和注销。

根据各个公司的规定,对于机险业务一般保管期限为三年,对于超过保存期限的经内勤人员和外勤人员共同确定确实失去保存价值的,要填具业务档案销毁登记清单,上报部门经理方可销毁。

3)单证收集的种类

(1)理赔的基本单证为:

①机械保险赔案审批表;

②机械保险报案记录(代抄单);

③机械保险索赔申请书及索赔须知;

④机械保险事故现场查勘记录及附页;

⑤机械保险赔案计算书;

⑥事故责任认定书、事故调解书、判决书等证明文件;

⑦机械保险机械损失情况确认书(包括零部件更换项目清单、修理项目清单);

⑧机械保险财产损失确认书;

⑨机械行驶证复印件和机械操作证复印件;

⑩机械保险领取赔款授权书;

⑪事故照片;

⑫其他有关证明、费用单据及材料。

(2)重大、复杂案件涉及单证为:

①机械保险事故现场查勘草图;

②机械保险事故现场查勘询问笔录;

③机械保险增加修理项目申请单。

(3)人员伤亡案件涉及单证为:

①机械保险人员伤亡费用清单或机动机械保险医疗费用审核表;

②机械保险伤残人员医疗跟踪调查表;

③医疗诊断证明、医疗费用单据及明细;

④伤亡人员伤残鉴定书、死亡证明、户籍证明;

⑤误工证明及收入情况证明。

(4)盗抢案件涉及单证为:

①公安刑侦部门出具的盗抢案件立案证明;

②机械停驶手续证明;

③机械来历凭证;

④机械行驶证(原件);

⑤机械登记证书(原件);

⑥机械购置税纳税证明或免税证明(原件)。

根据理赔时险种的不同,需提供不同的单证,因此,在理赔单证收集时,归档工作应依据实际情况增减。

理赔案卷管理工作流程如图4-3所示。

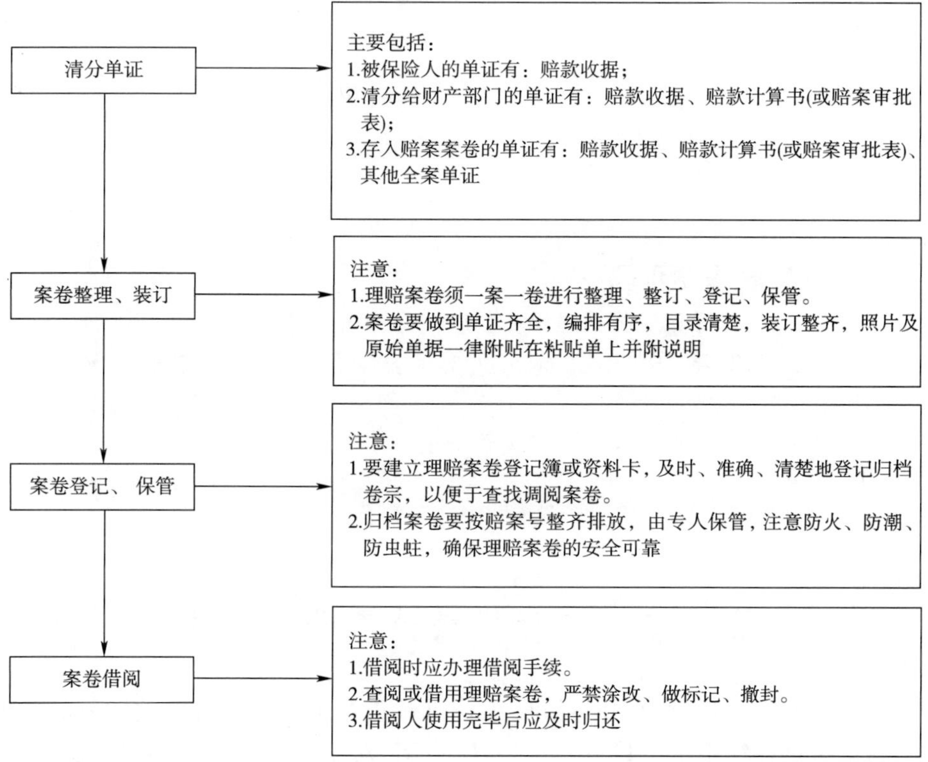

图4-3　理赔案卷管理工作流程

第五章　工程机械相关知识

学习目标

1. 了解工程机械消费贷款的办理流程及要求；
2. 认识常用安全标志，知道安全色的使用用法及含义；
3. 了解工程机械安全管理工作的重要意义。

第一节　工程机械消费贷款业务

随着国家基础设施建设的不断推进，工程机械正在迅速进入各种建设领域。但是一台工程机械的价格往往不是小数目，难以一次付清，对于买机心切又难以一次付清的人，工程机械消费贷款支付无疑是他们的首选。

工程机械消费贷款是指贷款人向申请为购买工程机械的借贷人发放的人民币担保贷款。工程机械消费贷款是由以银行为代表的各种金融服务机构为满足工程机械购买者需求而提供的货币贷款。它具有“定点选购、自筹首期、先存后贷、有效担保、专款专用、按期偿还”的特点。

一、申请机械消费贷款必要条件

1. 法人申请机械消费贷款的基本条件

(1)在当地注册登记，具有法人资格的企业、事业单位，机械租赁公司应具有营运许可证；

(2)在贷款银行开设账户，并存有一定比例的首期购机款；

(3)信用良好，收入来源稳定，能够按期偿还贷款本息；

(4)提供贷款人认可的财产抵押、质押或第三方保证；

(5)贷款人规定的其他条件。

2. 个人申请机械消费贷款的基本条件

(1)年满 18 周岁具有完全民事行为能力在中国境内有固定住所的中国公民；

(2)具有稳定的职业和经济收入,能保证按期偿还贷款本息;

(3)在贷款银行开立储蓄存款户,并存入不少于规定数额的购机首期款;

(4)能为购机贷款提供贷款银行认可的担保措施;

(5)愿意接受贷款银行规定的其他条件。

二、办理机械消费贷款的程序

1.借款人应提供的资料

1)企业法人需要的资料

(1)企业法人营业执照或事业法人执照、法人代码证、法定代表人证明文件;

(2)与经销商签订的购机合同或协议;

(3)经审计的上一年度及近期的财务报表、人民银行颁发的《贷款卡》或贷款证;

(4)出租机械公司等需要出具出租机械营运许可证(或称经营指标);

(5)担保所需的证明或文件,包括抵(质)押物清单和有处分权人(含财产共有人)同意抵、质押的证明;有权部门出具的抵押物所有权或使用权证明、书面估价证明、同意保险的文件:质押物须提供权利证明文件;保证人同意履行连带责任保证的文件,有关资信证明材料;

(6)缴付首期购机款的付款证明。

2)个人需要的资料

(1)借贷人如实填写《机械消费贷款申请表》;

(2)合法有效的身份证明,包括本人身份证、户口本及其他有效居留证件,已婚者还应当提供配偶的身份证明材料;

(3)目前供职单位出具的收入证明、有效的财产证明、纳税证明;

(4)与银行特约经销商签订的购机合同或协议;

(5)购机的自有资金证明,已预付给特约销售商的应提供收款收据;

(6)担保资料担保所需的证明或文件,包括抵(质)押物清单和有处分权人(含财产共有人)同意抵、质押的证明;有权部门出具的抵押物所有权或使用权证明、书名估价证明、同意保险的文件;质押物须提供权利证明文件;保证人同意履行连带责任保证的文件。有关资信证明材料;

(7)缴付首期购机款的付款证明。

2.贷款程序

(1)客户咨询:咨询并领取贷款的有关材料;

(2)客户递交书面申请材料:客户填写申请表格,向经办行或委托受理网点递交有关材料;

(3)贷款人委托经销商对借款人进行调查了解,借款人与经销商签订购机合同、交首付款等;

(4)资格审查:在受理客户申请后,对借款人的资信情况、偿还能力、材料的真实性进行审查,并在规定的时间内给予申请人明确答复;

(5)办理手续:经审查符合贷款条件后,贷款人即与客户签订借款合同、担保合同,并办理必要的抵押登记手续和保险手续;

(6)贷款通知:贷款人通知经销商和客户,由经销商协助客户办理购机所需各种手续,客户提机,贷款人发放贷款,将贷款全额划入经销商账户;

(7)按期还款:客户按借贷合同约定的还款日期、还款方式偿还本息。客户按合同约定全部归还贷款本息后,贷款人将退还客户被收押的有关单证。

工程机械消费贷款流程如图5-1所示。

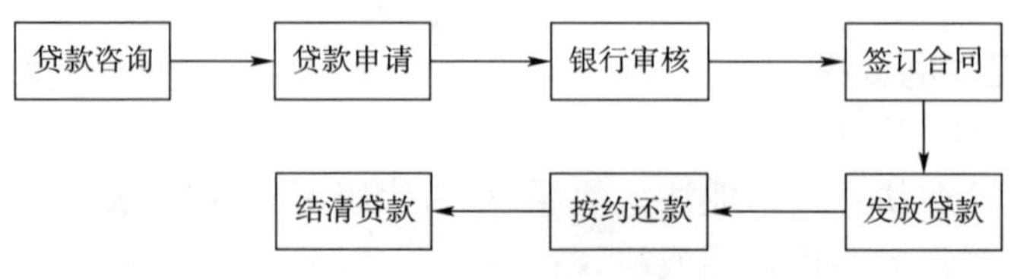

图5-1　工程机械消费贷款流程

三、机械消费贷款额度

机械消费贷款的单笔额度应视不同担保方式分别确定:

(1)借贷人以国库券、金融债券、国家重点建设债券、个人存单等质押的,或银行、保险公司等金融机构提供连带责任保证的,或保险公司提供足额的分期还款保证保险的,存入银行的首期款一般不得少于购机款的20%,贷款最高额为购机款的80%。

(2)借款人以房产或依法取得的土地使用权做抵押的,存入银行的首期款一般不得少于购机款的40%,贷款最高额一般为购机款的60%。

(3)以第三方连带责任保证方式(银行、保险公司除外)的,或以所购机械做抵押的,或以其他方式进行担保的,存入银行的首期款不得少于购机款的50%,贷款最高额一般为购机款的50%。

四、机械消费贷款的还款方式

对于期限在1年以内的贷款,应在贷款到期日一次性还本付息、利随本清;对于期限在1年以上的贷款,可选择按月"等额本息"或"等额本金"还款方式。每月还本付息额计算公式如下:

1. 等额本息还款法

$$贷款总额\times月利率+贷款总额\times月利率\div[(1+月利率)^{还款总月数}-1]$$

2. 等额本金还款法

$$贷款本金\div还款总月数+(贷款本金-已归还本金累计额)\times月利率$$

第二节　工程机械防灾防损

一、安全标志与安全色

机械设备易于发生危险的部位和场所应设有安全标志或涂安全色,提示人们注意。安全标志和安全色应符合《安全标志及其使用导则》(GB 2894—2008)和《安全色》

(GB 2893—2008)的规定。

1. 安全标志

根据国家标准规定,安全标志由安全色、几何图形和图形、符号构成。安全标志是向工作人员警示工作场所或周围环境的危险状况,指导人们采取合理行为标志的。安全标志能够提醒工作人员预防危险,从而避免事故发生;当危险发生时,能够指示人们尽快逃离,或者指示人们采取正确、有效、得力的措施,对危害加以遏制。安全标志不仅类型要与所警示的内容相吻合,而且设置位置要正确合理,否则就难以真正充分发挥其警示作用。安全标志分禁止标志、警告标志、指令标志和提示标志四大类别。

1)禁止标志

禁止标志表示不准或制止人们的某种行为;禁止标志的基本特征是圆形、黑色图形、白色衬底、红色边框和斜杠,如图 5-2 所示。

图 5-2　禁止标志示例

2)警告标志

警告标志使人们注意可能发生的危险;警告标志的基本特征是三角形、黑色图形、黄色衬底、黑色边框,如图 5-3 所示。

图 5-3　警告标志示例

3)指令标志

指令标志表示必须遵守,用来强制或限制人们的行为;指令标志的基本特征是圆形、白色图形、蓝色衬底,如图 5-4 所示。

4)提示标志

提示标志示意目标地点或方向。提示标志的基本特征是正方形边框、白色图形、绿色衬底,如图 5-5 所示。

图 5-4 指令标志示例

图 5-5 提示标志示例

5)辅助标志

仅靠安全标志本身不能够传递安全所需的全部信息,用辅助标志给出附加的文字信息并且只能与安全标志同时使用。辅助标志为矩形,辅助标志的颜色为白色或与安全标志的颜色相同。

2. 安全色

根据规定,安全色适用于工矿企业、交通运输、建筑业以及仓库、医院、剧场等公共场所。但不包括灯光、荧光颜色和航空、航海、内河航运所用的颜色。为了使人们对周围存在不安全因素的环境、设备引起注意,需要涂以醒目的安全色,提高人们对不安全因素的警惕。安全色有红色、蓝色、黄色、绿色、红色与白色相间隔的条纹、黄色与黑色相间隔的条纹、蓝色与白色相间隔的条纹、绿色与白色相间隔的条纹。对比色有白色和黑色。

1)红色

红色表示禁止、停止、危险或提示消防设备、设施的信息。红色用于各种禁止标志、交通禁令标志、消防设备标志、机械的停止按钮、制动及停车装置的操纵手柄、机械设备转动部件的裸露部位、仪表刻度盘上极限位置的刻度等。

2)蓝色

蓝色表示必须遵守规定的指令性信息。蓝色用于道路交通标志和标线中警告标志等。

3)黄色

黄色表示注意、警告的信息。黄色用于如警告标志、皮带轮及其防护单的内壁、砂轮机罩的内壁、防护栏杆等。

4)绿色

绿色表示安全的提示性信息。绿色用于如机器的启动按钮、安全信号旗以及指示方向的提示标志,如太平门、安全通道、紧急出口、安全楼梯、可动火区、避险处等。

5)红色与白色相间隔的条纹

比单独使用红色更加醒目,主要用于交通运输等方面所使用的防护栏杆及隔离墩;液化石油气汽车槽车的条纹;固定禁止标志的标志杆上的色带。

6)黄色与黑色相间隔的条纹

比单独使用黄色更加醒目,应用于各种机械在工作或移动时容易碰撞的部位,如移动式起重机的外伸腿、起重臂端部、起重吊钩和配重;剪板机的压紧装置;冲床的滑块等有暂时或永久性危险的场所或设备;固定警告标志的标志杆上的色 带等。

设备所涂条纹的倾斜方向应以中心线为轴线对称。两个相对运动(剪切或挤压)棱边上条纹的倾斜方向应相反,如图 5-6 所示。

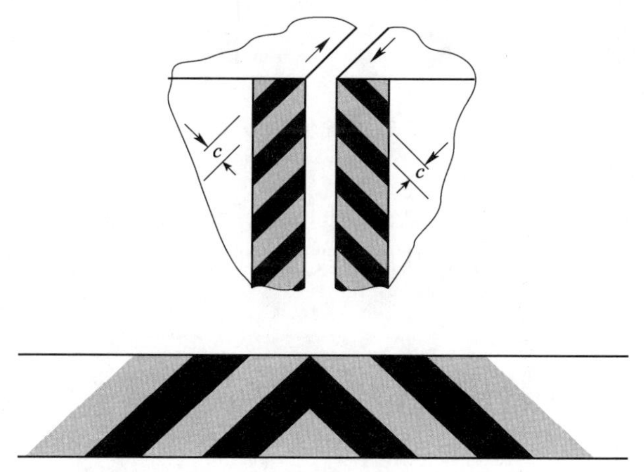

图 5-6　黄色与黑色间隔的条纹

7)蓝色与白色相间隔的条纹

比单独使用蓝色更加醒目,表示方向、指令的安全标记,主要用于交通上的指示性导向标等。

8)绿色与白色相间隔的条纹

比单独使用绿色更加醒目,表示指示安全环境的安全标记,如图 5-7 所示。

二、机械安全使用信息

机械的安全使用信息是机器设计的重要组成部分,它包括文本、文字、标记、信号、符号或者图表构成,用来明确机械的预定用途和保证安全及正确使用机器的说明。

1. 一般要求

(1)使用信息应向使用者告知或者警示遗留风险,尤其要对误用造成的风险进行警示,提示在人员培训、个体防护、附加防护装置等方面的要求。

(2)使用信息不应用于弥补设计缺陷。

(3)使用信息应涵盖机器的运输、装配和安装、试运转、使用(设定、示教/编程或者过程转换、操作、清洗、故障排查和维护)以及必要时的停用、拆除和处置。

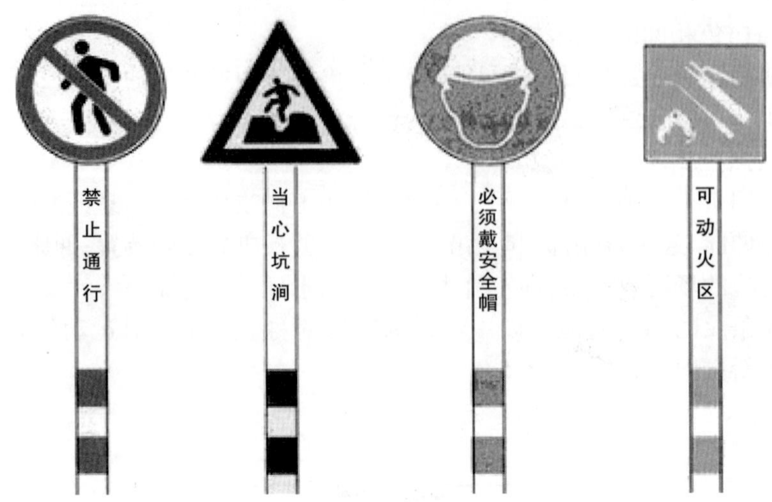

图 5-7　安全色使用示例

2. 使用信息的位置

应根据风险、使用者需要使用信息的时间和机器的构造情况,在机器内或者机器上、在附带的文件中、在包装上或者通过其他手段(如机器外的信号和警示)来提供使用信息或者部分信息。

3. 信号和警示装置

视觉信号和听觉信号可用于警示诸如机器启动或者超速等即将发生的危险事件。此类信号必须满足如下基本要求:

(1)在危险事件出现之前;

(2)含义明确;

(3)能被明显察觉到,并且与所用的其他信号相区分。

4. 标志、符号和文字警示

根据《机械安全指示、标志和操作第 2 部分:标志要求》(GB 18209.2—2010)和《机械安全基本概念与设计通则第 2 部分:技术原则》(GB/T 15706.2—2007)规定,机械必须有用于机械识别和机械安全使用的各种安全标志,并且在永久机械上、随同文件上以及在包装上还要给出适当的补充信息。机械应具有如下的必要标志:

(1)识别用标志,如制造厂家的名称和地址、系列或者形式的说明。

(2)符合强制性要求的标志,如印记和文字性描述(如预定在潜在爆炸氛围中使用的机器)。

(3)安全使用的标志,如旋转部件的最高转速、工具的最大直径、机器本身和(或)可拆卸部件的质量、最大工作载荷、穿着个人防护用品的必要性;防护装置的调整数据;检查频次等。

标志、符号和文字警示信息应易于理解并且含义明确,特别是与机器功能相关的部分,应优先使用易于理解的符号。

5. 随机文件(尤其是操作手册)

操作手册或其他文字说明应包括以下内容:

(1)关于机器的运输、搬运和储存的信息;

(2)机器安装和试运转的有关信息;

(3)关于机器自身的信息;

(4)有关机械使用的信息;

(5)维护信息;

(6)关于停用、拆卸和处置的信息;

(7)关于紧急状态的信息。

三、工程机械安全管理措施

1. 企业领导高度重视,安全管理人员和机械操作人员职责分明、责任到人

1)全面抓好安全管理工作,领导是关键

社会要稳定,企业要发展,安全生产是关键,《中华人民共和国安全生产法》第五条明确规定:"生产经营单位对本单位的安全生产工作全面负责",第二十条规定"经营单位的主要负责人必须具备与本单位所从事的生产经营活动相应的安全知识和管理能力"。在安全管理工作中,企业的领导干部得罪人在所难免,事实上一些领导干部都是处事圆通、做老好人,安全检查喜欢"和稀泥",现场反违章喜欢"睁一只眼闭一只眼",长此以往,安全管理形同虚设。要想将安全工作抓好起得成效,企业领导必须具备"敢说、敢管、不怕得罪人"的素质,"敢作敢为",敢于向违章者亮"红牌"。同时要加强安全知识的学习,把安全工作放在首位和作为头等大事来抓,对安全工作要果断决策和精心策划,组织制定本单位安全达标的目标,要在安全生产工作中起好表率和带头作用。身先士卒,身体力行,切实解决生产、生活中存在的突出问题。对分管安全工作的领导实行安全业绩考核,从实际出发建立健全本单位安全管理体系和长效管理机制,充分体现"安全生产,人人有责"以及"管生产必须管安全,谁主管谁负责"的原则,任何单位安全工作的开展,领导起着决定性的作用,全面抓好安全管理工作,领导是关键。

2)做好机械设备安全管理工作,从事安全管理的管理人员和操作人员是基础

安全管理人员是安全管理的主体,所以,安全管理人员必须要积极加强自身安全知识和业务能力的学习,熟悉本岗位有关的安全生产规章制度和操作规程,积极组织和开展各种安全教育和培训活动,具体制定出切实可行的安全管理制度。要经常性地深入现场,进行检查和督促,及时排查和处理各种事故隐患,检查特种作业人员是否持证作业,安全生产操作规程是否正确执行,看作业人员是否清楚工作任务、作业流程、安全技术措施、设备运行状况、应急防控措施和相应的安全、技术标准等,及时纠正人的不安全行为和消除物的不安全状态,做好调研,找准安全管理漏洞,提出合理化建议,完善安全管理制度,避免安全事故的发生。同时根据工程机械施工的特点,充分调动广大员工的积极性、主动性和创造性,实现各岗位人员间的相互监督、相互协调配合,共同搞好安全工作。

目前一些企业机械设备的操作人员素质参差不齐,很多操作人员本身文化层次较低,

又加之没有经过正规的培训就直接上岗，为了应急，不少施工现场会出现随意指派没有受过专业培训的人员来进行机械设备的操作，上岗前的安全教育工作过于形式化，没有针对性和真实性，且千篇一律的现象比较严重，许多安全事故究其根源都是因此而引起的。因此要搞好安全管理工作，机械操作人员首先要在思想上高度重视安全工作，积极参与各种安全学习和培训活动，提高自身的安全意识和自我防护意识，其次操作人员要具备一定的安全操作技能，熟悉所操作设备的性能和安全操作规程，同时要熟悉本岗位可能发生安全事故的防范措施和具有应变处理的能力，自觉遵守安全管理的各项制度和国家颁布的各种法律法规，持证上岗，因此做好机械设备安全管理工作，机械操作人员是一个不可忽视的重要因素，是搞好安全工作的基础。

2. 强化机械设备的安全管理，确保设备的技术性能，清除设备自身存在的各种事故隐患

机械设备不安全的技术状况是诱发安全事故的基础，加强机械设备的技术管理工作极其重要。许多单位都存在侥幸心理，对强制要求检测的设备不检测，老旧设备不淘汰，总是觉得花钱去进行设备检测是“投入没有产出”的行为，不愿意花“冤枉钱”，对那些比较陈旧老化的机械设备，只要还能使用，就舍不得淘汰掉，导致了不少安全事故的发生。在工程施工中机械设备普遍存在失修、失保的现象，带病作业是经常性的，难免发生安全事故。针对工程机械这些特点，加强机械设备的技术管理尤为重要，其主要内容如下。

(1)强化机械设备的保修作业，做好特种设备的安全检测和老旧设备淘汰的管理工作，确保技术性能良好。机械设备的保修作业必须贯彻“计划修理、定时保养，强制维护”的原则，科学地安排机械设备的保修和及时做好工地设备配件后勤保障工作，安排维修人员对每一台设备及时地进行保修作业，确保设备的技术性能良好，预防安全事故的发生。

(2)机械设备在施工中，由于经常性地进行调动，引发了不少安全事故。因此，在设备调动过程中，要根据不同性能的设备和具体实际情况，合理选择不同的运输方式，确保机械设备的安全转移。

(3)正确合理地使用机械设备，尽可能降低机械的磨损，延长机械设备的使用寿命，降低其使用成本。根据不同工程的需要对机械设备进行优化选择和合理配套，使其发挥出最大的效率，取得最好的经济效益。

(4)在工程施工中要从实际出发，因时制宜、因地制宜地选择设备的停放场地，安全看管，做好“防火、防盗、防冻”的安全管理工作，定期对设备进行检查，及时消除安全隐患，杜绝安全事故的发生。

3. 加强机械设备施工环境的管理工作，健全机械设备安全生产体系

工程作业大多是在野外进行的，环境条件较差，而且交通特别复杂，易发生安全事故。同时工程具有点多线长面广、工期紧、任务重等特点而且有较强的季节性，工程施工大部分是在野外，到处是施工的各种粉尘，作业场地机有时过于狭小相互影响，相互之间不能保持安全距离，这一系列的问题，造成了施工现场机械设备的工作环境比较恶劣。因此在施工现场必须要有专门的安全管理人员，及时设置各种醒目的安全标志牌和悬挂安全标语，安排专人指挥交通，对施工环境进行事故隐患排查，对施工设备经常性地进行技术鉴定，发现问题及时进行解决，对所有在用设备，根据实际情况采取各种安全防范措施，同时要建立起机械设备现场的安全生产体系，机务管理人员在工作中一定要高度的安全意识，

充分发挥出自己的主观能动性，采取切实有效的措施，杜绝机械设备安全事故的发生，杜绝“三违”现象的发生。

4.根据工程施工的特点，建立长效的安全管理机制，完善安全生产的各种管理制度，做到奖罚分明

要做好机械设备的安全管理工作，必须要根据工程的特点，从实际出发建立长效久治的安全管理体制，建立健全安全生产责任制和安全生产教育培训制度，制定出安全生产规章制度和安全操作规程，做到奖罚分明，要充分调动广大员工的积极性、主动性和创造性，发动广大员工参与现场的安全管理，提高全体员工的主人翁意识，把专业的职能管理与职工的“自我管理”紧密结合起来，实现安全管理的规范化、合理化、科学化。牢固树立“安全第一、预防为主”的思想，层层落实安全生产责任制，加强工程项目安全监管的力度，把安全工作作为一项长 期性的工作来抓，确保企业工程项目安全目标的顺利实现。

5.不断探索和学习先进的安全管理方法和经验，科学地抓好机械设备的安全管理工作

随着我国经济的发展，市场竞争的加剧，机械设备在不断地更新，施工企业也在不断提高自己的装备水平，只有不断地加强学习和更新调整安全管理理念，才能适应新形势的发展需要，同时要不断地探索和发现安全管理的新路子，才能紧跟时代发展的步伐。因此，要有隐患险于明火的紧迫意识。加强安全管理要有只争朝夕、时不我待的紧迫感、危机感，加快基础设施的改造建设和配套工程，提高安全防范能力。用新的知识武装自己，科学地抓好机械设备的安全管理工作。

企业的安全生产，关系到员工的生命和财产安全，直接涉及员工的根本利益，而且是企业能否存活的根本关键。设备的安全管理涉及企业的方方面面，而影响机械设备安全的因素是多方面的，只有杜绝各方面因素对设备的影响，消除事故隐患，实行全员、全方位、全过程的安全管理，才能避免事故的发生，才能起得最大的经济效益。只要从实际工作做起，有针对性地开展各种安全活动，注重过程管理和监督，把没有做好的事情做好，没有整改的问题改好，没有落实的措施落实好，齐心协力和科学管理，就一定能够做好设备的安全管理工作。

附录1

中华人民共和国保险法(修订)

(1995年6月30日第八届全国人民代表大会常务委员会第十四次会议通过,根据2002年10月28日第九届全国人民代表大会常务委员会第三十次会议《关于修改〈中华人民共和国保险法〉的决定》修正,于2009年2月28日第十一届全国人民代表大会常务委员会第七次会议修订通过,自2009年10月1日起施行。)

目　　录

第一章　总　　则

第一条　为了规范保险活动,保护保险活动当事人的合法权益,加强对保险业的监督管理,维护社会经济秩序和社会公共利益,促进保险事业的健康发展,制定本法。

第二条　本法所称保险,是指投保人根据合同约定,向保险人支付保险费,保险人对于合同约定的可能发生的事故因其发生所造成的财产损失承担赔偿保险金责任,或者当被保险人死亡、伤残、疾病或者达到合同约定的年龄、期限等条件时承担给付保险金责任的商业保险行为。

第三条　在中华人民共和国境内从事保险活动,适用本法。

第四条　从事保险活动必须遵守法律、行政法规,尊重社会公德,不得损害社会公共利益。

第五条　保险活动当事人行使权利、履行义务应当遵循诚实信用原则。

第六条 保险业务由依照本法设立的保险公司以及法律、行政法规规定的其他保险组织经营，其他单位和个人不得经营保险业务。

第七条 在中华人民共和国境内的法人和其他组织需要办理境内保险的，应当向中华人民共和国境内的保险公司投保。

第八条 保险业和银行业、证券业、信托业实行分业经营、分业管理，保险公司与银行、证券、信托业务机构分别设立。国家另有规定的除外。

第九条 国务院保险监督管理机构依法对保险业实施监督管理。

国务院保险监督管理机构根据履行职责的需要设立派出机构。派出机构按照国务院保险监督管理机构的授权履行监督管理职责。

第二章 保 险 合 同

第一节 一 般 规 定

第十条 保险合同是投保人与保险人约定保险权利义务关系的协议。

投保人是指与保险人订立保险合同，并按照合同约定负有支付保险费义务的人。

保险人是指与投保人订立保险合同，并按照合同约定承担赔偿或者给付保险金责任的保险公司。

第十一条 订立保险合同，应当协商一致，遵循公平原则确定各方的权利和义务。

除法律、行政法规规定必须保险的外，保险合同自愿订立。

第十二条 人身保险的投保人在保险合同订立时，对被保险人应当具有保险利益。

财产保险的被保险人在保险事故发生时，对保险标的应当具有保险利益。

人身保险是以人的寿命和身体为保险标的的保险。

财产保险是以财产及其有关利益为保险标的的保险。

被保险人是指其财产或者人身受保险合同保障，享有保险金请求权的人。投保人可以为被保险人。

保险利益是指投保人或者被保险人对保险标的具有的法律上承认的利益。

第十三条 投保人提出保险要求，经保险人同意承保，保险合同成立。保险人应当及时向投保人签发保险单或者其他保险凭证。

保险单或者其他保险凭证应当载明当事人双方约定的合同内容。当事人也可以约定采用其他书面形式载明合同内容。

依法成立的保险合同，自成立时生效。投保人和保险人可以对合同的效力约定附条件或者附期限。

第十四条 保险合同成立后，投保人按照约定交付保险费，保险人按照约定的时间开始承担保险责任。

第十五条 除本法另有规定或者保险合同另有约定外，保险合同成立后，投保人可以解除合同，保险人不得解除合同。

第十六条 订立保险合同，保险人就保险标的或者被保险人的有关情况提出询问的，投保人应当如实告知。

投保人故意或者因重大过失未履行前款规定的如实告知义务，足以影响保险人决定是否同意承保或者提高保险费率的,保险人有权解除合同。

前款规定的合同解除权,自保险人知道有解除事由之日起,超过三十日不行使而消灭。自合同成立之日起超过二年的,保险人不得解除合同;发生保险事故的,保险人应当承担赔偿或者给付保险金的责任。

投保人故意不履行如实告知义务的,保险人对于合同解除前发生的保险事故,不承担赔偿或者给付保险金的责任,并不退还保险费。

投保人因重大过失未履行如实告知义务,对保险事故的发生有严重影响的,保险人对于合同解除前发生的保险事故,不承担赔偿或者给付保险金的责任,但应当退还保险费。

保险人在合同订立时已经知道投保人未如实告知的情况的,保险人不得解除合同;发生保险事故的,保险人应当承担赔偿或者给付保险金的责任。

保险事故是指保险合同约定的保险责任范围内的事故。

第十七条 订立保险合同,采用保险人提供的格式条款的,保险人向投保人提供的投保单应当附格式条款,保险人应当向投保人说明合同的内容。

对保险合同中免除保险人责任的条款,保险人在订立合同时应当在投保单、保险单或者其他保险凭证上作出足以引起投保人注意的提示,并对该条款的内容以书面或者口头形式向投保人作出明确说明;未作提示或者明确说明的,该条款不产生效力。

第十八条 保险合同应当包括下列事项:

(一)保险人的名称和住所;

(二)投保人、被保险人的姓名或者名称、住所,以及人身保险的受益人的姓名或者名称、住所;

(三)保险标的;

(四)保险责任和责任免除;

(五)保险期间和保险责任开始时间;

(六)保险金额;

(七)保险费以及支付办法;

(八)保险金赔偿或者给付办法;

(九)违约责任和争议处理;

(十)订立合同的年、月、日。

投保人和保险人可以约定与保险有关的其他事项。

受益人是指人身保险合同中由被保险人或者投保人指定的享有保险金请求权的人。投保人、被保险人可以为受益人。

保险金额是指保险人承担赔偿或者给付保险金责任的最高限额。

第十九条 采用保险人提供的格式条款订立的保险合同中的下列条款无效:

(一)免除保险人依法应承担的义务或者加重投保人、被保险人责任的;

(二)排除投保人、被保险人或者受益人依法享有的权利的。

第二十条 投保人和保险人可以协商变更合同内容。

变更保险合同的,应当由保险人在保险单或者其他保险凭证上批注或者附贴批单,或者由投保人和保险人订立变更的书面协议。

第二十一条 投保人、被保险人或者受益人知道保险事故发生后，应当及时通知保险人。故意或者因重大过失未及时通知，致使保险事故的性质、原因、损失程度等难以确定的，保险人对无法确定的部分，不承担赔偿或者给付保险金的责任，但保险人通过其他途径已经及时知道或者应当及时知道保险事故发生的除外。

第二十二条 保险事故发生后，按照保险合同请求保险人赔偿或者给付保险金时，投保人、被保险人或者受益人应当向保险人提供其所能提供的与确认保险事故的性质、原因、损失程度等有关的证明和资料。

保险人按照合同的约定，认为有关的证明和资料不完整的，应当及时一次性通知投保人、被保险人或者受益人补充提供。

第二十三条 保险人收到被保险人或者受益人的赔偿或者给付保险金的请求后，应当及时作出核定；情形复杂的，应当在三十日内作出核定，但合同另有约定的除外。保险人应当将核定结果通知被保险人或者受益人；对属于保险责任的，在与被保险人或者受益人达成赔偿或者给付保险金的协议后十日内，履行赔偿或者给付保险金义务。保险合同对赔偿或者给付保险金的期限有约定的，保险人应当按照约定履行赔偿或者给付保险金义务。

保险人未及时履行前款规定义务的，除支付保险金外，应当赔偿被保险人或者受益人因此受到的损失。

任何单位和个人不得非法干预保险人履行赔偿或者给付保险金的义务，也不得限制被保险人或者受益人取得保险金的权利。

第二十四条 保险人依照本法第二十三条的规定作出核定后，对不属于保险责任的，应当自作出核定之日起三日内向被保险人或者受益人发出拒绝赔偿或者拒绝给付保险金通知书，并说明理由。

第二十五条 保险人自收到赔偿或者给付保险金的请求和有关证明、资料之日起六十日内，对其赔偿或者给付保险金的数额不能确定的，应当根据已有证明和资料可以确定的数额先予支付；保险人最终确定赔偿或者给付保险金的数额后，应当支付相应的差额。

第二十六条 人寿保险以外的其他保险的被保险人或者受益人，向保险人请求赔偿或者给付保险金的诉讼时效期间为二年，自其知道或者应当知道保险事故发生之日起计算。

人寿保险的被保险人或者受益人向保险人请求给付保险金的诉讼时效期间为五年，自其知道或者应当知道保险事故发生之日起计算。

第二十七条 未发生保险事故，被保险人或者受益人谎称发生了保险事故，向保险人提出赔偿或者给付保险金请求的，保险人有权解除合同，并不退还保险费。

投保人、被保险人故意制造保险事故的，保险人有权解除合同，不承担赔偿或者给付保险金的责任；除本法第四十三条规定外，不退还保险费。

保险事故发生后，投保人、被保险人或者受益人以伪造、变造的有关证明、资料或者其他证据，编造虚假的事故原因或者夸大损失程度的，保险人对其虚报的部分不承担赔偿或者给付保险金的责任。

投保人、被保险人或者受益人有前三款规定行为之一，致使保险人支付保险金或者支出费用的，应当退回或者赔偿。

第二十八条 保险人将其承担的保险业务，以分保形式部分转移给其他保险人的，为再保险。

应再保险接受人的要求，再保险分出人应当将其自负责任及原保险的有关情况书面告知再保险接受人。

第二十九条 再保险接受人不得向原保险的投保人要求支付保险费。

原保险的被保险人或者受益人不得向再保险接受人提出赔偿或者给付保险金的请求。

再保险分出人不得以再保险接受人未履行再保险责任为由，拒绝履行或者迟延履行其原保险责任。

第三十条 采用保险人提供的格式条款订立的保险合同，保险人与投保人、被保险人或者受益人对合同条款有争议的，应当按照通常理解予以解释。对合同条款有两种以上解释的，人民法院或者仲裁机构应当作出有利于被保险人和受益人的解释。

第二节 人身保险合同

第三十一条 投保人对下列人员具有保险利益：

（一）本人；

（二）配偶、子女、父母；

（三）前项以外与投保人有抚养、赡养或者扶养关系的家庭其他成员、近亲属；

（四）与投保人有劳动关系的劳动者。

除前款规定外，被保险人同意投保人为其订立合同的，视为投保人对被保险人具有保险利益。

订立合同时，投保人对被保险人不具有保险利益的，合同无效。

第三十二条 投保人申报的被保险人年龄不真实，并且其真实年龄不符合合同约定的年龄限制的，保险人可以解除合同，并按照合同约定退还保险单的现金价值。保险人行使合同解除权，适用本法第十六条第三款、第六款的规定。

投保人申报的被保险人年龄不真实，致使投保人支付的保险费少于应付保险费的，保险人有权更正并要求投保人补交保险费，或者在给付保险金时按照实付保险费与应付保险费的比例支付。

投保人申报的被保险人年龄不真实，致使投保人支付的保险费多于应付保险费的，保险人应当将多收的保险费退还投保人。

第三十三条 投保人不得为无民事行为能力人投保以死亡为给付保险金条件的人身保险，保险人也不得承保。

父母为其未成年子女投保的人身保险，不受前款规定限制。但是，因被保险人死亡给付的保险金总和不得超过国务院保险监督管理机构规定的限额。

第三十四条 以死亡为给付保险金条件的合同，未经被保险人同意并认可保险金额的，合同无效。

按照以死亡为给付保险金条件的合同所签发的保险单，未经被保险人书面同意，不得转让或者质押。

父母为其未成年子女投保的人身保险,不受本条第一款规定限制。

第三十五条 投保人可以按照合同约定向保险人一次支付全部保险费或者分期支付保险费。

第三十六条 合同约定分期支付保险费,投保人支付首期保险费后,除合同另有约定外,投保人自保险人催告之日起超过三十日未支付当期保险费,或者超过约定的期限六十日未支付当期保险费的,合同效力中止,或者由保险人按照合同约定的条件减少保险金额。

被保险人在前款规定期限内发生保险事故的,保险人应当按照合同约定给付保险金,但可以扣减欠交的保险费。

第三十七条 合同效力依照本法第三十六条规定中止的,经保险人与投保人协商并达成协议,在投保人补交保险费后,合同效力恢复。但是,自合同效力中止之日起满二年双方未达成协议的,保险人有权解除合同。

保险人依照前款规定解除合同的,应当按照合同约定退还保险单的现金价值。

第三十八条 保险人对人寿保险的保险费,不得用诉讼方式要求投保人支付。

第三十九条 人身保险的受益人由被保险人或者投保人指定。

投保人指定受益人时须经被保险人同意。投保人为与其有劳动关系的劳动者投保人身保险,不得指定被保险人及其近亲属以外的人为受益人。

被保险人为无民事行为能力人或者限制民事行为能力人的,可以由其监护人指定受益人。

第四十条 被保险人或者投保人可以指定一人或者数人为受益人。

受益人为数人的,被保险人或者投保人可以确定受益顺序和受益份额;未确定受益份额的,受益人按照相等份额享有受益权。

第四十一条 被保险人或者投保人可以变更受益人并书面通知保险人。保险人收到变更受益人的书面通知后,应当在保险单或者其他保险凭证上批注或者附贴批单。

投保人变更受益人时须经被保险人同意。

第四十二条 被保险人死亡后,有下列情形之一的,保险金作为被保险人的遗产,由保险人依照《中华人民共和国继承法》的规定履行给付保险金的义务:

(一)没有指定受益人,或者受益人指定不明无法确定的;

(二)受益人先于被保险人死亡,没有其他受益人的;

(三)受益人依法丧失受益权或者放弃受益权,没有其他受益人的。

受益人与被保险人在同一事件中死亡,且不能确定死亡先后顺序的,推定受益人死亡在先。

第四十三条 投保人故意造成被保险人死亡、伤残或者疾病的,保险人不承担给付保险金的责任。投保人已交足二年以上保险费的,保险人应当按照合同约定向其他权利人退还保险单的现金价值。

受益人故意造成被保险人死亡、伤残、疾病的,或者故意杀害被保险人未遂的,该受益人丧失受益权。

第四十四条 以被保险人死亡为给付保险金条件的合同,自合同成立或者合同效力恢复之日起二年内，被保险人自杀的，保险人不承担给付保险金的责任，但被保险人自杀时为无民事行为能力人的除外。

保险人依照前款规定不承担给付保险金责任的，应当按照合同约定退还保险单的现金价值。

第四十五条 因被保险人故意犯罪或者抗拒依法采取的刑事强制措施导致其伤残或者死亡的，保险人不承担给付保险金的责任。投保人已交足二年以上保险费的，保险人应当按照合同约定退还保险单的现金价值。

第四十六条 被保险人因第三者的行为而发生死亡、伤残或者疾病等保险事故的，保险人向被保险人或者受益人给付保险金后，不享有向第三者追偿的权利，但被保险人或者受益人仍有权向第三者请求赔偿。

第四十七条 投保人解除合同的，保险人应当自收到解除合同通知之日起三十日内，按照合同约定退还保险单的现金价值。

第三节 财产保险合同

第四十八条 保险事故发生时，被保险人对保险标的不具有保险利益的，不得向保险人请求赔偿保险金。

第四十九条 保险标的转让的，保险标的的受让人承继被保险人的权利和义务。

保险标的转让的，被保险人或者受让人应当及时通知保险人，但货物运输保险合同和另有约定的合同除外。

因保险标的转让导致危险程度显著增加的，保险人自收到前款规定的通知之日起三十日内，可以按照合同约定增加保险费或者解除合同。保险人解除合同的，应当将已收取的保险费，按照合同约定扣除自保险责任开始之日起至合同解除之日止应收的部分后，退还投保人。

被保险人、受让人未履行本条第二款规定的通知义务的，因转让导致保险标的危险程度显著增加而发生的保险事故，保险人不承担赔偿保险金的责任。

第五十条 货物运输保险合同和运输工具航程保险合同，保险责任开始后，合同当事人不得解除合同。

第五十一条 被保险人应当遵守国家有关消防、安全、生产操作、劳动保护等方面的规定，维护保险标的的安全。

保险人可以按照合同约定对保险标的的安全状况进行检查，及时向投保人、被保险人提出消除不安全因素和隐患的书面建议。

投保人、被保险人未按照约定履行其对保险标的的安全应尽责任的，保险人有权要求增加保险费或者解除合同。

保险人为维护保险标的的安全，经被保险人同意，可以采取安全预防措施。

第五十二条 在合同有效期内，保险标的的危险程度显著增加的，被保险人应当按照合同约定及时通知保险人，保险人可以按照合同约定增加保险费或者解除合同。保险人解除合同的，应当将已收取的保险费，按照合同约定扣除自保险责任开始之日起至合同解除之日止应收的部分后，退还投保人。

被保险人未履行前款规定的通知义务的，因保险标的的危险程度显著增加而发生的保险事故,保险人不承担赔偿保险金的责任。

第五十三条 有下列情形之一的,除合同另有约定外,保险人应当降低保险费,并按日计算退还相应的保险费:

(一)据以确定保险费率的有关情况发生变化,保险标的的危险程度明显减少的;

(二)保险标的的保险价值明显减少的。

第五十四条 保险责任开始前,投保人要求解除合同的,应当按照合同约定向保险人支付手续费,保险人应当退还保险费。保险责任开始后,投保人要求解除合同的,保险人应当将已收取的保险费,按照合同约定扣除自保险责任开始之日起至合同解除之日止应收的部分后,退还投保人。

第五十五条 投保人和保险人约定保险标的的保险价值并在合同中载明的,保险标的发生损失时,以约定的保险价值为赔偿计算标准。

投保人和保险人未约定保险标的的保险价值的,保险标的发生损失时,以保险事故发生时保险标的的实际价值为赔偿计算标准。

保险金额不得超过保险价值。超过保险价值的,超过部分无效,保险人应当退还相应的保险费。

保险金额低于保险价值的,除合同另有约定外,保险人按照保险金额与保险价值的比例承担赔偿保险金的责任。

第五十六条 重复保险的投保人应当将重复保险的有关情况通知各保险人。

重复保险的各保险人赔偿保险金的总和不得超过保险价值。除合同另有约定外,各保险人按照其保险金额与保险金额总和的比例承担赔偿保险金的责任。

重复保险的投保人可以就保险金额总和超过保险价值的部分,请求各保险人按比例返还保险费。

重复保险是指投保人对同一保险标的、同一保险利益、同一保险事故分别与两个以上保险人订立保险合同,且保险金额总和超过保险价值的保险。

第五十七条 保险事故发生时,被保险人应当尽力采取必要的措施,防止或者减少损失。

保险事故发生后,被保险人为防止或者减少保险标的的损失所支付的必要的、合理的费用,由保险人承担;保险人所承担的费用数额在保险标的损失赔偿金额以外另行计算,最高不超过保险金额的数额。

第五十八条 保险标的发生部分损失的,自保险人赔偿之日起三十日内,投保人可以解除合同;除合同另有约定外,保险人也可以解除合同,但应当提前十五日通知投保人。

合同解除的,保险人应当将保险标的未受损失部分的保险费,按照合同约定扣除自保险责任开始之日起至合同解除之日止应收的部分后,退还投保人。

第五十九条 保险事故发生后,保险人已支付了全部保险金额,并且保险金额等于保险价值的,受损保险标的的全部权利归于保险人;保险金额低于保险价值的,保险人按照保险金额与保险价值的比例取得受损保险标的的部分权利。

第六十条 因第三者对保险标的的损害而造成保险事故的,保险人自向被保险人赔偿保险金之日起,在赔偿金额范围内代位行使被保险人对第三者请求赔偿的权利。

前款规定的保险事故发生后,被保险人已经从第三者取得损害赔偿的,保险人赔偿保险金时,可以相应扣减被保险人从第三者已取得的赔偿金额。

保险人依照本条第一款规定行使代位请求赔偿的权利,不影响被保险人就未取得赔偿的部分向第三者请求赔偿的权利。

第六十一条 保险事故发生后,保险人未赔偿保险金之前,被保险人放弃对第三者请求赔偿的权利的,保险人不承担赔偿保险金的责任。

保险人向被保险人赔偿保险金后,被保险人未经保险人同意放弃对第三者请求赔偿的权利的,该行为无效。

被保险人故意或者因重大过失致使保险人不能行使代位请求赔偿的权利的,保险人可以扣减或者要求返还相应的保险金。

第六十二条 除被保险人的家庭成员或者其组成人员故意造成本法第六十条第一款规定的保险事故外,保险人不得对被保险人的家庭成员或者其组成人员行使代位请求赔偿的权利。

第六十三条 保险人向第三者行使代位请求赔偿的权利时,被保险人应当向保险人提供必要的文件和所知道的有关情况。

第六十四条 保险人、被保险人为查明和确定保险事故的性质、原因和保险标的的损失程度所支付的必要的、合理的费用,由保险人承担。

第六十五条 保险人对责任保险的被保险人给第三者造成的损害,可以依照法律的规定或者合同的约定,直接向该第三者赔偿保险金。

责任保险的被保险人给第三者造成损害,被保险人对第三者应负的赔偿责任确定的,根据被保险人的请求,保险人应当直接向该第三者赔偿保险金。被保险人怠于请求的,第三者有权就其应获赔偿部分直接向保险人请求赔偿保险金。

责任保险的被保险人给第三者造成损害,被保险人未向该第三者赔偿的,保险人不得向被保险人赔偿保险金。

责任保险是指以被保险人对第三者依法应负的赔偿责任为保险标的的保险。

第六十六条 责任保险的被保险人因给第三者造成损害的保险事故而被提起仲裁或者诉讼的,被保险人支付的仲裁或者诉讼费用以及其他必要的、合理的费用,除合同另有约定外,由保险人承担。

第三章 保险公司

第六十七条 设立保险公司应当经国务院保险监督管理机构批准。

国务院保险监督管理机构审查保险公司的设立申请时,应当考虑保险业的发展和公平竞争的需要。

第六十八条 设立保险公司应当具备下列条件:

(一)主要股东具有持续盈利能力,信誉良好,最近三年内无重大违法违规记录,净资产不低于人民币二亿元;

(二)有符合本法和《中华人民共和国公司法》规定的章程;

(三)有符合本法规定的注册资本;

（四）有具备任职专业知识和业务工作经验的董事、监事和高级管理人员；

（五）有健全的组织机构和管理制度；

（六）有符合要求的营业场所和与经营业务有关的其他设施；

（七）法律、行政法规和国务院保险监督管理机构规定的其他条件。

第六十九条 设立保险公司，其注册资本的最低限额为人民币二亿元。

国务院保险监督管理机构根据保险公司的业务范围、经营规模，可以调整其注册资本的最低限额，但不得低于本条第一款规定的限额。

保险公司的注册资本必须为实缴货币资本。

第七十条 申请设立保险公司，应当向国务院保险监督管理机构提出书面申请，并提交下列材料：

（一）设立申请书，申请书应当载明拟设立的保险公司的名称、注册资本、业务范围等；

（二）可行性研究报告；

（三）筹建方案；

（四）投资人的营业执照或者其他背景资料，经会计师事务所审计的上一年度财务会计报告；

（五）投资人认可的筹备组负责人和拟任董事长、经理名单及本人认可证明；

（六）国务院保险监督管理机构规定的其他材料。

第七十一条 国务院保险监督管理机构应当对设立保险公司的申请进行审查，自受理之日起六个月内作出批准或者不批准筹建的决定，并书面通知申请人。决定不批准的，应当书面说明理由。

第七十二条 申请人应当自收到批准筹建通知之日起一年内完成筹建工作；筹建期间不得从事保险经营活动。

第七十三条 筹建工作完成后，申请人具备本法第六十八条规定的设立条件的，可以向国务院保险监督管理机构提出开业申请。

国务院保险监督管理机构应当自受理开业申请之日起六十日内，作出批准或者不批准开业的决定。决定批准的，颁发经营保险业务许可证；决定不批准的，应当书面通知申请人并说明理由。

第七十四条 保险公司在中华人民共和国境内设立分支机构，应当经保险监督管理机构批准。

保险公司分支机构不具有法人资格，其民事责任由保险公司承担。

第七十五条 保险公司申请设立分支机构，应当向保险监督管理机构提出书面申请，并提交下列材料：

（一）设立申请书；

（二）拟设机构三年业务发展规划和市场分析材料；

（三）拟任高级管理人员的简历及相关证明材料；

（四）国务院保险监督管理机构规定的其他材料。

第七十六条 保险监督管理机构应当对保险公司设立分支机构的申请进行审查，自受理之日起六十日内作出批准或者不批准的决定。决定批准的，颁发分支机构经营保险业务许可证；决定不批准的，应当书面通知申请人并说明理由。

第七十七条 经批准设立的保险公司及其分支机构，凭经营保险业务许可证向工商行政管理机关办理登记，领取营业执照。

第七十八条 保险公司及其分支机构自取得经营保险业务许可证之日起六个月内，无正当理由未向工商行政管理机关办理登记的，其经营保险业务许可证失效。

第七十九条 保险公司在中华人民共和国境外设立子公司、分支机构、代表机构，应当经国务院保险监督管理机构批准。

第八十条 外国保险机构在中华人民共和国境内设立代表机构，应当经国务院保险监督管理机构批准。代表机构不得从事保险经营活动。

第八十一条 保险公司的董事、监事和高级管理人员，应当品行良好，熟悉与保险相关的法律、行政法规，具有履行职责所需的经营管理能力，并在任职前取得保险监督管理机构核准的任职资格。

保险公司高级管理人员的范围由国务院保险监督管理机构规定。

第八十二条 有《中华人民共和国公司法》第一百四十七条规定的情形或者下列情形之一的，不得担任保险公司的董事、监事、高级管理人员：

（一）因违法行为或者违纪行为被金融监督管理机构取消任职资格的金融机构的董事、监事、高级管理人员，自被取消任职资格之日起未逾五年的；

（二）因违法行为或者违纪行为被吊销执业资格的律师、注册会计师或者资产评估机构、验证机构等机构的专业人员，自被吊销执业资格之日起未逾五年的。

第八十三条 保险公司的董事、监事、高级管理人员执行公司职务时违反法律、行政法规或者公司章程的规定，给公司造成损失的，应当承担赔偿责任。

第八十四条 保险公司有下列情形之一的，应当经保险监督管理机构批准：

（一）变更名称；

（二）变更注册资本；

（三）变更公司或者分支机构的营业场所；

（四）撤销分支机构；

（五）公司分立或者合并；

（六）修改公司章程；

（七）变更出资额占有限责任公司资本总额百分之五以上的股东，或者变更持有股份有限公司股份百分之五以上的股东；

（八）国务院保险监督管理机构规定的其他情形。

第八十五条 保险公司应当聘用经国务院保险监督管理机构认可的精算专业人员，建立精算报告制度。

保险公司应当聘用专业人员，建立合规报告制度。

第八十六条 保险公司应当按照保险监督管理机构的规定，报送有关报告、报表、文件和资料。

保险公司的偿付能力报告、财务会计报告、精算报告、合规报告及其他有关报告、报表、文件和资料必须如实记录保险业务事项，不得有虚假记载、误导性陈述和重大遗漏。

第八十七条 保险公司应当按照国务院保险监督管理机构的规定妥善保管业务经营活动的完整账簿、原始凭证和有关资料。

前款规定的账簿、原始凭证和有关资料的保管期限，自保险合同终止之日起计算，保险期间在一年以下的不得少于五年，保险期间超过一年的不得少于十年。

第八十八条 保险公司聘请或者解聘会计师事务所、资产评估机构、资信评级机构等中介服务机构，应当向保险监督管理机构报告；解聘会计师事务所、资产评估机构、资信评级机构等中介服务机构，应当说明理由。

第八十九条 保险公司因分立、合并需要解散，或者股东会、股东大会决议解散，或者公司章程规定的解散事由出现，经国务院保险监督管理机构批准后解散。

经营有人寿保险业务的保险公司，除因分立、合并或者被依法撤销外，不得解散。

保险公司解散，应当依法成立清算组进行清算。

第九十条 保险公司有《中华人民共和国企业破产法》第二条规定情形的，经国务院保险监督管理机构同意，保险公司或者其债权人可以依法向人民法院申请重整、和解或者破产清算；国务院保险监督管理机构也可以依法向人民法院申请对该保险公司进行重整或者破产清算。

第九十一条 破产财产在优先清偿破产费用和共益债务后，按照下列顺序清偿：

（一）所欠职工工资和医疗、伤残补助、抚恤费用，所欠应当划入职工个人账户的基本养老保险、基本医疗保险费用，以及法律、行政法规规定应当支付给职工的补偿金；

（二）赔偿或者给付保险金；

（三）保险公司欠缴的除第（一）项规定以外的社会保险费用和所欠税款；

（四）普通破产债权。

破产财产不足以清偿同一顺序的清偿要求的，按照比例分配。

破产保险公司的董事、监事和高级管理人员的工资，按照该公司职工的平均工资计算。

第九十二条 经营有人寿保险业务的保险公司被依法撤销或者被依法宣告破产的，其持有的人寿保险合同及责任准备金，必须转让给其他经营有人寿保险业务的保险公司；不能同其他保险公司达成转让协议的，由国务院保险监督管理机构指定经营有人寿保险业务的保险公司接受转让。

转让或者由国务院保险监督管理机构指定接受转让前款规定的人寿保险合同及责任准备金的，应当维护被保险人、受益人的合法权益。

第九十三条 保险公司依法终止其业务活动，应当注销其经营保险业务许可证。

第九十四条 保险公司，除本法另有规定外，适用《中华人民共和国公司法》的规定。

第四章 保险经营规则

第九十五条 保险公司的业务范围：

（一）人身保险业务，包括人寿保险、健康保险、意外伤害保险等保险业务；

（二）财产保险业务，包括财产损失保险、责任保险、信用保险、保证保险等保险业务；

（三）国务院保险监督管理机构批准的与保险有关的其他业务。

保险人不得兼营人身保险业务和财产保险业务。但是，经营财产保险业务的保险公司经国务院保险监督管理机构批准，可以经营短期健康保险业务和意外伤害保险业务。

保险公司应当在国务院保险监督管理机构依法批准的业务范围内从事保险经营活动。

第九十六条 经国务院保险监督管理机构批准，保险公司可以经营本法第九十五条规定的保险业务的下列再保险业务：

（一）分出保险；

（二）分入保险。

第九十七条 保险公司应当按照其注册资本总额的百分之二十提取保证金，存入国务院保险监督管理机构指定的银行，除公司清算时用于清偿债务外，不得动用。

第九十八条 保险公司应当根据保障被保险人利益、保证偿付能力的原则，提取各项责任准备金。

保险公司提取和结转责任准备金的具体办法，由国务院保险监督管理机构制定。

第九十九条 保险公司应当依法提取公积金。

第一百条 保险公司应当缴纳保险保障基金。

保险保障基金应当集中管理，并在下列情形下统筹使用：

（一）在保险公司被撤销或者被宣告破产时，向投保人、被保险人或者受益人提供救济；

（二）在保险公司被撤销或者被宣告破产时，向依法接受其人寿保险合同的保险公司提供救济；

（三）国务院规定的其他情形。

保险保障基金筹集、管理和使用的具体办法，由国务院制定。

第一百零一条 保险公司应当具有与其业务规模和风险程度相适应的最低偿付能力。保险公司的认可资产减去认可负债的差额不得低于国务院保险监督管理机构规定的数额；低于规定数额的，应当按照国务院保险监督管理机构的要求采取相应措施达到规定的数额。

第一百零二条 经营财产保险业务的保险公司当年自留保险费，不得超过其实有资本金加公积金总和的四倍。

第一百零三条 保险公司对每一危险单位，即对一次保险事故可能造成的最大损失范围所承担的责任，不得超过其实有资本金加公积金总和的百分之十；超过的部分应当办理再保险。

保险公司对危险单位的划分应当符合国务院保险监督管理机构的规定。

第一百零四条 保险公司对危险单位的划分方法和巨灾风险安排方案，应当报国务院保险监督管理机构备案。

第一百零五条 保险公司应当按照国务院保险监督管理机构的规定办理再保险，并审慎选择再保险接受人。

第一百零六条 保险公司的资金运用必须稳健，遵循安全性原则。

保险公司的资金运用限于下列形式：

（一）银行存款；

（二）买卖债券、股票、证券投资基金份额等有价证券；

（三）投资不动产；

（四）国务院规定的其他资金运用形式。

保险公司资金运用的具体管理办法，由国务院保险监督管理机构依照前两款的规定制定。

第一百零七条 经国务院保险监督管理机构会同国务院证券监督管理机构批准，保险公司可以设立保险资产管理公司。

保险资产管理公司从事证券投资活动，应当遵守《中华人民共和国证券法》等法律、行政法规的规定。

保险资产管理公司的管理办法，由国务院保险监督管理机构会同国务院有关部门制定。

第一百零八条 保险公司应当按照国务院保险监督管理机构的规定，建立对关联交易的管理和信息披露制度。

第一百零九条 保险公司的控股股东、实际控制人、董事、监事、高级管理人员不得利用关联交易损害公司的利益。

第一百一十条 保险公司应当按照国务院保险监督管理机构的规定，真实、准确、完整地披露财务会计报告、风险管理状况、保险产品经营情况等重大事项。

第一百一十一条 保险公司从事保险销售的人员应当符合国务院保险监督管理机构规定的资格条件，取得保险监督管理机构颁发的资格证书。

前款规定的保险销售人员的范围和管理办法，由国务院保险监督管理机构规定。

第一百一十二条 保险公司应当建立保险代理人登记管理制度，加强对保险代理人的培训和管理，不得唆使、诱导保险代理人进行违背诚信义务的活动。

第一百一十三条 保险公司及其分支机构应当依法使用经营保险业务许可证，不得转让、出租、出借经营保险业务许可证。

第一百一十四条 保险公司应当按照国务院保险监督管理机构的规定，公平、合理拟订保险条款和保险费率，不得损害投保人、被保险人和受益人的合法权益。

保险公司应当按照合同约定和本法规定，及时履行赔偿或者给付保险金义务。

第一百一十五条 保险公司开展业务，应当遵循公平竞争的原则，不得从事不正当竞争。

第一百一十六条 保险公司及其工作人员在保险业务活动中不得有下列行为：

（一）欺骗投保人、被保险人或者受益人；

（二）对投保人隐瞒与保险合同有关的重要情况；

（三）阻碍投保人履行本法规定的如实告知义务，或者诱导其不履行本法规定的如实告知义务；

（四）给予或者承诺给予投保人、被保险人、受益人保险合同约定以外的保险费回扣或者其他利益；

（五）拒不依法履行保险合同约定的赔偿或者给付保险金义务；

（六）故意编造未曾发生的保险事故、虚构保险合同或者故意夸大已经发生的保险事故的损失程度进行虚假理赔，骗取保险金或者牟取其他不正当利益；

（七）挪用、截留、侵占保险费；

（八）委托未取得合法资格的机构或者个人从事保险销售活动；

（九）利用开展保险业务为其他机构或者个人牟取不正当利益；

（十）利用保险代理人、保险经纪人或者保险评估机构，从事以虚构保险中介业务或者编造退保等方式套取费用等违法活动；

（十一）以捏造、散布虚假事实等方式损害竞争对手的商业信誉，或者以其他不正当竞争行为扰乱保险市场秩序；

（十二）泄露在业务活动中知悉的投保人、被保险人的商业秘密；

（十三）违反法律、行政法规和国务院保险监督管理机构规定的其他行为。

第五章　保险代理人和保险经纪人

第一百一十七条　保险代理人是根据保险人的委托，向保险人收取佣金，并在保险人授权的范围内代为办理保险业务的机构或者个人。

保险代理机构包括专门从事保险代理业务的保险专业代理机构和兼营保险代理业务的保险兼业代理机构。

第一百一十八条　保险经纪人是基于投保人的利益，为投保人与保险人订立保险合同提供中介服务，并依法收取佣金的机构。

第一百一十九条　保险代理机构、保险经纪人应当具备国务院保险监督管理机构规定的条件，取得保险监督管理机构颁发的经营保险代理业务许可证、保险经纪业务许可证。

保险专业代理机构、保险经纪人凭保险监督管理机构颁发的许可证向工商行政管理机关办理登记，领取营业执照。

保险兼业代理机构凭保险监督管理机构颁发的许可证，向工商行政管理机关办理变更登记。

第一百二十条　以公司形式设立保险专业代理机构、保险经纪人，其注册资本最低限额适用《中华人民共和国公司法》的规定。

国务院保险监督管理机构根据保险专业代理机构、保险经纪人的业务范围和经营规模，可以调整其注册资本的最低限额，但不得低于《中华人民共和国公司法》规定的限额。

保险专业代理机构、保险经纪人的注册资本或者出资额必须为实缴货币资本。

第一百二十一条　保险专业代理机构、保险经纪人的高级管理人员，应当品行良好，熟悉保险法律、行政法规，具有履行职责所需的经营管理能力，并在任职前取得保险监督管理机构核准的任职资格。

第一百二十二条　个人保险代理人、保险代理机构的代理从业人员、保险经纪人的经纪从业人员，应当具备国务院保险监督管理机构规定的资格条件，取得保险监督管理机构颁发的资格证书。

第一百二十三条 保险代理机构、保险经纪人应当有自己的经营场所，设立专门账簿记载保险代理业务、经纪业务的收支情况。

第一百二十四条 保险代理机构、保险经纪人应当按照国务院保险监督管理机构的规定缴存保证金或者投保职业责任保险。未经保险监督管理机构批准，保险代理机构、保险经纪人不得动用保证金。

第一百二十五条 个人保险代理人在代为办理人寿保险业务时，不得同时接受两个以上保险人的委托。

第一百二十六条 保险人委托保险代理人代为办理保险业务，应当与保险代理人签订委托代理协议，依法约定双方的权利和义务。

第一百二十七条 保险代理人根据保险人的授权代为办理保险业务的行为，由保险人承担责任。

保险代理人没有代理权、超越代理权或者代理权终止后以保险人名义订立合同，使投保人有理由相信其有代理权的，该代理行为有效。保险人可以依法追究越权的保险代理人的责任。

第一百二十八条 保险经纪人因过错给投保人、被保险人造成损失的，依法承担赔偿责任。

第一百二十九条 保险活动当事人可以委托保险公估机构等依法设立的独立评估机构或者具有相关专业知识的人员，对保险事故进行评估和鉴定。

接受委托对保险事故进行评估和鉴定的机构和人员，应当依法、独立、客观、公正地进行评估和鉴定，任何单位和个人不得干涉。

前款规定的机构和人员，因故意或者过失给保险人或者被保险人造成损失的，依法承担赔偿责任。

第一百三十条 保险佣金只限于向具有合法资格的保险代理人、保险经纪人支付，不得向其他人支付。

第一百三十一条 保险代理人、保险经纪人及其从业人员在办理保险业务活动中不得有下列行为：

（一）欺骗保险人、投保人、被保险人或者受益人；

（二）隐瞒与保险合同有关的重要情况；

（三）阻碍投保人履行本法规定的如实告知义务，或者诱导其不履行本法规定的如实告知义务；

（四）给予或者承诺给予投保人、被保险人或者受益人保险合同约定以外的利益；

（五）利用行政权力、职务或者职业便利以及其他不正当手段强迫、引诱或者限制投保人订立保险合同；

（六）伪造、擅自变更保险合同，或者为保险合同当事人提供虚假证明材料；

（七）挪用、截留、侵占保险费或者保险金；

（八）利用业务便利为其他机构或者个人牟取不正当利益；

（九）串通投保人、被保险人或者受益人，骗取保险金；

（十）泄露在业务活动中知悉的保险人、投保人、被保险人的商业秘密。

第一百三十二条 保险专业代理机构、保险经纪人分立、合并、变更组织形式、设立分支机构或者解散的，应当经保险监督管理机构批准。

第一百三十三条 本法第八十六条第一款、第一百一十三条的规定，适用于保险代理机构和保险经纪人。

第六章 保险业监督管理

第一百三十四条 保险监督管理机构依照本法和国务院规定的职责，遵循依法、公开、公正的原则，对保险业实施监督管理，维护保险市场秩序，保护投保人、被保险人和受益人的合法权益。

第一百三十五条 国务院保险监督管理机构依照法律、行政法规制定并发布有关保险业监督管理的规章。

第一百三十六条 关系社会公众利益的保险险种、依法实行强制保险的险种和新开发的人寿保险险种等的保险条款和保险费率，应当报国务院保险监督管理机构批准。国务院保险监督管理机构审批时，应当遵循保护社会公众利益和防止不正当竞争的原则。其他保险险种的保险条款和保险费率，应当报保险监督管理机构备案。

保险条款和保险费率审批、备案的具体办法，由国务院保险监督管理机构依照前款规定制定。

第一百三十七条 保险公司使用的保险条款和保险费率违反法律、行政法规或者国务院保险监督管理机构的有关规定的，由保险监督管理机构责令停止使用，限期修改；情节严重的，可以在一定期限内禁止申报新的保险条款和保险费率。

第一百三十八条 国务院保险监督管理机构应当建立健全保险公司偿付能力监管体系，对保险公司的偿付能力实施监控。

第一百三十九条 对偿付能力不足的保险公司，国务院保险监督管理机构应当将其列为重点监管对象，并可以根据具体情况采取下列措施：

（一）责令增加资本金、办理再保险；

（二）限制业务范围；

（三）限制向股东分红；

（四）限制固定资产购置或者经营费用规模；

（五）限制资金运用的形式、比例；

（六）限制增设分支机构；

（七）责令拍卖不良资产、转让保险业务；

（八）限制董事、监事、高级管理人员的薪酬水平；

（九）限制商业性广告；

（十）责令停止接受新业务。

第一百四十条 保险公司未依照本法规定提取或者结转各项责任准备金，或者未依照本法规定办理再保险，或者严重违反本法关于资金运用的规定的，由保险监督管理机构责令限期改正，并可以责令调整负责人及有关管理人员。

第一百四十一条 保险监督管理机构依照本法第一百四十条的规定作出限期改正的

决定后，保险公司逾期未改正的，国务院保险监督管理机构可以决定选派保险专业人员和指定该保险公司的有关人员组成整顿组，对公司进行整顿。

整顿决定应当载明被整顿公司的名称、整顿理由、整顿组成员和整顿期限，并予以公告。

第一百四十二条 整顿组有权监督被整顿保险公司的日常业务。被整顿公司的负责人及有关管理人员应当在整顿组的监督下行使职权。

第一百四十三条 整顿过程中，被整顿保险公司的原有业务继续进行。但是，国务院保险监督管理机构可以责令被整顿公司停止部分原有业务、停止接受新业务，调整资金运用。

第一百四十四条 被整顿保险公司经整顿已纠正其违反本法规定的行为，恢复正常经营状况的，由整顿组提出报告，经国务院保险监督管理机构批准，结束整顿，并由国务院保险监督管理机构予以公告。

第一百四十五条 保险公司有下列情形之一的，国务院保险监督管理机构可以对其实行接管：

（一）公司的偿付能力严重不足的；

（二）违反本法规定，损害社会公共利益，可能严重危及或者已经严重危及公司的偿付能力的。

被接管的保险公司的债权债务关系不因接管而变化。

第一百四十六条 接管组的组成和接管的实施办法，由国务院保险监督管理机构决定，并予以公告。

第一百四十七条 接管期限届满，国务院保险监督管理机构可以决定延长接管期限，但接管期限最长不得超过二年。

第一百四十八条 接管期限届满，被接管的保险公司已恢复正常经营能力的，由国务院保险监督管理机构决定终止接管，并予以公告。

第一百四十九条 被整顿、被接管的保险公司有《中华人民共和国企业破产法》第二条规定情形的，国务院保险监督管理机构可以依法向人民法院申请对该保险公司进行重整或者破产清算。

第一百五十条 保险公司因违法经营被依法吊销经营保险业务许可证的，或者偿付能力低于国务院保险监督管理机构规定标准，不予撤销将严重危害保险市场秩序、损害公共利益的，由国务院保险监督管理机构予以撤销并公告，依法及时组织清算组进行清算。

第一百五十一条 国务院保险监督管理机构有权要求保险公司股东、实际控制人在指定的期限内提供有关信息和资料。

第一百五十二条 保险公司的股东利用关联交易严重损害公司利益，危及公司偿付能力的，由国务院保险监督管理机构责令改正。在按照要求改正前，国务院保险监督管理机构可以限制其股东权利；拒不改正的，可以责令其转让所持的保险公司股权。

第一百五十三条 保险监督管理机构根据履行监督管理职责的需要，可以与保险公司董事、监事和高级管理人员进行监督管理谈话，要求其就公司的业务活动和风险管理的重大事项作出说明。

第一百五十四条 保险公司在整顿、接管、撤销清算期间,或者出现重大风险时,国务院保险监督管理机构可以对该公司直接负责的董事、监事、高级管理人员和其他直接责任人员采取以下措施:

(一)通知出境管理机关依法阻止其出境;

(二)申请司法机关禁止其转移、转让或者以其他方式处分财产,或者在财产上设定其他权利。

第一百五十五条 保险监督管理机构依法履行职责,可以采取下列措施:

(一)对保险公司、保险代理人、保险经纪人、保险资产管理公司、外国保险机构的代表机构进行现场检查;

(二)进入涉嫌违法行为发生场所调查取证;

(三)询问当事人及与被调查事件有关的单位和个人,要求其对与被调查事件有关的事项作出说明;

(四)查阅、复制与被调查事件有关的财产权登记等资料;

(五)查阅、复制保险公司、保险代理人、保险经纪人、保险资产管理公司、外国保险机构的代表机构以及与被调查事件有关的单位和个人的财务会计资料及其他相关文件和资料;对可能被转移、隐匿或者毁损的文件和资料予以封存;

(六)查询涉嫌违法经营的保险公司、保险代理人、保险经纪人、保险资产管理公司、外国保险机构的代表机构以及与涉嫌违法事项有关的单位和个人的银行账户;

(七)对有证据证明已经或者可能转移、隐匿违法资金等涉案财产或者隐匿、伪造、毁损重要证据的,经保险监督管理机构主要负责人批准,申请人民法院予以冻结或者查封。

保险监督管理机构采取前款第(一)项、第(二)项、第(五)项措施的,应当经保险监督管理机构负责人批准;采取第(六)项措施的,应当经国务院保险监督管理机构负责人批准。

保险监督管理机构依法进行监督检查或者调查,其监督检查、调查的人员不得少于二人,并应当出示合法证件和监督检查、调查通知书;监督检查、调查的人员少于二人或者未出示合法证件和监督检查、调查通知书的,被检查、调查的单位和个人有权拒绝。

第一百五十六条 保险监督管理机构依法履行职责,被检查、调查的单位和个人应当配合。

第一百五十七条 保险监督管理机构工作人员应当忠于职守,依法办事,公正廉洁,不得利用职务便利牟取不正当利益,不得泄露所知悉的有关单位和个人的商业秘密。

第一百五十八条 国务院保险监督管理机构应当与中国人民银行、国务院其他金融监督管理机构建立监督管理信息共享机制。

保险监督管理机构依法履行职责,进行监督检查、调查时,有关部门应当予以配合。

第七章 法律责任

第一百五十九条 违反本法规定,擅自设立保险公司、保险资产管理公司或者非法经营商业保险业务的,由保险监督管理机构予以取缔,没收违法所得,并处违法所得一倍以上五倍以下的罚款;没有违法所得或者违法所得不足二十万元的,处二十万元以上一百万元以下的罚款。

第一百六十条 违反本法规定，擅自设立保险专业代理机构、保险经纪人，或者未取得经营保险代理业务许可证、保险经纪业务许可证从事保险代理业务、保险经纪业务的，由保险监督管理机构予以取缔，没收违法所得，并处违法所得一倍以上五倍以下的罚款；没有违法所得或者违法所得不足五万元的，处五万元以上三十万元以下的罚款。

第一百六十一条 保险公司违反本法规定，超出批准的业务范围经营的，由保险监督管理机构责令限期改正，没收违法所得，并处违法所得一倍以上五倍以下的罚款；没有违法所得或者违法所得不足十万元的，处十万元以上五十万元以下的罚款。逾期不改正或者造成严重后果的，责令停业整顿或者吊销业务许可证。

第一百六十二条 保险公司有本法第一百一十六条规定行为之一的，由保险监督管理机构责令改正，处五万元以上三十万元以下的罚款；情节严重的，限制其业务范围、责令停止接受新业务或者吊销业务许可证。

第一百六十三条 保险公司违反本法第八十四条规定的，由保险监督管理机构责令改正，处一万元以上十万元以下的罚款。

第一百六十四条 保险公司违反本法规定，有下列行为之一的，由保险监督管理机构责令改正，处五万元以上三十万元以下的罚款：

（一）超额承保，情节严重的；

（二）为无民事行为能力人承保以死亡为给付保险金条件的保险的。

第一百六十五条 违反本法规定，有下列行为之一的，由保险监督管理机构责令改正，处五万元以上三十万元以下的罚款；情节严重的，可以限制其业务范围、责令停止接受新业务或者吊销业务许可证：

（一）未按照规定提存保证金或者违反规定动用保证金的；

（二）未按照规定提取或者结转各项责任准备金的；

（三）未按照规定缴纳保险保障基金或者提取公积金的；

（四）未按照规定办理再保险的；

（五）未按照规定运用保险公司资金的；

（六）未经批准设立分支机构或者代表机构的；

（七）未按照规定申请批准保险条款、保险费率的。

第一百六十六条 保险代理机构、保险经纪人有本法第一百三十一条规定行为之一的，由保险监督管理机构责令改正，处五万元以上三十万元以下的罚款；情节严重的，吊销业务许可证。

第一百六十七条 保险代理机构、保险经纪人违反本法规定，有下列行为之一的，由保险监督管理机构责令改正，处二万元以上十万元以下的罚款；情节严重的，责令停业整顿或者吊销业务许可证：

（一）未按照规定缴存保证金或者投保职业责任保险的；

（二）未按照规定设立专门账簿记载业务收支情况的。

第一百六十八条 保险专业代理机构、保险经纪人违反本法规定，未经批准设立分支机构或者变更组织形式的，由保险监督管理机构责令改正，处一万元以上五万元以下的罚款。

第一百六十九条 违反本法规定，聘任不具有任职资格、从业资格的人员的，由保险监督管理机构责令改正，处二万元以上十万元以下的罚款。

第一百七十条 违反本法规定，转让、出租、出借业务许可证的，由保险监督管理机构处一万元以上十万元以下的罚款；情节严重的，责令停业整顿或者吊销业务许可证。

第一百七十一条 违反本法规定，有下列行为之一的，由保险监督管理机构责令限期改正；逾期不改正的，处一万元以上十万元以下的罚款：

（一）未按照规定报送或者保管报告、报表、文件、资料的，或者未按照规定提供有关信息、资料的；

（二）未按照规定报送保险条款、保险费率备案的；

（三）未按照规定披露信息的。

第一百七十二条 违反本法规定，有下列行为之一的，由保险监督管理机构责令改正，处十万元以上五十万元以下的罚款；情节严重的，可以限制其业务范围、责令停止接受新业务或者吊销业务许可证：

（一）编制或者提供虚假的报告、报表、文件、资料的；

（二）拒绝或者妨碍依法监督检查的；

（三）未按照规定使用经批准或者备案的保险条款、保险费率的。

第一百七十三条 保险公司、保险资产管理公司、保险专业代理机构、保险经纪人违反本法规定的，保险监督管理机构除分别依照本法第一百六十一条至第一百七十二条的规定对该单位给予处罚外，对其直接负责的主管人员和其他直接责任人员给予警告，并处一万元以上十万元以下的罚款；情节严重的，撤销任职资格或者从业资格。

第一百七十四条 个人保险代理人违反本法规定的，由保险监督管理机构给予警告，可以并处二万元以下的罚款；情节严重的，处二万元以上十万元以下的罚款，并可以吊销其资格证书。

未取得合法资格的人员从事个人保险代理活动的，由保险监督管理机构给予警告，可以并处二万元以下的罚款；情节严重的，处二万元以上十万元以下的罚款。

第一百七十五条 外国保险机构未经国务院保险监督管理机构批准，擅自在中华人民共和国境内设立代表机构的，由国务院保险监督管理机构予以取缔，处五万元以上三十万元以下的罚款。

外国保险机构在中华人民共和国境内设立的代表机构从事保险经营活动的，由保险监督管理机构责令改正，没收违法所得，并处违法所得一倍以上五倍以下的罚款；没有违法所得或者违法所得不足二十万元的，处二十万元以上一百万元以下的罚款；对其首席代表可以责令撤换；情节严重的，撤销其代表机构。

第一百七十六条 投保人、被保险人或者受益人有下列行为之一，进行保险诈骗活动，尚不构成犯罪的，依法给予行政处罚：

（一）投保人故意虚构保险标的，骗取保险金的；

（二）编造未曾发生的保险事故，或者编造虚假的事故原因或者夸大损失程度，骗取保险金的；

（三）故意造成保险事故，骗取保险金的。

保险事故的鉴定人、评估人、证明人故意提供虚假的证明文件，为投保人、被保险人或者受益人进行保险诈骗提供条件的，依照前款规定给予处罚。

第一百七十七条 违反本法规定，给他人造成损害的，依法承担民事责任。

第一百七十八条 拒绝、阻碍保险监督管理机构及其工作人员依法行使监督检查、调查职权，未使用暴力、威胁方法的，依法给予治安管理处罚。

第一百七十九条 违反法律、行政法规的规定，情节严重的，国务院保险监督管理机构可以禁止有关责任人员一定期限直至终身进入保险业。

第一百八十条 保险监督管理机构从事监督管理工作的人员有下列情形之一的，依法给予处分：

（一）违反规定批准机构的设立的；

（二）违反规定进行保险条款、保险费率审批的；

（三）违反规定进行现场检查的；

（四）违反规定查询账户或者冻结资金的；

（五）泄露其知悉的有关单位和个人的商业秘密的；

（六）违反规定实施行政处罚的；

（七）滥用职权、玩忽职守的其他行为。

第一百八十一条 违反本法规定，构成犯罪的，依法追究刑事责任。

第八章 附 则

第一百八十二条 保险公司应当加入保险行业协会。保险代理人、保险经纪人、保险公估机构可以加入保险行业协会。

保险行业协会是保险业的自律性组织，是社会团体法人。

第一百八十三条 保险公司以外的其他依法设立的保险组织经营的商业保险业务，适用本法。

第一百八十四条 海上保险适用《中华人民共和国海商法》的有关规定；《中华人民共和国海商法》未规定的，适用本法的有关规定。

第一百八十五条 中外合资保险公司、外资独资保险公司、外国保险公司分公司适用本法规定；法律、行政法规另有规定的，适用其规定。

第一百八十六条 国家支持发展为农业生产服务的保险事业。农业保险由法律、行政法规另行规定。

强制保险，法律、行政法规另有规定的，适用其规定。

第一百八十七条 本法自 2009 年 10 月 1 日起施行。

附录2

最高人民法院关于适用《中华人民共和国保险法》若干问题的解释(一)

于2009年9月14日由最高人民法院审判委员会第1473次会议通过,自2009年10月1日起施行。

为正确审理保险合同纠纷案件,切实维护当事人的合法权益,现就人民法院适用2009年2月28日第十一届全国人大常委会第七次会议修订的《中华人民共和国保险法》(以下简称保险法)的有关问题规定如下:

第一条 保险法施行后成立的保险合同发生的纠纷,适用保险法的规定。保险法施行前成立的保险合同发生的纠纷,除本解释另有规定外,适用当时的法律规定;当时的法律没有规定的,参照适用保险法的有关规定。

认定保险合同是否成立,适用合同订立时的法律。

第二条 【关于合同效力的规定】对于保险法施行前成立的保险合同,适用当时的法律认定无效而适用保险法认定有效的,适用保险法的规定。

第三条 保险合同成立于保险法施行前而保险标的转让、保险事故、理赔、代位求偿等行为或事件,发生于保险法施行后的,适用保险法的规定。

第四条 【关于因投保人未履行如实告知义务或申报被保险人年龄不真实为由主张解除合同适用修订后的保险法的规定】保险合同成立于保险法施行前,保险法施行后,保险人以投保人未履行如实告知义务或者申报被保险人年龄不真实为由,主张解除合同的,适用保险法的规定。

第五条 保险法施行前成立的保险合同,下列情形下的期间自2009年10月1日起计算:

(一)保险法施行前,保险人收到赔偿或者给付保险金的请求,保险法施行后,适用保险法第二十三条规定的三十日的;

(二)保险法施行前,保险人知道解除事由,保险法施行后,按照保险法第十六条、第三十二条的规定行使解除权,适用保险法第十六条规定的三十日的;

(三)保险法施行后,保险人按照保险法第十六条第二款的规定请求解除合同,适用保险法第十六条规定的二年的;

(四)保险法施行前,保险人收到保险标的的转让通知,保险法施行后,以保险标的的转让导致危险程度显著增加为由请求按照合同约定增加保险费或者解除合同,适用保险法第四十九条规定的三十日的。

第六条 保险法施行前已经终审的案件,当事人申请再审或者按照审判监督程序提起再审的案件,不适用保险法的规定。

附录3

最高人民法院关于适用《中华人民共和国保险法》若干问题的解释(二)

于2013年5月6日由最高人民法院审判委员会第1577次会议通过,自2013年6月8日起施行。

为正确审理保险合同纠纷案件,切实维护当事人的合法权益,根据《中华人民共和国保险法》《中华人民共和国合同法》《中华人民共和国民事诉讼法》等法律规定,结合审判实践,就保险法中关于保险合同一般规定部分有关法律适用问题解释如下:

第一条 财产保险中,不同投保人就同一保险标的分别投保,保险事故发生后,被保险人在其保险利益范围内依据保险合同主张保险赔偿的,人民法院应予支持。

第二条 人身保险中,因投保人对被保险人不具有保险利益导致保险合同无效,投保人主张保险人退还扣减相应手续费后的保险费的,人民法院应予支持。

第三条 投保人或者投保人的代理人订立保险合同时没有亲自签字或者盖章,而由保险人或者保险人的代理人代为签字或者盖章的,对投保人不生效。但投保人已经交纳保险费的,视为其对代签字或者盖章行为的追认。

保险人或者保险人的代理人代为填写保险单证后经投保人签字或者盖章确认的,代为填写的内容视为投保人的真实意思表示。但有证据证明保险人或者保险人的代理人存在保险法第一百一十六条、第一百三十一条相关规定情形的除外。

第四条 保险人接受了投保人提交的投保单并收取了保险费,尚未作出是否承保的意思表示,发生保险事故,被保险人或者受益人请求保险人按照保险合同承担赔偿或者给付保险金责任,符合承保条件的,人民法院应予支持;不符合承保条件的,保险人不承担保险责任,但应当退还已经收取的保险费。

保险人主张不符合承保条件的,应承担举证责任。

第五条 保险合同订立时,投保人明知的与保险标的或者被保险人有关的情况,属于保险法第十六条第一款规定的投保人"应当如实告知"的内容。

第六条 投保人的告知义务限于保险人询问的范围和内容。当事人对询问范围及内容有争议的,保险人负举证责任。

保险人以投保人违反了对投保单询问表中所列概括性条款的如实告知义务为由请求解除合同的,人民法院不予支持。但该概括性条款有具体内容的除外。

第七条 保险人在保险合同成立后知道或者应当知道投保人未履行如实告知义务,仍然收取保险费,又依照保险法第十六条第二款的规定主张解除合同的,人民法院不予支持。

第八条 保险人未行使合同解除权,直接以存在保险法第十六条第四款、第五款规定的情形为由拒绝赔偿的，人民法院不予支持。但当事人就拒绝赔偿事宜及保险合同存续另行达成一致的情况除外。

第九条 保险人提供的格式合同文本中的责任免除条款、免赔额、免赔率、比例赔付或者给付等免除或者减轻保险人责任的条款，可以认定为保险法第十七条第二款规定的“免除保险人责任的条款”。

保险人因投保人、被保险人违反法定或者约定义务，享有解除合同权利的条款，不属于保险法第十七条第二款规定的“免除保险人责任的条款”。

第十条 保险人将法律、行政法规中的禁止性规定情形作为保险合同免责条款的免责事由，保险人对该条款作出提示后，投保人、被保险人或者受益人以保险人未履行明确说明义务为由主张该条款不生效的，人民法院不予支持。

第十一条 保险合同订立时，保险人在投保单或者保险单等其他保险凭证上，对保险合同中免除保险人责任的条款，以足以引起投保人注意的文字、字体、符号或者其他明显标志作出提示的，人民法院应当认定其履行了保险法第十七条第二款规定的提示义务。

保险人对保险合同中有关免除保险人责任条款的概念、内容及其法律后果以书面或者口头形式向投保人作出常人能够理解的解释说明的，人民法院应当认定保险人履行了保险法第十七条第二款规定的明确说明义务。

第十二条 通过网络、电话等方式订立的保险合同，保险人以网页、音频、视频等形式对免除保险人责任条款予以提示和明确说明的，人民法院可以认定其履行了提示和明确说明义务。

第十三条 保险人对其履行了明确说明义务负举证责任。

投保人对保险人履行了符合本解释第十一条第二款要求的明确说明义务在相关文书上签字、盖章或者以其他形式予以确认的，应当认定保险人履行了该项义务。但另有证据证明保险人未履行明确说明义务的除外。

第十四条 保险合同中记载的内容不一致的，按照下列规则认定：

（一）投保单与保险单或者其他保险凭证不一致的，以投保单为准。但不一致的情形系经保险人说明并经投保人同意的，以投保人签收的保险单或者其他保险凭证载明的内容为准；

（二）非格式条款与格式条款不一致的，以非格式条款为准；

（三）保险凭证记载的时间不同的，以形成时间在后的为准；

（四）保险凭证存在手写和打印两种方式的，以双方签字、盖章的手写部分的内容为准。

第十五条 保险法第二十三条规定的三十日核定期间，应自保险人初次收到索赔请求及投保人、被保险人或者受益人提供的有关证明和资料之日起算。

保险人主张扣除投保人、被保险人或者受益人补充提供有关证明和资料期间的，人民法院应予支持。扣除期间自保险人根据保险法第二十二条规定作出的通知到达投保人、被保险人或者受益人之日起，至投保人、被保险人或者受益人按照通知要求补充提供的有关证明和资料到达保险人之日止。

第十六条 保险人应以自己的名义行使保险代位求偿权。

根据保险法第六十条第一款的规定，保险人代位求偿权的诉讼时效期间应自其取得代位求偿权之日起算。

第十七条 保险人在其提供的保险合同格式条款中对非保险术语所作的解释符合专业意义，或者虽不符合专业意义，但有利于投保人、被保险人或者受益人的，人民法院应予认可。

第十八条 行政管理部门依据法律规定制作的交通事故认定书、火灾事故认定书等，人民法院应当依法审查并确认其相应的证明力，但有相反证据能够推翻的除外。

第十九条 保险事故发生后，被保险人或者受益人起诉保险人，保险人以被保险人或者受益人未要求第三者承担责任为由抗辩不承担保险责任的，人民法院不予支持。

财产保险事故发生后，被保险人就其所受损失从第三者取得赔偿后的不足部分提起诉讼，请求保险人赔偿的，人民法院应予依法受理。

第二十条 保险公司依法设立并取得营业执照的分支机构属于《中华人民共和国民事诉讼法》第四十八条规定的其他组织，可以作为保险合同纠纷案件的当事人参加诉讼。

第二十一条 本解释施行后尚未终审的保险合同纠纷案件，适用本解释；本解释施行前已经终审，当事人申请再审或者按照审判监督程序决定再审的案件，不适用本解释。

参 考 文 献

[1] 李文耀,鲁静,李毅青. 工程机械保险与理赔[M]. 北京:化学工业出版社,2013.
[2] 孙蓉,兰虹. 保险原理与实务[M]. 北京:清华大学出版社,2012.
[3] 付铁军,杨学坤. 汽车保险与理赔[M]. 北京:北京理工大学出版社,2012.
[4] 金加龙. 机动车保险与理赔[M]. 北京:电子工业出版社,2012.
[5] 张巨光,沙泉. 工程机械融资租赁实务和风险管理[M]. 北京:机械工业出版社,2011.
[6] 罗向明,芩敏华. 机动车辆保险实验教程[M]. 北京:中国金融出版社,2009.
[7] 荆叶平,王俊喜. 汽车保险公估[M]. 北京:人民交通出版社,2009.
[8] 李国毅. 保险概论[M]. 北京:高等教育出版社,2004.